Sozialpsychologie Mannheim (Hrsg.)
Ich, du, wir und die anderen

AF286130

Sozialpsychologie Mannheim (Hrsg.)

# Ich, du, wir und die anderen

Spannendes aus der Sozialpsychologie

2. Auflage

Sozialpsychologie Mannheim steht für ein Herausgeberteam von neun derzeitigen und ehemaligen Sozialpsychologinnen und Sozialpsychologen (Lehrstuhl für Sozialpsychologie und Lehrstuhl für Mikrosoziologie und Sozialpsychologie) der Universität Mannheim.

Christiane Schoel
Anne Landhäußer
Bianca von Wurzbach
Katharina Zimmer
Jana Janssen
Ulrike Rangel
Rainer Greifeneder
Herbert Bless
Dagmar Stahlberg

*www.forschung-erleben.de*

Illustrationen von Katharina Zimmer, Marit Eidt, Carola Porzelt, Apollonia Goll und Jan Siebert.

Bibliografische Information der Deutschen Nationalbibliothek

Die Deutsche Nationalbibliothek verzeichnet diese Publikation in der Deutschen Nationalbibliografie; detaillierte bibliografische Daten sind im Internet über http://dnb.d-nb.de abrufbar.

1. Auflage 2013
2. Auflage 2014

Das Werk einschließlich aller seiner Teile ist urheberrechtlich geschützt. Jede Verwertung außerhalb der engen Grenzen des Urheberrechtsgesetzes ist ohne Zustimmung des Verlags unzulässig und strafbar. Das gilt insbesondere für Vervielfältigungen, Übersetzungen, Mikroverfilmungen und die Einspeicherung und Verarbeitung in elektronischen Systemen.

© 2013 Beltz Juventa · Weinheim und Basel
www.beltz.de · www.juventa.de
Druck und Bindung: Beltz Bad Langensalza, Bad Langensalza
Printed in Germany

ISBN 978-3-7799-2972-7

# Inhalt

# Wieso, weshalb, warum …?! – Ein Vorwort

Anne Landhäußer

Haben Sie sich auch schon einmal gefragt, wieso uns die Anerkennung anderer Menschen so wichtig ist? Weshalb wir uns in unserem Verhalten, unseren Entscheidungen und Urteilen so stark von anderen beeinflussen lassen? Oder warum wir uns in Gruppen manchmal zu Verhaltensweisen verleiten lassen, die wir als Einzelne nie gezeigt hätten?

Solche und ähnliche Fragen stellt sich die Sozialpsychologie. Als Wissenschaft vom menschlichen Erleben und Verhalten im sozialen Kontext untersucht sie, in welchem Maß soziale Faktoren – wie beispielsweise die Umgebung, in der wir uns befinden oder die Menschen um uns herum – unser Denken, Fühlen und Handeln beeinflussen. Eine Grundidee der Sozialpsychologie ist, dass unser Denken, Fühlen und Handeln nicht allein durch unsere Persönlichkeit, unseren Charakter und unsere Ideale bestimmt werden, sondern dass auch die aktuelle soziale Situation, in der wir uns befinden, einen maßgeblichen Einfluss darauf hat.

**Warum dieses Buch?** Der Mensch und sein Sozialverhalten sind ein spannendes und gleichzeitig umfangreiches Forschungsgebiet – entsprechend breit und vielseitig ist die sozialpsychologische Forschung. Doch obwohl Sozialpsychologinnen und Sozialpsychologen viele spannende Antworten auf Fragen geben können, die wir uns alle hin und wieder stellen, finden ihre Forschungsergebnisse selten den Weg aus dem wissenschaftlichen Elfenbeinturm hinaus in die Welt. Nur in wenigen spektakulären Fällen berichten Medien von neuesten Erkenntnissen aus der Forschung. Die meisten wissenschaftlichen Ergebnisse jedoch werden nur innerhalb einer bestimmten Gruppe von Menschen kommuniziert und diskutiert – unter Wissenschaftlerinnen und Wissenschaftlern. Ziel dieses Buches ist es dem entgegenzutreten und sozialpsychologisches Wissen mit all denjenigen zu teilen, die sich dafür interessieren und mehr darüber erfahren wollen.

Häufig lassen sich aus wissenschaftlichen Befunden auch Tipps für den Alltag ableiten, und an verschiedenen Stellen wird in diesem Buch aufgezeigt, wie man durch das Wissen um menschliches Denken, Fühlen und Handeln das eigene Leben bereichern oder erleichtern kann. Vor allem aber will dieses Buch Aha-Erlebnisse hervorrufen, Gesprächsstoff für die nächste Party liefern und so manche überraschende Selbsterkenntnis vermitteln.

**Was finden Sie in diesem Buch?** Dieses Buch wirft Schlaglichter auf aktuelle sozialpsychologische Forschung, wie sie an Universitäten und Instituten weltweit betrieben wird. Im Zentrum stehen in sich abgeschlossene, kurze Artikel zu einzelnen Forschungsstudien, wie sie auf unserem Internetportal www.forschung-erleben.de erscheinen, die durch entsprechende Hintergrundinformationen ergänzt werden. Auf diese Weise haben Sie als Leserinnen und Leser die Möglichkeit Themen und Fragestellungen gezielt herauszugreifen, die für Sie besonders interessant sind.

**Für wen ist dieses Buch?** Dieses Buch ist für alle, die sich für eines der spannendsten Forschungsobjekte der Welt interessieren: den Menschen im Umfeld seiner Mitmenschen. Es ist für all diejenigen gedacht, die wissen wollen, warum Menschen das tun, was sie tun, und für alle, die sich selbst und andere besser verstehen möchten. Die Lektüre dieses Buches erfordert keine wissenschaftlichen Grundkenntnisse und schon gar kein abgeschlossenes Psychologiestudium. Unverständliche Fachbegriffe und ermüdender Wissenschaftsjargon werden weitestgehend vermieden und, falls unumgänglich, näher erläutert. Mit anderen Worten: Expertin oder Laie, dieses Buch ist für jedermann und jede Frau.

**Wie halten wir es mit geschlechtergerechter Sprache?** Sozialpsychologische Studien zeigen, dass die Verwendung des generischen Maskulinums (also der grammatikalisch männlichen Form, wenn sowohl Männer als auch Frauen gemeint sind, zum Beispiel „Professoren" oder „Studenten") dazu führt, dass Leserinnen und Leser vorrangig an männliche Personen denken und nicht berücksichtigen, dass es auch weibliche Vertreterinnen gibt, wenn beispielsweise von stereotyp männlichen Bereichen gesprochen wird (zum Beispiel „Ingenieure", „Manager"). Dies kann unter anderem zur Verfestigung von Geschlechtsstereotypen beitragen. Die Autorinnen und Autoren in diesem Buch bemühen sich deshalb um eine geschlechtergerechte Darstellung. Aus Gründen einer angenehmen Lesbarkeit jedoch musste an manchen Stellen dennoch auf das generische Maskulinum zurückgegriffen werden. Das betrifft vor allem gängige Bezeichnungen wie „Freunde" oder „Partner", aber auch Gruppenbezeichnungen wie „Türken" oder „Homosexuelle". Wir möchten ausdrücklich darauf hinweisen, dass auch in diesem Fall sowohl Männer als auch Frauen gemeint sind.

**Wie ist dieses Buch gegliedert?** Das erste Kapitel dieses Buches gewährt einen Einblick in das Forschungsfeld der Sozialpsychologie und beschreibt, womit sich diese Disziplin beschäftigt und in welcher Weise. Die darauf folgenden Kapitel sind in drei Themenblöcke gegliedert. Der erste Themenblock *Ich und meine Welt* widmet sich der Betrachtung des Menschen als Individuum, wie er wahrnimmt, denkt und fühlt – und wie all dies durch andere Menschen und die soziale Situation beeinflusst wird. Der zweite

Themenblock *Ich und meine Nächsten* stellt Forschungserkenntnisse zu den Bereichen Attraktivität, Partnerschaft und zwischenmenschliches Verhalten in den Vordergrund. Der dritte Themenblock *Ich innerhalb und außerhalb von Gruppen* schließlich betrachtet den Einzelnen als Teil von kleineren Gemeinschaften und als Baustein des Großen und Ganzen – der Gesellschaft. Auf diese Weise nähert sich das Buch Schritt für Schritt dem sozialen Wesen, das wir als Menschen darstellen. Vielleicht verstehen Sie dieses spannende und komplexe Geschöpf nach der Lektüre dieses Buches ein wenig besser. Und damit möglicherweise auch sich selbst.

In diesem Sinne wünschen wir Ihnen viel Spaß beim Lesen und hoffen, dass Sie dabei interessante Einblicke in Ihr Innenleben und Ihre Außenwelt gewinnen.

9

# Einleitung:
# Sozialpsychologie – oder: Vom menschlichen Zusammenleben

Ulrike Rangel & Anne Landhäußer

## Was ist Sozialpsychologie?

Psychologie, schön und gut. Aber was genau bitte ist „Sozial"-Psychologie? Nimmt man den Begriff wörtlich und geht von einer „Psychologie des Sozialen" aus, liegt man bereits ganz richtig. Die Sozialpsychologie als ein Teilbereich der Psychologie untersucht, wie andere Menschen unser Denken, Fühlen und Handeln beeinflussen. Selbst wenn Sie bislang noch nie etwas von dieser Forschungsrichtung gehört haben sollten, kennen Sie vielleicht schon das ein oder andere sozialpsychologische Experiment. So findet sich die im Folgenden beschriebene sozialpsychologische Untersuchung in manchem schulischen Lehrplan. Sie wurde zu einem Klassiker der Forschung, weil sie auf spektakuläre Weise eine Grundidee der Sozialpsychologie deutlich macht: Unser Handeln wird nicht allein durch unsere Persönlichkeit, unseren Charakter und unsere Ideale bestimmt. Vielmehr ist unser Verhalten maßgeblich von der aktuellen Situation, unserer sozialen Umgebung, beeinflusst.

Nach Ende des Zweiten Weltkriegs stellten sich zahlreiche Forscherinnen und Forscher die Frage, wie es zum Holocaust kommen konnte. Wie war es möglich, dass zahlreiche Deutsche den Vorgaben und Befehlen eines autoritären Regimes folgten, selbst wenn es um die Ermordung von Menschen ging? Einer dieser Forscher war Stanley Milgram. Er ging der Frage nach, ob nur Sadisten, gestörte Persönlichkeiten, zu solchen Taten fähig sind – oder ob auch ganz „normale" Personen zu solchem Verhalten gebracht werden können, wenn der Einfluss der sozialen Situation stark genug ist. Dazu führte Milgram 1963[1] in Stanford (Kalifornien) einige bis heute diskutierte Studien durch und entwickelte hierzu einen drastischen Versuchsaufbau. Die amerikanischen Teilnehmenden wurden von einem autoritär wirkenden Versuchsleiter gebeten „Lehrer" zu spielen und einem anderen vorgeblichen Teilnehmer, dem „Schüler", Fragen zu stellen, die dieser zu beantworten hatte. In Wirklichkeit war diese andere Person ein Laienschauspieler und Komplize des Versuchsleiters. Angeblich um die Wirkung von Bestrafung auf Lernprozesse zu untersuchen, sollten die Teilnehmenden den „Schüler" bei jeder falschen Antwort mit einem Elektroschock zunehmender Intensität bestrafen –

bis hin zu einer Stärke von 450 Volt, die deutlich sichtbar als „potenziell lebensgefährlich" gekennzeichnet war. Obwohl der vermeintliche Schüler vor Schmerzen schrie und darum bettelte, das Experiment beenden zu dürfen, folgten die meisten der Studienteilnehmenden „im Dienste der Wissenschaft" den Anweisungen des Versuchsleiters und verabreichten am Ende sogar die höchste Schockintensität. Es waren völlig normale Personen, die den extremen Anweisungen der Autorität – hier in Gestalt des Versuchsleiters – Folge leisteten. Unter anderem aufgrund der Tatsache, dass man die Teilnehmenden dazu brachte, anderen vermeintlich einen potenziell tödlichen Stromstoß zu geben, ist diese Studie heftig umstritten. Aus ethischen Gründen werden deshalb solche Studien nicht mehr durchgeführt.

Trotz ihrer Kontroversität verdeutlicht Milgrams klassische sozialpsychologische Studie zwei wichtige Aspekte. *Erstens:* Unser Verhalten wird davon beeinflusst, in welcher sozialen Umgebung wir uns befinden – beispielsweise von der Autorität, die eine anwesende Person ausstrahlt. *Zweitens:* Dieser Einfluss kann mit tiefgreifenden Konsequenzen verknüpft sein – einerseits im negativen Sinne, wie in Milgrams Experiment. Auf negative Aspekte konzentrierte sich die Sozialpsychologie ursprünglich verstärkt, weil es galt zu erklären, welche Rolle die Situation spielt, wenn es zu menschlich abgründigem Verhalten wie beispielsweise im zweiten Weltkrieg kommt. Andererseits kann der Einfluss der sozialen Situation positive Konsequenzen haben, wie in einer weiter unten beschriebenen Studie zum Ausdruck kommen wird.

Diese beiden Aspekte bilden den zentralen Kern sozialpsychologischer Forschung: Sie untersucht, in welchem Maße soziale Faktoren wie beispielsweise die Situation, in der wir uns befinden, oder die Menschen um uns herum unser Denken, Fühlen und Handeln beeinflussen. Damit nimmt die Sozialpsychologie eine ganz spezifische Perspektive ein, aus der sie menschliches Verhalten betrachtet. Von anderen psychologischen Forschungsrichtungen unterscheidet sie sich in zweierlei Hinsicht:

**(1) Untersuchungsobjekt: Alle Menschen.** Wir Menschen sind soziale Wesen – ob Sie in der Stadt oder auf dem Land leben, ob als Single oder in einer Großfamilie: Soziale Prozesse und der Einfluss, den andere Menschen auf uns ausüben, betreffen uns alle. Daraus folgt, dass sich die Sozialpsychologie für das Denken, Fühlen und Verhalten *aller* Menschen interessiert – anders als beispielsweise die Klinische Psychologie, die sich mit psychischen Krankheiten beschäftigt und daher an bestimmten Menschengruppen (zum Beispiel Personen, die an einer Depression leiden) oder einzelnen Personen interessiert ist. Das gehorsame Verhalten der Teilnehmenden in Milgrams Experiment mag für uns erschreckend sein; dennoch waren seine Probanden keine psychisch kranken Einzelfälle, sondern Lehrer, Postbeamte, Verkäufer und Ingenieure – also Menschen wie wir alle.

**(2)** Eine wichtige Erkenntnis der Sozialpsychologie: Wir Menschen sind flexibel. So genannte „psychologische Ratgeber" betonen häufig die Unterschiede zwischen Personen – so soll in manchen Büchern gar schon behauptet worden sein, dass Männer und Frauen von unterschiedlichen Planeten stammen... Gerne werden Menschen dabei in „Typen" eingeteilt und damit in ganz bestimmte Kategorien gesteckt. Diese tragen nicht nur offensichtliche Beschriftungen wie „Mann" oder „Frau", Menschen werden auch anhand ihrer Persönlichkeit gruppiert, anhand ihrer Intelligenz oder auch anhand ihrer Ängste.

Natürlich ist es sinnvoll, die Unterschiede, die es zwischen verschiedenen Menschen gibt, zu analysieren. Die Differentielle Psychologie als Teilgebiet der Psychologie befasst sich genau mit solchen Unterschieden, wie sie beispielsweise hinsichtlich der Intelligenz und in Bezug auf bestimmte Persönlichkeitseigenschaften bestehen.

Die Sozialpsychologie (und damit auch dieses Buch) nimmt demgegenüber jedoch eine andere Perspektive ein: Sie betont die Gemeinsamkeiten und die Veränderbarkeit von Menschen in sozialen Situationen. Sozialpsychologische Untersuchungen zeigen vor allem, dass sich Menschen in einem Punkt alle sehr ähnlich sind: Sie verhalten sich situationsabhängig, das heißt Menschen sind flexibel! Bereits eine geringe Veränderung in unserer Umgebung kann eine große Änderung in unserem Verhalten nach sich ziehen. Im Alltag gehen wir oft davon aus, dass jeder Mensch mit bestimmten

Eigenschaften ausgestattet ist – mit einem bestimmten Maß an Intelligenz oder an Aggressivität beispielsweise – und demnach auch in unterschiedlichen Situationen mehr oder weniger gleich intelligent oder aggressiv reagiert, je nachdem, wie es seiner Natur entspricht. Doch die oben beschriebene Studie zeigt: *So einfach ist es nicht.* Dass wir sensibel auf die Situation, den Kontext und auf die Menschen um uns herum reagieren, kann positive und negative Folgen haben. Vor allem jedoch ist diese Flexibilität eine wichtige Voraussetzung dafür, dass wir uns im Alltag sinnvoll verhalten können. Ohne diese Flexibilität würden wir auf den gleichen Reiz auch in unterschiedlichen Situationen stets gleich reagieren. Die gleiche Aussage erhält eine völlig andere Bedeutung, in Abhängigkeit davon, von wem, wo und wann sie geäußert wird – das heißt in Abhängigkeit von der Situation. Ein ganz einfaches Beispiel kann das verdeutlichen: Wenn Sie das Wort „Bank" hören, werden Sie an etwas anderes denken, je nachdem, ob Sie gerade Ihre Kontoauszüge studieren oder im Park spazieren gehen – und dementsprechend anders reagieren. Auf dieselbe Weise verändert sich unser Denken und Handeln in Abhängigkeit von unserer sozialen Umgebung. Und dabei ist es egal, ob wir Mann oder Frau, dick oder dünn, Workaholic oder Faulpelz sind.

## Wie funktioniert sozialpsychologische Forschung?

Obwohl sozialpsychologische Erkenntnisse in vielen gesellschaftlichen Bereichen relevant sind, verlassen Sozialpsychologinnen und Sozialpsychologen selten das Universitätsgelände, um diese Erkenntnisse zu gewinnen. Sozialpsychologische Forschung findet heutzutage meist in universitären Experimentallaboren statt. Wie genau aber sieht ein sozialpsychologisches Experiment aus?

Sozialpsychologische Experimente weisen zwei wichtige Eigenschaften auf: Die zufällige Zuweisung von Versuchsteilnehmenden zu unterschiedlichen Bedingungen und die gezielte Variation eines oder mehrerer Einflussfaktoren, auch Manipulation genannt. Aber lassen Sie uns diese Begriffe am Beispiel eines Experiments von Mark Snyder, Elizabeth Decker Tanke und Ellen Berscheid aus den 70er Jahren[2] genauer erklären.

Die Forschungsgruppe widmete sich dem Phänomen der sogenannten „selbsterfüllenden Prophezeiung". Dabei handelt es sich um eine Vorhersage, die sich gerade deshalb erfüllt, weil man an sie glaubt und sich dementsprechend verhält (was meist unbewusst geschieht). In ihrer zum Klassiker gewordenen Studie sollten jeweils ein Mann und eine Frau, die sich nicht kannten, miteinander telefonieren. Dabei wurde jedoch ein entscheidender Faktor gezielt beeinflusst, nämlich ob die Männer meinten, es mit einer besonders attraktiven oder einer eher unattraktiven Frau zu tun zu haben. Zu diesem Zweck zeigte das Forschungsteam einer Hälfte der Männer das Foto einer attraktiven Frau, der anderen Hälfte das Foto einer unattraktiven Frau. Allen Männern wurde gesagt, dass sie nun mit der Frau auf dem Foto telefonieren würden. Welches Foto die Männer jeweils erhielten, wurde per Zufall bestimmt. Abgebildet war darauf allerdings *nicht* die tatsächliche Gesprächspartnerin. Am anderen Ende des Telefons saß stattdessen eine Studienteilnehmerin, die nicht darüber Bescheid wusste, dass ihrem Gesprächspartner ein falsches Foto gezeigt worden war.

Nachdem die Männer das Foto erhalten hatten, sollten sie ihre zukünftige Gesprächspartnerin zunächst bezüglich verschiedener Eigenschaften einschätzen. Es wird kaum verwundern, dass sie dabei die vermeintlich attraktiven Frauen für freundlicher und humorvoller hielten als die vermeintlich unattraktiven Frauen. Umso verwunderlicher ist hingegen, dass sich die Frauen, die angeblich attraktiv waren, beim darauffolgenden Telefongespräch tatsächlich auch wesentlich freundlicher und humorvoller verhielten als Frauen, die für unattraktiv gehalten wurden. Und das, obwohl diese Frauen weder von den Fotos noch von der vorherigen Beurteilung ihres Gesprächspartners wussten und zudem rein zufällig den Versuchsbedingungen „attraktiv" und „unattraktiv" zugeteilt worden waren. Warum? Männer, die glaubten, mit einer attraktiven Frau zu telefonieren, verhielten sich selbst besonders offen, freundlich und humorvoll – was umgekehrt dazu führte, dass sich auch die Frauen entsprechend verhielten: Die Erwartung schuf sich ihre eigene Wirklichkeit – eine selbsterfüllende Prophezeiung.

Bei der beschriebenen Untersuchung kann man nur deswegen von einem „Experiment" sprechen, weil die zwei wichtigen Kriterien, die ein solches ausmachen, erfüllt sind: Zum einen manipulierte die Forschungsgruppe gezielt einen Faktor, von dem sie glaubte, er würde einen Einfluss auf das Verhalten der beiden Gesprächsteilnehmenden haben: den Glauben der Männer, es mit einer attraktiven oder aber mit einer unattraktiven Frau zu tun zu haben. Sie schufen demnach zwei verschiedene Versuchsbedingungen. Zum anderen erfolgte die Zuweisung zu diesen beiden Versuchsbedingungen per Zufall. Durch eine solche Zufallszuweisung wird ausgeschlossen, dass andere Faktoren als die gezielte Manipulation das zu beobachtende Verhalten beeinflussen. Wären beispielsweise nur besonders extrovertierte Männer in der „attraktiv"-Bedingung gelandet, hingegen besonders introvertierte Männer in der „unattraktiv"-Bedingung, könnte man die beobachteten Effekte auch darauf zurückführen, dass extrovertierte Menschen nicht aufgrund der Fotografie, sondern durch ihre Art auch ihre Gesprächspartner zu offenem und freundlichem Verhalten provozieren. Umgekehrt wäre es bei einem Telefongespräch mit schweigsamen und zurückhaltenden Personen vermutlich schwieriger, dauerhaft humorvoll und freundlich zu bleiben. Durch eine gänzlich zufällige Aufteilung auf die Bedingungen soll ausgeschlossen werden, dass eben solche Einflüsse anderer Faktoren (beispielsweise bestimmte Persönlichkeitseigenschaften, aber auch das Alter oder der Bildungsgrad) zu unterschiedlichem Verhalten in den verschiedenen Bedingungen führen. So kann bei einer Zufallszuteilung davon ausgegangen werden, dass sich die Personen in der einen Bedingung im Durchschnitt in ihren Merkmalen und Eigenschaften nicht von den Personen in der anderen Bedingung unterscheiden. Dadurch können alle beobachteten Unterschiede zwischen den Bedingungen auf den gezielt manipulierten Faktor zurückgeführt werden – wie in diesem Falle eben darauf, ob die Probanden das Foto einer attraktiven oder das einer unattraktiven Frau erhalten haben.

Grundsätzlich stellen also die Forscherinnen und Forscher bei einem Experiment zunächst ganz gezielt bestimmte Bedingungen her und bestimmen per Zufall, welche Studienteilnehmenden welcher Bedingung zugewiesen werden (im beschriebenen Experiment also den Bedingungen mit dem attraktiven oder dem unattraktiven Foto). Danach messen sie die Auswirkung dieser manipulierten Einflussgröße (die Attraktivität des Fotos) auf die sie interessierende Variable – beispielsweise eine Einstellung oder ein Verhalten (in diesem Fall das Verhalten der Frau am Telefon).

Warum aber dieser Aufwand mit der Vorspiegelung falscher Tatsachen? Die Forscher hätten den Männern doch auch einfach ein echtes Bild ihrer tatsächlichen Gesprächspartnerin zeigen und sie dann nach ihren Erwartungen fragen können. Auch dann hätte man überprüfen können, inwieweit die Erwartungen der Männer das tatsächliche Verhalten der Frauen beeinflussen –

oder? Nicht wirklich, denn diese Vorgehensweise brächte ein Problem mit sich, das typischerweise das „Henne-und-Ei-Problem" genannt wird: Was war zuerst da?

Wenn wir den Männern ein Bild ihrer zukünftigen Gesprächspartnerin zeigen und dann ihre Erwartungen sowie das Gesprächsverhalten der Frauen einfach nur messen und dabei finden, dass eine positive Erwartung mit freundlichen und offenen Gesprächsbeiträgen einhergeht, so könnte einerseits tatsächlich die Annahme zutreffen, dass die positiven Erwartungen der Männer das Verhalten der Frauen beeinflusst haben. Es wäre jedoch ebenso denkbar – und ebenfalls sehr plausibel –, dass die Männer gerade bei jenen Frauen positive Erwartungen äußerten, die von ihrem Wesen her tatsächlich besonders offen und freundlich *sind*. Von Fotografien lässt sich nämlich manchmal durchaus darauf schließen, ob die darauf abgebildete Person ein netter, humorvoller Mensch ist, oder ob von einem Gespräch mit ihr eher öde Langeweile zu erwarten ist (siehe Kapitel 1 „Wahrhaft subjektiv! – Über unsere Wahrnehmung der Welt"). Werden die Erwartungen mittels falscher Bilder manipuliert, kann diese zweite Erklärung ausgeschlossen werden. Snyder und Kollegen konnten also berechtigterweise davon ausgehen, dass der Unterschied, den sie im Gesprächsverhalten der Frauen feststellten, auf die von ihnen hergestellten Bedingungen zurückgeführt werden konnte – und nicht darauf, dass sich die Frauen von vornherein in ihrem Wesen voneinander unterschieden.

Durch die beiden Grundcharakteristika sozialpsychologischer Experimente – Zufallszuteilung und gezielte Manipulation vermuteter Einflussfaktoren – lassen sich also vergleichsweise sichere Aussagen darüber treffen, was zuerst da war: Henne oder Ei – oder in diesem Fall: die Erwartung einer angenehmen Gesprächspartnerin oder die Freundlichkeit eben dieser. Und da durch die Zufallszuteilung zu den Versuchsbedingungen mögliche Einflüsse anderer Faktoren weitestgehend ausgeschaltet werden, kann man am Ende davon ausgehen, dass der manipulierte Faktor (hier: die erwartete Attraktivität der Gesprächspartnerin) eben auch der entscheidende Faktor war.

Experimente sind anderen Untersuchungsmethoden also klar überlegen, wenn es darum geht, konkrete Aussagen über Ursache und Wirkung zu treffen. Das ist der Grund, warum Sozialpsychologinnen und Sozialpsychologen am allerliebsten Experimente durchführen und nicht einfach nur beispielsweise Menschen über ihr Verhalten befragen. Wie jede wissenschaftliche Methode werden jedoch auch sozialpsychologische Experimente teilweise kritisiert. Zwei kritische Gesichtspunkte werden besonders häufig diskutiert:

**(1) „Sozialpsychologische Experimente sind realitätsfern."** Man kann sich natürlich fragen, ob Experimente, die in den Experimentallaboren von Universitäten durchgeführt werden, auf die Realität übertragbar sind. Wie oft im Alltag wird Männern schon das Foto einer attraktiven Frau in die Hand gedrückt, zusammen mit der Information: „Mit dieser Frau wirst du nun gleich telefonieren"?

Da sozialpsychologische Forschung selbstverständlich den Anspruch hat, Erkenntnisse zu Tage zu fördern, die auch im realen Leben Gültigkeit besitzen, ist der oft geäußerte Vorwurf, Experimente seien künstlich und könnten daher die Realität nicht abbilden, schwerwiegend. Wäre es ein Leichtes, im Feld (also im „realen Leben") Experimente durchzuführen, würden Sozialpsychologinnen und Sozialpsychologen dies sicherlich auch häufiger tun. Doch eine Zufallsaufteilung auf ganz strikt kontrollierte Bedingungen ist draußen auf der Straße, im alltäglichen Leben, oft nicht möglich. Zu viele unkontrollierbare Faktoren könnten die Ergebnisse der Untersuchung beeinflussen, so dass der Effekt nicht ausschließlich auf die Manipulation der Ausgangsbedingungen zurückgeführt werden könnte und eine Aussage über Ursache und Wirkung nicht möglich wäre. So wäre es beispielsweise außerordentlich schwierig, die Hypothese von Snyder, Tanke und Berscheid in einer realistischen Kennenlern-Situation – beispielsweise bei der Kommunikation über eine Onlinechat-Plattform – zu untersuchen. Denn hier wäre eine zufällige Zuweisung männlicher Studienteilnehmer zu den Bedingungen „Kontakt mit eher unattraktiver Chatpartnerin" und „Kontakt mit attraktiver Chatpartnerin" wohl kaum durchführbar.

Sozialpsychologen befinden sich demnach in einem Dilemma: Will man einen Effekt eindeutig auf eine ganz bestimmte Ursache zurückführen, erfordert das einen Versuch unter strikt kontrollierten Bedingungen – also im Labor. Dass die Umstände, unter denen hier Gedanken, Gefühle und Verhalten von Probanden untersucht werden, in der Realität nicht immer ganz genau so auftreten wie im Labor, muss dafür dann in Kauf genommen werden.

Schließlich ist es auch nicht das Ziel sozialpsychologischer Forschung, Alltagssituationen realistisch zu simulieren. Vielmehr möchte sie möglichst eindeutig Beziehungen zwischen bestimmten Faktoren aufdecken (zum Beispiel den Erwartungen einer Person bezüglich des Verhaltens einer anderen Person und deren tatsächlichem Verhalten – wie in Studien zu selbsterfüllenden Prophezeiungen). „Eindeutig" heißt hierbei, dass mögliche andere Einflussfaktoren ausgeschlossen werden können (zum Beispiel die Tatsache, dass sich diese „anderen Personen", ganz unabhängig von den an sie gerichteten Erwartungen, bereits von vorneherein systematisch in ihren Charakteren unterscheiden).

In den Naturwissenschaften wird ein solches Vorgehen als selbstverständlich erachtet. Niemand erwartet von einem Physiker, dass dieser die Gravitationstheorie im freien Feld testet, wo ihm der Wind (als außerhalb des Labors unkontrollierbarer Einflussfaktor) einen gehörigen Strich durch die Rechnung machen könnte.

Dass Laborexperimente keinen realen Situationen gleichen, ist solange kein schwerwiegendes Problem, wie die innerhalb eines Experiments ausgelösten psychologischen Prozesse (zum Beispiel die Gedanken, die sich eine Person in dem Moment macht, oder die Gefühle, die durch eine bestimmte Situation hervorgerufen werden) mit solchen des realen Lebens vergleichbar sind – denn genau um diese psychologischen Prozesse geht es in der Sozialpsychologie. Wenn also bei einem Mann, der zum ersten Mal mit einer Chatbekanntschaft telefoniert, die er für attraktiv hält, beispielsweise weil ihr echtes oder aber Photoshop-bearbeitetes Profilbild dies suggeriert, die gleichen psychologischen Prozesse ablaufen wie bei den Männern in der Studie von Snyder, Tanke und Berscheid, dann kann man davon ausgehen, dass die zentralen Ergebnisse der Studie auch tatsächlich auf die Realität übertragen werden können.

Um eine solche Vergleichbarkeit zwischen Labor-Situation und realem Leben herstellen zu können, ist es jedoch manchmal notwendig, Teilnehmenden in sozialpsychologischen Experimenten zunächst den wahren Zweck des Experiments zu verschweigen oder sie gar zu täuschen. Hätte man den Männern, die an der Telefon-Studie teilnahmen, sofort eröffnet, dass es in der Studie um den Einfluss gezeigter Frauen-Fotos auf das folgende Telefongespräch geht, hätten sich die Männer mit Sicherheit anders verhalten. Nur weil ihnen vorgetäuscht wurde, das Ziel der Studie sei es, Kennenlern-Prozesse zu untersuchen, konnte das Foto eine solche Wirkung entfalten, wie es das vermutlich auch im realen Leben getan hätte.

**(2) „Sozialpsychologische Experimente sind unethisch."** Gerade auf solchen Täuschungen (auch „Cover stories" genannt) beruht ein zweiter Vorwurf, mit dem Sozialpsychologinnen und Sozialpsychologen häufig konfrontiert sind: Ihre Experimente seien unethisch. Denken Sie an die oben beschriebene Studie von Milgram zurück, in der einige Teilnehmende eine ganz und gar unangenehme Erfahrung machten, nämlich, dass sie unter bestimmten Rahmenbedingungen dazu bereit waren, einer anderen Person potenziell tödliche Stromschläge zu verabreichen. In wissenschaftlichen Laboren wäre eine derartige Studie heutzutage nicht mehr durchführbar – keine universitäre Ethik-Kommission würde sie erlauben. Anders in Fernsehstudios: Milgrams Experiment wurde im Jahr 2010 in einer französischen Fernsehshow mit dem treffenden Titel „The Game of Death" wiederholt. Presseberichten zufolge war es das Ziel des Produzenten Christophe Nick aufzuzeigen, dass Menschen gerade im Fernsehen bereit sind, Dinge zu tun, von denen sie eigentlich niemals gedacht hätten, dass sie dazu in der Lage wären. Psychische Folgeschäden der Kandidaten wurden dabei offensichtlich in Kauf genommen.

Für Forschung an Instituten und Universitäten dagegen gilt mittlerweile eine Reihe ethischer Prinzipien, wie sie die Amerikanische Gesellschaft für Psychologie verabschiedet hat. Dazu gehört, dass Teilnehmende vor Beginn einer Studie über mögliche Inhalte und Konsequenzen aufgeklärt und darüber in Kenntnis gesetzt werden, dass sie ihre Teilnahme jederzeit und ohne negative Konsequenzen abbrechen können. Eine Täuschung der Teilnehmenden über die wahren Inhalte der Studie ist nur dann zulässig, wenn das Forschungsteam zu dem Schluss kommen, dass die Forschungsfrage ohne den Einsatz von Täuschungstechniken nicht zuverlässig untersucht werden kann und dass eine solche Täuschung durch den voraussichtlichen Erkenntnisgewinn zu rechtfertigen ist. Elementar ist dabei, dass die Teilnehmenden *nach* der Studie sorgfältig über die Täuschung und den wahren Zweck der Untersuchung aufgeklärt werden. Es hat sich gezeigt, dass praktisch alle Teilnehmenden nachvollziehen können, dass es im Zuge sozialpsychologischer Forschung manchmal notwendig ist, Personen zunächst den wahren Zweck einer Studie vorzuenthalten.

Machen Sie sich nun selbst ein Bild von sozialpsychologischer Forschung. In den folgenden Kapiteln werden Ihnen zahlreiche sozialpsychologische Experimente präsentiert, deren spannende Ergebnisse Sie hoffentlich begeistern werden!

Die in diesem Kapitel enthaltenen Informationen beruhen auf den folgenden Quellen, die auch zur weiterführenden Lektüre zu empfehlen sind:

Aronson, E., Wilson, T.D., & Akert, R.M. (2009). *Sozialpsychologie* (6. überarbeitete Auflage). München: Pearson Studium.
Smith, E.R., & Mackie, D.M. (2008). *Social Psychology*. New York, NY: Psychology Press.

# Ich und meine Welt

Tagtäglich sind wir Menschen Tausenden von Reizen verschiedenster Art ausgesetzt. Von allen Seiten prasseln diese auf uns ein – sei es auf der Arbeit, in unserer Freizeit, im Straßenverkehr oder vor dem Fernseher, wenn wir in Gesellschaft sind oder alleine. Überall begegnen uns laute Geräusche, bunte Farben, fremde Personen, bekannte Gesichter, verschiedene Alternativen, Anfragen und Forderungen, Angebote und Absagen. Wir müssen darauf reagieren, die wichtigen Informationen auswählen, Unwichtiges ausblenden, Personen und Situationen beurteilen, Entscheidungen treffen und uns angemessen verhalten. Und all das in kürzester Zeit. Doch wie machen wir das? Wie werden wir diesen Aufgaben gerecht? Woher wissen wir, was in einer Situation wichtig und richtig ist? Gibt es Faktoren, die unsere Wahrnehmung und unser Denken beeinflussen? Welche Rolle spielen unsere Gefühle in diesem Prozess? Und machen wir bei all dem nicht auch Fehler?

Der Themenabschnitt *Ich und meine Welt* betrachtet den Menschen als Individuum, wie er sich und seine Welt wahrnimmt, fühlt und denkt. Kapitel 1 beschäftigt sich damit, wie sich unsere Erwartungen, unsere Motivation und der situative Kontext auf die Wahrnehmung unseres Selbst, anderer Menschen und bestimmter Situationen auswirken. Kapitel 2 thematisiert den Einfluss von Gefühlen auf unser Denken und Handeln, und Kapitel 3 betrachtet schließlich verschiedene Prozesse, die beim Denken stattfinden und uns Menschen bei unseren Entscheidungen beeinflussen. So werden auch Möglichkeiten aufgezeigt, wie wir unsere Entscheidungen verbessern können.

# Kapitel 1
# Wahrhaft subjektiv! –
# Über unsere Wahrnehmung der Welt

Bianca von Wurzbach

Wo fünf Ärzte, da sechs Diagnosen, sagt man. Dabei ist die Wahrheit doch irgendwo da draußen, und wenn man auf die Fakten achtet, muss man sie doch auch erkennen, oder? Nur jedes Mal, wenn man dieselbe Geschichte von zwei Seiten hört – beispielsweise den Streit zwischen Mitglieder einer Wohngemeinschaft, ob die Aufgaben im Haushalt gerecht verteilt sind; die Diskussion gegnerischer Fußballfans, ob Schwalbe oder Foul; oder die Auseinandersetzung innerhalb der Familie darüber, wer sich nun gerade im Tonfall vergriffen hat – dann merkt man: Ganz so einfach ist es nicht. Die Wahrheit ist oftmals subjektiv. Eine einzige Realität gibt es in sozialen Situationen in der Regel nicht, weil wir die Realität immer ein klein wenig anders wahrnehmen als jede einzelne andere anwesende Person. Unsere „Wahrheit" ist oft nur konstruiert, besteht also ausschließlich in unseren Köpfen. Denn was wir in einem bestimmten Moment sehen, hängt zu großen Teilen auch davon ab, was wir erwarten zu sehen (Erwartungen), was wir sehen wollen (Motivation) und was wir sonst noch in der Situation sehen können (Kontext). Was genau damit gemeint ist, wird in diesem Kapitel erläutert.

## Wie erwartet! – Der Einfluss unserer Erwartungen

Wir alle haben bestimmte Vorstellungen über Zusammenhänge und Abläufe in unserer Umwelt. Diese haben wir oft von anderen übernommen oder auch durch eigene Erfahrungen entwickelt. So wissen wir, dass bei einem Wettlauf die Sportlichkeit der Läufer und Läuferinnen gemessen wird und dass in einem Schultest die geistigen Fähigkeiten von Kindern unter die Lupe genommen werden. Daraus schließen wir, dass die schnellste Person in einem Wettlauf sehr sportlich und das Kind mit den besten Noten auch dasjenige mit dem größten geistigen Potenzial in einer Klasse ist. Wir beobachten also, lernen Zusammenhänge und entwickeln daraus entsprechende Erwartungen.

Dass unsere Erwartungen jedoch nicht immer die objektiven Gegebenheiten widerspiegeln und sogar die soziale Realität verändern können, stellten Robert Rosenthal und Lenore Jacobson in den 1960er Jahren in einem eindrucksvollen Experiment unter Beweis[3]: Das Forschungsteam besuchte eine Grundschule und führte dort mit den Sprösslingen einen Intelligenztest durch. Anschließend wurden den Lehrkräften mitgeteilt, dass bestimmte Kinder sehr gut abgeschnitten hätten und demnach hochbegabt seien. Diese würden in Zukunft voraussichtlich hervorragende Leistungen erbringen. Tatsächlich wurden diese „klugen Kinder" jedoch per Zufallsprinzip ausgewählt. Die Nennung der einzelnen Schüler und Schülerinnen hatte also nichts mit deren wirklicher Leistung zu tun, sondern war schlichtweg gelost. Zum Schuljahresende kehrten Rosenthal und Jacobson in die Grundschule zurück. Erstaunlicherweise zeigten die zufällig ausgewählten „talentierten Kinder" tatsächlich außerordentlich gute Leistungen im Vergleich zum Rest der Klasse. Doch wie kann das sein? Grenzt das nicht an ein Wunder? Die Erklärung der Sozialpsychologie liegt in den Erwartungen der Lehrpersonen und deren Folgen: Alleine die Erwartung, dass diese Kinder hochbegabt seien, und das damit verbundene veränderte Verhalten ihnen gegenüber, führte systematisch zu einer Leistungssteigerung der Auserwählten. Die „klugen Kinder" wurden von den Lehrpersonen besonders gefordert und gefördert, ihnen wurde mehr Aufmerksamkeit zuteil, sie wurden häufiger aufgerufen, mehr ermutigt, wenn sie etwas nicht wussten, und mit mehr Respekt behandelt. Dieser Umstand motivierte die Kinder stärker und stattete sie mit einem größeren Selbstbewusstsein und mehr Zuversicht aus, was schließlich das erwartete Ergebnis hervorbrachte. Die Lehrkräfte „konstruierten" die Realität also anhand ihrer Erwartungen, das heißt sie veränderten die Situation. Dieses erstaunliche Phänomen wird als „selbsterfüllende Prophezeiung" bezeichnet (siehe auch Einleitung „Sozialpsychologie – oder: Vom menschlichen Zusammenleben"). Die Studie von Rosenthal und Jacobson war übrigens kein Einzelfall. In zahlreichen anderen Experimenten konnte der Befund wiederholt gezeigt werden.

Interessanterweise können unsere Erwartungen nicht nur bei der *Einschätzung anderer Menschen* unser Urteilsvermögen verzerren und so Realität schaffen. Auch bei der *Beurteilung der eigenen Person* zeigen unsere Erwartungen ihre Wirkung und schaffen „Wahrheit". Welchen Effekt dies auf unsere Gesundheit haben kann, zeigt der folgende Artikel.

### Putz dich schlank[4] (Anne Landhäußer)

Es soll schon vorgekommen sein, dass einer auf der abendlichen Party feuchtfröhlich über schwierige Wörter und die eigenen Füße stolperte, etwas verhalten seinen „leicht angeheiterten" Zustand verkündete und im Anschluss feststellte, dass er aus Versehen den ganzen Abend über nur alkoholfreies Bier getrunken hatte. Es gibt diese Fälle, da scheint der Segen eines Priesters oder die Berührung einer zweifelhaften Wunderheilerin die schwersten Krankheiten zu heilen. Dass Pillen, Tabletten oder Tropfen auch dann eine heilende Wirkung nach sich ziehen können, wenn sie keine heilenden Inhaltsstoffe enthalten, ist allgemein bekannt und wird als „Placebo-Effekt" bezeichnet. Was sich im Kopf abspielt, hat einen Einfluss auf den Körper – und hier sei nicht nur von der sogenannten „Kraft der Einbildung" die Rede. Wie wir über ein bestimmtes Verhalten denken, hat oftmals einen Einfluss auf die Wirkung dieses Verhaltens. Auch wenn es ums Putzen geht.

Die Forscherinnen Alia Crum und Ellen Langer fragten sich, ob der bloße Gedanke, man selbst würde sich sportlich betätigen – unabhängig von der tatsächlichen sportlichen Aktivität – einen positiven Einfluss auf die eigene Gesundheit haben kann. Um diese Frage zu beantworten, wählten sie sieben Hotels aus, deren Reinigungskräfte sie für eine Untersuchung rekrutierten. In vier dieser Hotels wurde den Frauen ausführlich erklärt, dass sie aufgrund ihrer Arbeit die Kriterien für einen „aktiven Lebensstil" erfüllten. Wie viele Kalorien beispielsweise beim Badputzen verbraucht werden, wurde ihnen nicht nur in einem Vortrag erläutert. Auch erhielten alle Reinigungskräfte einen schriftlichen Bericht über die positiven Effekte des Putzens, der zusätzlich im Aufenthaltsraum aufgehängt wurde. In den drei übrigen Hotels fand eine derartige Aufklärungskampagne nicht statt.

Der Effekt der Aktion war erstaunlich: In den Hotels, in denen sich die Reinigungskräfte des Nutzens ihrer Tätigkeit für die körperliche Fitness bewusst waren, nahmen die Frauen – im Gegensatz zu denen in den übrigen drei Hotels – während der vier Wochen nach der Aufklärungskampagne durchschnittlich zwei Pfund ab, ihr Körperfettanteil sank ebenso deutlich wie ihr Blutdruck. Dies geschah, obwohl ihre Arbeitszeiten gleich blieben und sie in ihrer Freizeit nicht mehr Sport trieben als vor der Untersuchung. Auch im Hinblick auf ihre Ernährung und Zigaretten- sowie Alkoholkonsum hatten die Frauen ihr früheres Verhalten beibehalten.

Neben den Gesundheitsmerkmalen scheint sich nur eines verändert zu haben: Während beim Start der Untersuchung nur 39 Prozent der zu diesem Zeitpunkt noch nicht aufgeklärten Frauen angaben, regelmäßig Sport zu treiben, taten dies nach vier Wochen 79 Prozent – wohlgemerkt, ohne dass sich an ihrem tatsächlichen Freizeitverhalten irgendetwas geändert hatte. Weil man ihnen erklärt hatte, dass ihre Arbeit Sport sei, betrachteten sie sich selbst nun als sportlicher als zuvor. Zwar ist nicht auszuschließen, dass diese Frauen motivierter und engagierter bei der Arbeit waren als früher. Doch Crum und Langer vermuten, dass die Reinigungskräfte ihre bessere Gesundheit in erster Linie einem psychologischen Effekt zu verdanken haben. Nach dieser Annahme führte bei den Reinigungskräften alleine die veränderte Wahrnehmung ihrer Sportlichkeit zu einer verbesserten körperlichen Verfassung. Sollten sie mit ihrer Vermutung Recht haben, wäre ihre Studie ein weiterer Beleg dafür, wie wir mit unseren Gedanken und unserem Wissen die eigene Gesundheit beeinflussen können – ohne zwangsläufig unser Verhalten zu ändern. Vielleicht aber wird die ein oder andere Person jetzt trotzdem ein bisschen häufiger putzen.

Auch in dieser Studie wurde deutlich, welche Macht unsere Erwartungen haben. Das bloße Wissen um die gesundheitlich positiven Aspekte des Putzens und die damit verbundenen Erwartungen veränderten entsprechend die Realität. Insgesamt lässt sich also festhalten, dass unsere Erwartungen unserer Wahrnehmung der Welt einen Filter aufsetzen können. Dies kann zur Folge haben, dass wir unser *Verhalten verändern,* wodurch wir auf unsere Umwelt einen Einfluss ausüben und sie somit abwandeln. Dieser Effekt zeigte sich beispielsweise bei den Lehrpersonen der Grundschule in der Studie von Rosenthal und Jacobson. Aber auch, wenn unsere Erwartungen *nicht erst unser Verhalten beeinflussen,* wie das in der Studie mit den Reinigungskräften von Crum und Langer vermutlich der Fall war, kann das Ergebnis dasselbe sein: eine messbare Veränderung der Realität.

Das Vorangegangene erklärt, *wie* unsere Erwartungen uns bei der Konstruktion der Realität beeinflussen. Bleibt aber die Frage, *warum* unsere Erwartungen überhaupt einen solch starken Einfluss auf unsere Wahrnehmung und damit auf unsere Konstruktion der Realität haben. Warum verlassen wir uns so stark darauf? Was sind also Ursache und Funktion davon? Die Sozialpsychologie bietet folgende Antwort: Häufig können wir nicht alle Informationen, die wir eigentlich für die Bildung eines sinnvollen Urteils beachten müssten, verarbeiten. So stehen wir oftmals unter Zeitdruck oder verfügen über geringe geistige Kapazitäten, weil wir beispielsweise abgelenkt oder unkonzentriert sind. In anderen Situationen sind wir schlichtweg nicht motiviert, uns ausführlich mit der gegebenen Information auseinanderzusetzen. Oder uns steht die Information, die wir für eine sorgfältig abgewogene Bewertung einer Person oder Situation benötigen, erst gar nicht zur Verfügung. In solchen Fällen müssen wir auf „Hilfsmittel" zurückgreifen, anhand derer wir zu einem Urteil gelangen können, ohne sämtliche Informationen im Detail analysieren zu müssen. Ein solches Hilfsmittel sind unsere Erwartungen. Beispielsweise erwarten wir, dass offene Menschen durchaus auch gerne einmal lächeln. Diese Erwartung haben wir entwickelt, da wir schon häufig das gemeinsame Auftreten der beiden Merkmale beobachten konnten, also dass offene Personen auch lächeln. Im Umkehrschluss gehen wir dann weiter davon aus, dass lächelnde Personen in der Regel auch offene Menschen sind. Als eine Art Faustregel schließen wir so von dem äußeren Erscheinungsbild einer Person auf deren individuelle Charaktermerkmale, wenn wir nicht ausreichend andere Informationen zur Bildung unseres Urteils heranziehen können oder wollen. Doch ist das überhaupt eine gute „Strategie"? Sind beispielsweise unsere an Äußerlichkeiten geknüpften Erwartungen tatsächlich eine verlässliche Informationsquelle für unser Urteil über eine Person? Diesen Fragen widmet sich der folgende Artikel.

### Auf den ersten Blick[5] (Ulrike Rangel)

Unser Alltag ist geprägt von Begegnungen mit anderen Menschen. Wenn wir jemanden zum ersten Mal treffen, versuchen wir, uns möglichst schnell ein Bild vom Charakter des Gegenübers zu machen. Dabei orientieren wir uns vor allem an der äußeren Erscheinung einer Person. Doch ist es überhaupt möglich, die Charaktereigenschaften eines völlig unbekannten Menschen so schnell einzuschätzen, wenn uns noch dazu nur Äußerlichkeiten als Informationen zur Verfügung stehen?

Dieser Frage ging ein Forschungsteam um Laura Naumann nach. Dazu fertigte es Ganzkörperfotografien von Studierenden an und erfasste deren Persönlichkeitsmerkmale, indem es die Personen selbst sowie deren enge Freunde und Freundinnen dazu befragte. Die Fotografien legte die Forschungsgruppe anschließend Testpersonen vor und bat sie, die unterschiedlichen Charakterzüge der ihnen unbekannten Personen einzuschätzen. Erstaunlicherweise war die Trefferquote relativ hoch. So konnten die Studienteilnehmenden überzufällig gut einschätzen, wie freundlich, aufgeschlossen, extravertiert oder gar wie religiös die abgebildeten Personen waren. Lediglich bei einzelnen Merkmalen, wie beispielsweise der Gewissenhaftigkeit der Fotografierten, lagen die Beurteilenden nicht überzufällig häufig richtig.

Das Forschungsteam erklärt diese bemerkenswerten Übereinstimmungen damit, dass sichtbare Merkmale von Personen oft mit deren Persönlichkeitseigenschaften zusammenhängen. Die fotografierten Personen, die extravertiert waren, neigten beispielsweise dazu, direkt in die Kamera zu lächeln, aufgeschlossene Personen trugen eher eine ausgefallene Kleidung. Offenbar verstanden es die Beurteilenden, diese sichtbaren Hinweisreize bei ihrer Einschätzung der Personen richtig zu deuten.

Gleichzeitig zeigen die Ergebnisse jedoch auch, dass wir beim ersten Eindruck dann daneben liegen können, wenn wir falsche Vorstellungen darüber haben, wie ein bestimmtes Äußeres mit den Eigenschaften einer Person zusammenhängt. So schätzten die Beurteilenden beispielsweise Personen, die besonders ordentlich gekleidet waren, als eher gewissenhaft ein. Tatsächlich fand die Forschungsgruppe jedoch keinen Zusammenhang zwischen der allgemeinen Gewissenhaftigkeit eines Individuums und dem Kleidungsstil. Ein ordentliches Äußeres sagt offenbar also noch nichts über die Pünktlichkeit einer Person oder über die Sauberkeit ihrer Wohnung aus.

Die Studie des Forschungsteams um Naumann zeigt demnach, dass wir oft erstaunlich gut darin sind, unser Gegenüber auf den ersten Blick einzuschätzen. Perfekt ist unser erster Eindruck dennoch nicht. Es lohnt sich also durchaus, genauer hinzusehen.

Es ist in der Regel also tatsächlich sinnvoll, unsere Erwartungen als Hilfsmittel bei der Einschätzung von Individuen heranzuziehen und unsere Wahrnehmung entsprechend anzupassen – auch wenn wir damit nicht in jedem einzelnen Fall richtig liegen werden.

Aber nicht nur die *Wahrnehmung einzelner Personen* wird durch unsere Erwartungen beeinflusst und führt somit zu einer subjektiven Konstruktion der Realität. Auch die *Wahrnehmung ganzer Personengruppen* wird häufig durch unsere Erwartungen gelenkt. So werden beispielsweise Männer oftmals als starke Wesen gesehen, die auch gerne einmal dominantes und aggressives Verhalten zeigen. Frauen werden demgegenüber häufig als emotional und einfühlungsvermögend eingestuft. Diese Verbindung zwischen Geschlecht und Eigenschaften haben viele von uns gelernt, sei es im Elternhaus, in der Schule oder auch in der Werbung. Aber auch die eigene Erfahrung mag uns diesen Zusammenhang bei einzelnen Männern und Frauen bestätigt haben. Als Folge davon generalisieren wir und entwickeln eine Erwartung gegenüber allen Mitgliedern dieser sozialen Gruppen. Dies bedeutet, dass wir von Männern im Allgemeinen erwarten, dass sie dominant und aggressiv sind. Frauen schreiben wir hingegen grundsätzlich eine hohe Emotionalität und ein starkes Einfühlungsvermögen zu. Ohne auf individuelle Unterschiede zu achten, gehen wir also davon aus, dass die Eigenschaften, die wir mit einer bestimmten Personengruppe assoziieren, bei allen Mitgliedern dieser Gruppe zu finden sind. (Diesen Vorgang nennt man in der Wissenschaft auch „Stereotypisierung". Da dies ein sehr wichtiges Thema in der Sozialpsychologie ist, haben wir selbigem ein ganzes Kapitel gewidmet, siehe Kapitel 9 – „Schubladen auf! – Ein Blick in die Welt der Stereotype"). Dies führt letztlich dazu, dass unsere Wahrnehmung von allen Personen dieser Gruppe gemäß unserer Erwartung „verzerrt" wird. Wir sehen also das, was unserer Erwartung entspricht, filtern die Information nach unserer „Erwartungsschablone". Die folgende Studie zeigt, wie beispielsweise unsere Wahrnehmung der Führungskompetenz von Männern und Frauen durch unsere Erwartung eingefärbt werden kann.

**Bloß keine Fehler machen?**[6] **(Florian Elsässer)**
Als Angela Merkel 2005 Bundeskanzlerin wurde, erlangte sie eine Position, die bis dato nur von Männern besetzt worden war. Auch in anderen Spitzenpositionen in Politik und Wirtschaft sind Frauen nach wie vor unterrepräsentiert.

Neue Forschungsergebnisse zeigen nun, dass Frauen, die eine geschlechtsuntypische Position innehaben – also ein Amt besetzen, das meist von Personen des anderen Geschlechts bekleidet wird – viel strenger beurteilt werden als Männer in der gleichen Position. So zeigte eine Forschungsgruppe um Victoria Brescoll in einem Experiment, dass der Status, der mit einer hohen Position verbunden ist, viel stärker gefährdet ist, wenn die Position geschlechtsuntypisch besetzt ist.

In dem Experiment bekamen männliche und weibliche Teilnehmende ein Szenario vorgelegt. In diesem Szenario wurde die Reaktion einer Polizeileitung auf die Eskalation einer Protestkundgebung beschrieben. Die eine Hälfte der Teilnehmenden las eine Version des Szenarios, in der die Leitung des Polizeieinsatzes ausreichend Polizeikräfte zu der Kundgebung sandte, so dass Ausschreitungen verhindert werden konnten und es zu keinen Verletzten kam. In einer zweiten Version des Szenarios, welche die andere Hälfte der Teilnehmenden zu lesen bekam, machte die Einsatzleitung hingegen den Fehler, nicht genügend Polizeikräfte auszusenden, weswegen die Kundgebung mit 25 Schwerverletzten endete. Zudem variierte die Forschungsgruppe das Geschlecht der Einsatzleitung, so dass entweder ein Polizeichef oder eine Polizeichefin den Einsatz anführte.

Aufgabe der Teilnehmenden war es nun, Polizeileitung hinsichtlich Kompetenz und Status zu bewerten. Die Ergebnisse zeigen, dass es keinen Unterschied machte, ob die Position von einer Frau oder einem Mann besetzt war, wenn keine Fehler gemacht worden waren. Bei aufgetretenen Fehlern spielte das Geschlecht jedoch sehr wohl eine Rolle: In diesem Fall wurden die Kompetenz sowie der Status bei einer Polizeichefin bedeutend niedriger eingestuft als bei einem Polizeichef.

Die gleichen Effekte waren übrigens auch zu beobachten, wenn in dem Szenario das Verhalten der Schulleitung an einer Frauen-Universität beschrieben wurde. Einem Rektor wurden nach einem unterlaufenen Fehler weniger Kompetenz und ein geringerer Status zugeschrieben als einer Rektorin. Demnach kann man aus den Ergebnissen nicht schließen, dass Frauen Fehler grundsätzlich stärker angelastet werden als Männern. Vielmehr scheinen Fehler gerade dann dazu einzuladen, einer Führungsperson ihre Kompetenz abzusprechen, wenn sie eine geschlechtsuntypische Position bekleidet – egal, ob diese Position nun typischerweise von Männern oder aber von Frauen besetzt wird.

Hier zeigt sich also, dass wir Personen bei sonst identischer Information ungleich bewerten, nur weil sie verschiedenen Personengruppen angehören, an welche wir unterschiedliche Erwartungen knüpfen. Aber nicht nur Merkmale, welche unsere Gruppenzugehörigkeit tatsächlich festlegen, wie unser

Geschlecht, können Erwartungen auslösen und so unsere Wahrnehmung beeinflussen. Alleine Aspekte, die mit der Gruppenzugehörigkeit in Verbindung gebracht werden, können schon diese Wirkung haben. Dies konnten Sabine Sczesny und Dagmar Stahlberg[7] in einem an der Universität Mannheim durchgeführten Experiment zeigen.[1] Die Forscherinnen stellten den Bereich der Personalauswahl ins Zentrum ihrer Erwartungsstudie. Ausgangspunkt des Experiments waren Untersuchungen in der Geschlechterforschung, die durchweg zeigen, dass Männer in von Männern dominierten Berufsbereichen wie Management und Unternehmensführung unabhängig von der tatsächlich gezeigten Leistung als kompetenter und führungsgeeigneter eingeschätzt werden als Frauen. Zur Aktivierung dieses Geschlechtsstereotyps genügt häufig die Betonung des Geschlechts der betreffenden Person. Aber auch körperliche Merkmale wie Gesichtszüge, Stimme und Geruch können Geschlechtsstereotype auslösen. Sczesny und Stahlberg vermuteten deshalb, dass beispielsweise auch von dem Geruch, der einer Person anhaftet, oftmals auf deren Führungskompetenz geschlossen wird.

Um diese Annahme zu überprüfen, untersuchten sie den Einfluss von typisch männlichem, herbem Parfüm beziehungsweise typisch weiblichem, blumigem Parfüm auf die Personenwahrnehmung in Bewerbungssituationen. In einem Experiment sollten sich Studierende in die Rolle eines Personalmanagers beziehungsweise einer Personalmanagerin hineinversetzen und Bewerbungsgespräche für die Besetzung einer leitenden Position in einem Unternehmen führen. Dazu mussten die Teilnehmenden einer angeblich anderen Versuchsperson, die sich in der Rolle der sich bewerbenden Person befand, einige vorgegebene Fragen stellen. Die „sich bewerbende

---

1 Die Darstellung der folgenden Studie basiert auf dem Forschung-erleben-Artikel „Den richtigen Riecher haben?" (Bianca von Wurzbach).

Person" – in der einen Hälfte der Fälle handelte es sich um einen Mann, in der anderen Hälfte um eine Frau – gehörte in Wirklichkeit jedoch zum Forschungsteam und gab allen Teilnehmenden jeweils identische Antworten. Variiert wurde, ob der oder die Verbündete ein typisch weiblich oder ein typisch männlich duftendes Parfüm trug. Die Studienteilnehmenden sollten nach dem Gespräch einschätzen, mit welcher Sicherheit sie ihr Gegenüber einstellen würden. Die Ergebnisse zeigen, dass das Parfüm, welches die „sich bewerbende Personen" aufgetragen hatten, tatsächlich einen Einfluss auf die Einschätzung der Befragten hatte: Diejenigen, die das typisch männliche Parfüm trugen, wären mit größerer Sicherheit von den Versuchsteilnehmenden eingestellt worden als diejenigen, denen das typisch weibliche Parfüm anhaftete, und das unabhängig vom Geschlecht des oder der „sich Bewerbenden Person. Dieser Effekt zeigte sich, obwohl die Teilnehmenden nach eigenen Angaben das Parfüm nicht wahrgenommen hatten. Ausschließlich weibliche Teilnehmende, welche eine Bewerberin beurteilen sollten, ließen sich nicht von dem Parfüm „an der Nase herumführen". Sie gaben die Sicherheit, mit der sie die Frau einstellen würden, unabhängig von der Art des dieser anhaftenden Duftes an. Insgesamt weisen die Befunde von Sczesny und Stahlberg also auf, dass alleine schon der Geruch einer Person, als ein mit dem Geschlecht assoziiertes Merkmal, entsprechende Erwartungen auslösen und so die Entscheidung bei der Personalauswahl beeinflussen kann.

Die vorgestellten Studien legen dar, dass wir uns bei der Beurteilung von anderen Menschen stark von den Erwartungen beeinflussen lassen, die wir mit bestimmten Personengruppen verbinden. Als Auslöser für diese Erwartungen genügen häufig das Wissen um die Zugehörigkeit einer Person zu einer bestimmten Gruppe oder eben auch physische Merkmale, die wir mit der Gruppenzugehörigkeit verbinden. Die ausgelösten Erwartungen führen häufig zu einem vorschnellen Urteil über einen Menschen. Wir schauen also nicht mehr genau hin, vernachlässigen individuelle Unterschiede und Details. So laufen wir Gefahr, ein falsches Urteil zu fällen und einer Person unrecht zu tun.

„Das ist doch widersprüchlich!" denken Sie nun vielleicht. Einerseits können wir Personen auf den ersten Blick und damit erwartungsbasiert gut einschätzen. Andererseits verzerren beispielsweise unsere geschlechterbezogenen Erwartungen unser Kompetenzurteil über eine andere Person, was zu einer ungerechtfertigten Bewertung führen kann. Sind Entscheidungen und Einschätzungen, welche auf Erwartungen fußen, nun gut oder schlecht? Das ist nicht so leicht zu beantworten. Wie oben schon beschrieben können wir mittels Erwartungen grundsätzlich schnell Entscheidungen treffen, ohne uns groß mit Details der Situation oder individuellen Merkmalen einer Person beschäftigen zu müssen. Und diese Entscheidungen erweisen sich im Durchschnitt auch als richtig und angemessen. Kategorisierungen und Verallgemeinerungen helfen uns also, mit der Flut an Informationen, der wir täglich ausgesetzt sind, zurechtzukommen. Solche Einschätzungen sind aber eben nicht immer zutreffend. Im Einzelfall können wir mit erwartungsbasierten Entscheidungen danebenliegen. Dies bedeutet, dass es gerade im Einzelfall sinnvoll sein kann, auf individuelle Unterschiede, Charakterzüge der einzelnen Person und Umstände in der gegebenen Situation zu achten und diese in unser Urteil einfließen zu lassen. Wenn wir genügend Zeit haben, nicht von anderen Aufgaben abgelenkt werden, ausreichend motiviert sind, uns mit dem Thema auseinanderzusetzen, und uns auch die notwendigen Informationen in der Situation zur Verfügung stehen, sollte dies problemlos funktionieren. So können wir oftmals zu genaueren und besseren Beurteilungen gelangen als mittels einer „Erwartungseinschätzung".

## Gerne auch mal schmeichelhaft –
## Der Einfluss unserer Motivation

Nicht nur unsere Erwartungen können einen starken Einfluss auf unsere Konstruktion der Wirklichkeit haben. Auch das, was wir gerne sehen, sein oder erreichen möchten, also unsere Motivation, verzerrt oftmals unsere Wahrnehmung der Realität. Motivation ist der Prozess, der beim Menschen das Streben nach Zielen auslöst und aufrecht erhält und ist deshalb sozusagen der eigentliche „Motor" unseres Handelns. Die Art und Weise, *wie* motivationale Zustände gravierende Auswirkungen auf die Wahrnehmung unserer Umwelt haben können, zeigte beispielsweise Nevitt Sanford bereits 1937[8]. Der Forscher fragte Kinder nach Wortassoziationen und präsentierte ihnen zweideutige Bilder, welche sie interpretieren sollten. Einer Gruppe der Kinder wurde diese Aufgabe direkt vor einer Mahlzeit gestellt. Die anderen Kinder sollten die Fragen nach einer Mahlzeit beantworten. Es zeigte sich, dass die hungrigen Kinder die Worte stärker mit Essen assoziierten und die Bilder häufiger im Essenskontext interpretierten als die gesättigten Kinder. Die Motivation, den Hunger zu stillen, ließ ihre Wahrnehmung demnach auch andere Reize in diesem Zusammenhang sehen.

Jedoch kann sich unsere Motivation nicht nur auf die *Interpretation von Reizen in unserer Umwelt,* wie die Bilder in Sanfords Studie, auswirken. Auch die *Auslegung von Reizen, die innerlich entstehen,* wie beispielsweise unsere Träume, kann stark von unseren motivationalen Zuständen gelenkt werden. Dies steht im Zentrum des folgenden Artikels.

**Die (Be-)Deutung unserer Träume[9] (Christiane Schoel)**

Welche der folgenden Aussagen trifft Ihrer Meinung nach am ehesten zu?

Unsere Träume…

A) …helfen uns, alltägliche Informationen zu verarbeiten und dadurch Probleme besser lösen zu können.

B) …helfen uns, unnötige Informationen des Tages auszusortieren und so ein Informationschaos in unserem Kopf zu vermeiden.

C) …sind ein reines Nebenprodukt unserer Gehirnaktivitäten und haben keine besondere Bedeutung.

D) …offenbaren uns unbewusste Gefühle, zu denen wir sonst kaum Zugang haben.

Über die Funktion unserer Träume wird in der Wissenschaft schon lange gestritten, und es gibt Befürwortende aller vier Alternativen. Wenn Sie jedoch Alternative D gewählt haben, dann entspricht Ihre Antwort der Mehrheit von Befragten in einer Studie von Carey Morewedge und Michael Norton. Die Forscher befragten Personen in den USA, Südkorea und Indien und konnten zeigen, dass Menschen unabhängig von der eigenen Kultur dem Glauben anhängen, dass unsere Träume einen tiefer liegenden Sinn haben und nicht nur unseren Alltag widerspiegeln oder überhaupt keine eigenständige Bedeutung haben.

Wieviel Bedeutung aber würden Sie einem Traum von einem Flugzeugabsturz beimessen, wenn Sie ihn in der Nacht vor einer geplanten Flugreise träumten? Würden Sie trotzdem ins Flugzeug steigen? Die Befragten in der Studie von Morewedge und Norton gaben an, dass sie ein solcher Traum mit einer ebenso großen Wahrscheinlichkeit von ihren Reiseplänen abhielte wie die Nachricht über einen tatsächlichen Absturz auf der geplanten Reiseroute und sie sogar mehr beeinflussen würde als der bloße Gedanke an einen Flugzeugabsturz oder eine Reisewarnung aufgrund eines möglichen Terroranschlags. Personen, die an unbewusste Trauminhalte (Alternative D) glaubten, waren sogar eher bereit einen Flug aufgrund eines entsprechenden Traumes abzusagen als aufgrund eines tatsächlichen Flugzeugabsturzes.

Aber lassen wir uns von all unseren Träumen so stark beeinflussen oder kommt es auf den Inhalt unserer Träume an? Nach Morewedge und Norton messen wir vor allem solchen Träumen Bedeutung bei, die mit unseren Überzeugungen und unseren Vorstellungen von der Welt übereinstimmen. So hielten die Befragten einen Traum für glaubwürdiger, in dem ein guter Freund oder eine gute Freundin sie gegenüber einem Angreifer verteidigte, als einen Traum, in dem diese Person ihren Partner beziehungsweise ihre Partnerin küsste und sie dadurch hinterging.

Wie aber würden Sie einen Traum interpretieren, in dem Gott zu Ihnen spricht und Sie entweder auffordert, für ein Jahr eine Weltreise zu machen oder für dieselbe Zeit in einer Leprakolonie zu arbeiten? Bei den Befragten kam es ganz darauf an, wie stark sie daran glaubten, dass Gott tatsächlich existiert. Sehr Gläubige hielten beide Träume für bedeutsam, weniger Gläubige maßen der Aufforderung zu einer Weltreise mehr Bedeutung bei.

Eines steht also fest: Die meisten von uns glauben daran, dass unsere Träume etwas bedeuten. Gleichzeitig aber lassen wir uns nicht von jedem Traum gleichermaßen in unserem Alltag und unseren Entscheidungen beeinflussen. Nur Träume, die unsere Überzeugungen und Wünsche reflektieren, können unser tatsächliches Verhalten beeinflussen. Wenn Sie heute Nacht davon träumen, dass Sie morgen von Außerirdischen entführt werden, sollten Sie sich also keine Sorgen machen.

Das, was wir gerne sehen möchten, wirkt sich also stark auf unsere Wahrnehmung von Reizen aus; und zwar unabhängig davon, ob die Reize von außen aus unserer Umwelt auf uns einwirken oder in unserem Inneren entstehen. Doch die Kraft unserer Motivation geht noch weiter: Auch die *Wahrnehmung unseres Selbst* kann durch unsere Motivation verzerrt sein. Dies ist Thema des folgenden Artikels.

### Spieglein, Spieglein an der Wand[10] (Ulrike Rangel)

Eine Vielzahl psychologischer Forschungsbefunde zeigt, dass Menschen sich selbst gerne in einem positiven Licht sehen. Deshalb interpretieren wir unsere Umwelt oft so, dass wir vor uns selbst gut dastehen. Zum Beispiel neigen wir dazu, Erfolge uns selbst zuzuschreiben, während wir Misserfolge eher auf die widrigen Umstände schieben: Die Eins in Mathe spiegelt für uns das eigene Können wider – bei der Fünf in Geschichte dagegen waren die gemeinen Fragen des Lehrers schuld.

Das Forschungsteam Nicholas Epley und Erin Whitchurch hat nun in einer Studie getestet, ob diese Tendenz zur Selbstverschönerung auch die Wahrnehmung unserer äußeren Erscheinung betrifft. Sie untersuchten, ob wir das eigene Gesicht – einen Anblick also, den wir tagtäglich vor uns im Spiegel sehen – als schöner wahrnehmen, als es tatsächlich ist. Dazu fotografierten die Forscher die Gesichter ihrer Studienteilnehmenden. Mithilfe eines computergestützten Grafikprogramms veränderten sie die Fotografien dann entweder mit Hilfe eines Bildes von einem sehr attraktiven oder einem sehr unattraktiven Gesicht. Durch dieses Vorgehen erhielten Epley und Whitchurch schrittweise attraktivere und unattraktivere Versionen der Gesichter der Teilnehmenden. In mehreren Studien wurden dann die Versuchspersonen gebeten, aus einer Reihe von Fotos möglichst schnell dasjenige herauszusuchen, das einige Tage zuvor von ihnen aufgenommen worden war. Die Ergebnisse verblüffen: Nur ein geringer Prozentsatz der Studienteilnehmenden wählte das eigene tatsächliche Gesicht aus. Rund zwei Drittel der Versuchspersonen entschieden sich hingegen für eine der Fotografien, die mit dem attraktiven Gesicht vermischt worden waren. Auf der anderen Seite hatten die Studienteilnehmenden keinerlei Schwierigkeiten, das tatsächliche Gesicht einer fremden Person, die sie nur kurz gesehen hatten, aus einer Reihe veränderter Fotos herauszusuchen.

Aber wählten die Befragten die attraktive Version ihres Gesichtes wirklich deshalb aus, weil sie sich unbewusst schöner sahen, als sie waren? Epley und Whitchurch untersuchten dies, indem sie die Reaktionszeiten ihrer Versuchspersonen auf die Fotos erfassten. Tatsächlich reagierten die Teilnehmenden erheblich schneller auf die attraktive Version als auf das realitätsgetreue Foto – sie „erkannten" die geschönte Version also leichter. Dies spricht dafür, dass sie tatsächlich unbewusst die attraktivere Variante für das eigene Gesicht hielten.

Wenn wir uns im Spiegel betrachten, sehen wir unter Umständen also kein objektives Bild, sondern eine etwas geschönte Variante. Wie die Forscher bemerken, ist es demnach kein Wunder, dass sich viele Menschen nicht für fotogen halten: Die Kameralinse kann die Schönheit nicht erfassen, die uns ein Blick in den Spiegel offenbart.

Das Phänomen, dass wir Menschen uns selbst gerne etwas schöner, klüger und stärker sehen, als wir es tatsächlich sind, ist in der Sozialpsychologie unter dem Namen „positive Illusionen" bekannt. Dieses Konzept wurde von dem Forschungsteam Shelley Taylor und Jonathan Brown[11] entwickelt. Es besagt, dass menschliche Gedanken oftmals positiv verzerrt sind und dass diese Verzerrung weitgehend mit subjektivem Wohlbefinden und mentaler Gesundheit einhergeht. Die meisten von uns Menschen nehmen sich selbst, ihr Aussehen, ihr Können und auch ihre Zukunft also nicht objektiv und akkurat wahr, sondern verschönt, sprich in einem positiveren Licht, als es andere Personen von außen bewerten würden oder es schlicht anhand der Fakten möglich ist. So schätzten auch Versuchspersonen in einer Studie von Ellen Langer[12] in den 1970er Jahren ihre Gewinnchancen beim Lotto höher ein, wenn sie die Zahlen selbst auswählen konnten, als wenn sie ihnen zugeteilt wurden. Weiter neigen wir Menschen beispielsweise dazu, beim Würfeln stärker zu werfen, wenn wir eine hohe im Gegensatz zu einer niedrigen Zahl erhalten möchten. Die positive Illusion bei diesen Beispielen ist, dass Zufallsergebnisse durch die eigene Person manipulierbar sind, man selbst also Kontrolle über Zufallsabläufe hat.

Komisch, denken Sie vielleicht. Wieso ist das denn so? *Warum* haben wir denn diese positiven Illusionen? Und haben diese auch *Auswirkungen auf unser Verhalten?* Die Antwort der Sozialpsychologie ist folgende: Wie eben schon angesprochen sind positive Illusionen oftmals gut und funktional.

Nicht nur, dass sie häufig die Motivation und Ausdauer bei der Verfolgung eigener Ziele erhöhen. Auch wirken sie wie ein Puffer gegen stressige Alltagserlebnisse oder auch stärkere Belastungen wie Krankheiten. Beispielsweise konnte gezeigt werden, dass Menschen, die starke positive Illusionen aufweisen, Krankheiten besser bewältigen als sich realistisch einschätzende Personen. Doch auch diese Medaille hat zwei Seiten. So können positive Illusionen zu einer sehr niedrigen Risikoeinschätzung führen, was beispielsweise im Straßenverkehr verheerende Folgen haben kann. Auch können sie vor negativem Feedback resistent machen und Lernvorgänge erschweren, was gerade am Arbeitsplatz oder in der Schule nicht unbedingt förderlich sein muss. Und eine erhöhte Motivation und Ausdauer schützen letztlich nicht vor falschen Entscheidungen und falschem Verhalten. Eine Forschungsgruppe um Mark Fenton-O'Creevy[13] konnte beispielsweise zeigen, dass die Händler und Händlerinnen verschiedener Investmentbanken, die eine hohe positive Illusion bezüglich ihrer Kontrollfähigkeiten aufwiesen, schlechter verdienten als diejenigen mit einer niedrigen Kontrollillusion. Auch trugen sie nach Angaben ihrer Vorgesetzten weniger zum Gewinn im Wertpapierhandel bei, zeigten ein schlechteres Risikomanagement und führten schlechtere Marktanalysen durch. Und das bei gleichem Bildungslevel, gleicher Berufserfahrung und identischem Berufsniveau. Positive Illusionen können also einerseits eine motivierende und schützende Wirkung auf uns haben. Andererseits bergen sie aber auch Gefahren, derer wir uns stets bewusst sein sollten.

## Kommt darauf an – Der Einfluss des Kontextes

Sowohl unsere Erwartungen als auch unsere Motivation können einen Einfluss darauf haben, wie wir die Welt wahrnehmen und bewerten. Aber auch der situative Kontext – also unser Umfeld und die Menschen darin – kann die Art und Weise, wie wir die Welt sehen, verändern. Unsere Wahrnehmung wird hier nicht von inneren Faktoren beeinflusst, wie es unsere Erwartungen und Motivation sind, sondern von außen durch Merkmale in unserer Umwelt. Aber *wie* genau geht das vonstatten? Und *warum* passiert das überhaupt?

Die Sozialpsychologie erklärt dies folgendermaßen: Das, was wir in der Welt sehen, ist oft viel weniger eindeutig, als wir annehmen. Wir können beispielsweise nicht immer direkt erkennen, wie freundlich und warmherzig eine fremde Person ist. Das bedeutet, wir müssen ihr Verhalten vor dem Hintergrund der gegebenen Situation interpretieren. Verhält sich eine unbekannte Person beispielsweise ruhig und distanziert, kann dies je nach Kontext etwas Unterschiedliches bedeuten: Sind wir auf einer Beerdigung, lässt das distanzierte Verhalten nicht zwangsläufig auf die Unfreundlichkeit der Person schließen. Befinden wir uns jedoch auf einer ausgelassenen Geburtstagsfeier, ist es gut möglich, dass die Kühle des Gegenübers etwas mit dessen Charakter oder Einstellung zu tun hat. Die Situation stellt uns also zusätzliche Information zur Verfügung, wie wir das Verhalten anderer Personen deuten können. Aber nicht nur die *Wahrnehmung anderer Personen* wird vor dem Hintergrund der jeweiligen Situation beeinflusst. Auch die *Wahrnehmung unseres Selbst* verändert sich je nach Kontext. Stellen Sie sich beispielsweise vor, Sie sind weiblich und 1,65 Meter groß. Einmal leben Sie in den Niederlanden. Hier liegt die durchschnittliche Körpergröße von Frauen bei 1,70 Meter. Ein andermal leben Sie in Indonesien. Hier sind Frauen durchschnittlich 1,47 Meter groß. Würden Sie sich als groß oder klein empfinden? Richtig! Es kommt darauf an: Je nachdem in welchem Land Sie sich befinden, würden Sie sich selbst eher als großen oder kleinen Menschen einstufen. Der soziale Kontext beeinflusst also die Wahrnehmung der eigenen Person. Dieses Prinzip lässt sich auch in anderen Lebensbereichen wiederfinden, wie der folgende Artikel zeigt.

**Mehr in der Lohntüte und trotzdem nicht glücklicher**[14] (Rainer Greifeneder)
Rolf Meier verdient 1500 Euro im Monat, und zwar als Tellerwäscher im Unternehmen A. Er bekommt mehr Geld als all seine Kollegen und Kolleginnen, weil er der beste Tellerwäscher weit und breit ist. Rolf nimmt in seiner beruflichen Vergleichsgruppe damit den höchsten Rang ein. Jasmin Schulz hingegen ist Bankangestellte im Unternehmen B und verdient 2000 Euro im Monat. Im Vergleich zu ihren Kollegen und Kolleginnen hat Jasmin das niedrigste Gehalt, weil sie noch am wenigsten Erfahrung hat. Jasmin nimmt damit den untersten Rang in ihrer Vergleichsgruppe ein.

Wer von den beiden ist wohl zufriedener? Ist das absolute Einkommen für die Lebenszufriedenheit entscheidend, dann sollte Jasmin glücklicher als Rolf sein, denn sie bekommt immerhin 500 Euro mehr. Ist jedoch das relative Einkommen entscheidend, dann sollte Rolf zufriedener als Jasmin sein, weil er einen höheren Rang in seiner Vergleichsgruppe hat.

Um auf diese Frage eine Antwort zu finden, überprüfte ein Forschungsteam um Christopher Boyce die Daten von 12000 britischen Personen, welche zu ihrem Einkommen und ihrer Lebenszufriedenheit befragt worden waren. Das Ergebnis fiel eindeutig aus: Nicht das absolute Gehalt, sondern der relative Einkommensrang in der jeweiligen Vergleichsgruppe sagte die Lebenszufriedenheit der Befragten vorher. Unser Glück scheint also vom Vergleich mit anderen abzuhängen. Dabei vergleichen wir uns der Forschungsgruppe zufolge vor allem mit denen, die mehr verdienen als wir selbst, und seltener mit denen, die weniger haben als wir. Ein solcher Vergleich „nach oben" fördert zwar Ehrgeiz und Motivation, kann aber auf Dauer auch unglücklich machen.

Aus diesen Ergebnissen lassen sich spannende Schlussfolgerungen ziehen. Erstens muss mehr Geld nicht glücklicher machen. Die Lebenszufriedenheit steigt erst dann, wenn das Mehr an Geld die Rangposition in der Vergleichsgruppe verbessert, man also mehr als die anderen verdient. Zweitens steigt die Lebenszufriedenheit nicht an, wenn alle Mitglieder einer Gruppe mehr Geld bekommen, denn die Ränge verändern sich nicht. Dies erklärt ein spannendes Paradox, das der Ökonom Richard Easterlin schon 1974 berichtete: Während Geld zwar häufig glücklicher macht, werden ganze Länder nicht glücklicher, selbst wenn das Bruttosozialprodukt steigt. Des Rätsels Lösung ist, dass bei steigendem Bruttosozialprodukt zwar die gesamte Bevölkerung innerhalb des Landes mehr verdient, die Rangpositionen jedoch unverändert bleiben.

Der Vergleich mit anderen kann also die Wahrnehmung unseres Selbst und von „viel" und „wenig" beeinflussen, wie die Studie des Teams um Boyce zeigt. Als Folge davon kann sich sogar *unser Verhalten ändern*. Beispielsweise ist ein gängiges Phänomen, dass wir die Größe unserer Mahlzeit an die Größe der Mahlzeit anderer anpassen, sobald wir in Gesellschaft essen. Wir vergleichen uns also mit anderen Personen und beobachten, wie viel diese essen. Dies setzt in unserer Wahrnehmung eine Art Anker bezüglich der „angemessenen Portion". Als Folge davon gleichen wir die Größe unserer Mahlzeit entsprechend an.

Ein Forschungsteam um Brent McFerran[15] entdeckte diesen Ankereffekt sogar in einer erweiterten Form: In einer Untersuchung wurden Teilnehmerinnen zusammen mit jeweils einer zweiten vermeintlichen Versuchsteilnehmerin Süßigkeiten angeboten. Diese andere Person war jedoch eine Verbündete der Versuchsleitung. Hierbei wurde variiert, ob die Verbündete viele oder wenige der angebotenen Süßigkeiten nahm. Darüber hinaus war sie bei der einen Hälfte der Teilnehmerinnen normalgewichtig, bei der anderen Hälfte demgegenüber übergewichtig. Das Übergewicht wurde hierbei durch einen speziellen Anzug simuliert, der eigens für die Vortäuschung von Übergewicht hergestellt worden war. Untersucht wurde nun, wie viele Süßigkeiten sich die Teilnehmerinnen nahmen. In Übereinstimmung mit bisherigen Studienergebnissen glichen die Probandinnen ihre Portion an die ihres Gegenübers an, solange dieses normalgewichtig war: Nahm sich das Gegenüber wenig, wählten die Probandinnen ebenfalls wenig, nahm es sich viel, nahmen die Teilnehmerinnen ebenfalls viel. War die andere Person jedoch übergewichtig, zeigte sich der gegenteilige Effekt. Hier war die Wahl der Portionsgröße immer entgegengesetzt zu derjenigen der „übergewichtigen Person": Wählte das Gegenüber eine große Portion, nahmen sich die Teilnehmerinnen eine kleine Menge und umgekehrt. Die gewählte Portion des Gegenübers setzte demnach zwar immer noch einen Anker in der Wahrnehmung der Probandinnen. Die Wahl der Teilnehmerinnen selbst stand jedoch im Kontrast zu diesem, vermutlich um sich von der übergewichtigen Person zu distanzieren. Diese Abgrenzungstendenz war übrigens auch dann gegeben, wenn den Teilnehmerinnen und ihrem „übergewichtigen Gegenüber" gesunde Müsliriegel anstelle von Süßigkeiten angeboten wurden.

Diese Studien deuten darauf hin, dass wir Menschen unsere Umwelt und uns selbst vor dem Hintergrund der gegebenen Situation wahrnehmen und einstufen. Dies macht durchaus Sinn, da wir so das Verhalten anderer Personen besser einschätzen können oder auch unsere Position zwischen unseren Mitmenschen gut zu bestimmen vermögen, sei es bezogen auf die Körpergröße, das Einkommen oder andere Faktoren. Wir kommen so also häufig zu einem angemessenen Urteil über andere und uns selbst. Aber auch hier lauern Gefahren! Denn wenn wir bestimmte Informationsquellen für unser Urteil heranziehen, die eigentlich irrelevant sind, können wir mit diesem Verfahren auch gehörig daneben liegen. Dies ist Thema des nächsten Artikels.

**Du machst mich heiß!**[16] (Mareike Wickop)

Redewendungen wie „jemandem die kalte Schulter zeigen" oder „menschliche Wärme ausstrahlen" sind uns allen geläufig und werden häufig und ohne langes Nachdenken verwendet. Tatsächlich jedoch sind solche Redewendungen gar nicht allzu weit hergeholt, sondern spiegeln die Tatsache wider, dass Temperaturen die empfundene Nähe zu anderen Personen beeinflussen können.

Stellen Sie sich vor, Sie lernen einen neuen Kollegen an einem kalten Wintertag kennen – sie frieren, die Heizung ist ausgefallen. Stellen Sie sich anschließend vor, Sie würden eben diesen Kollegen an einem schönen Sommertag im Büro antreffen. In welcher Situation würden Sie sich wohl intensiver und freundlicher um seine Einarbeitung bemühen? Die Studien von Hans Ijzerman und Gün Semin lassen vermuten, dass Ihr Kollege wahrscheinlich mehr Glück hätte, wenn er im Sommer bei Ihnen zu arbeiten anfinge.

Die beiden Forscher untersuchten, welchen Einfluss Temperaturen auf soziale Beziehungen haben. Sie ließen Studierende unter einem Vorwand entweder ein kaltes oder ein warmes Getränk halten. Anschließend sollten die Studierenden die empfundene soziale Nähe zwischen ihnen selbst und einer frei wählbaren Person aus ihrem Bekanntenkreis beurteilen. Diejenigen, die ein warmes Getränk gehalten hatten, fühlten sich ihren Bekannten deutlich näher als die Teilnehmenden, die zuvor ein Kaltgetränk gehalten hatten. Die Studie klärt zwar nicht, ob sich die Teilnehmenden mit dem warmen Getränk im Gegensatz zu denen mit dem kalten Getränk anderen Personen generell näher fühlten oder ob sie aufgrund der empfundenen Wärme von vornherein nur solche Personen auswählten, denen sie sich näher fühlten. Die Ergebnisse zeigen aber, dass wärmere Temperaturen mit der empfundenen Nähe zu anderen Personen assoziiert werden.

Abstrakte Konzepte wie soziale Nähe stehen demzufolge in direkter Beziehung zu konkreten (Sinnes-)Erfahrungen. So beeinflussen Temperaturen unsere Wahrnehmung von sozialen Beziehungen. Den Befunden von Ijzerman und Semin zufolge sollten Sie also an jenem Wintertag mit Ihrem neuen Kollegen lieber einen warmen Tee als eine erfrischende Apfelschorle trinken!

Eine Forschungsgruppe um Nils Jostmann[17] entdeckte einen ähnlichen Zusammenhang zwischen abstrakten Begriffen und körperlichen Empfindungen: Die Teilnehmenden eines Experiments erhielten ein Informationsblatt, auf dem darüber aufgeklärt wurde, dass ein universitäres Gremium Studierenden die Meinungsäußerung zu der Höhe der finanziellen Unterstützung von Auslandsaufenthalten verweigere. Bei einer Gruppe der Teilnehmenden war das Informationsblatt auf einem Klemmbrett befestigt, welches ungefähr 600 Gramm wog. Bei der anderen Gruppe wog das Klemmbrett demgegenüber ungefähr 1 000 Gramm. Die Teilnehmenden wurden nun gefragt, wie bedeutend es für sie sei, dass sich das Gremium die Meinung der Studierenden anhöre. Es zeigte sich, dass die Teilnehmenden die Möglichkeit zur Meinungsäußerung als wichtiger einstuften, wenn das Klemmbrett 1 000 Gramm anstelle von 600 Gramm wog. Hier wurde offensichtlich die Bedeutung der Meinungsfreiheit an das Gewicht des Klemmbretts geknüpft.

Wir nutzen also zum Teil auch irrelevante Informationsquellen aus unserem Umfeld und weben diese in unser Urteil über Mensch, Situation oder auch Sachlage ein. Wie die Beispiele zeigen, kann dies zu einer veränderten, manchmal sogar unvernünftigen Bewertung führen. So wird eine Sache objektiv gesehen ja nicht wichtiger, nur weil sie mit mehr Gewicht präsentiert wird.

Es lässt sich also letztlich festhalten, dass wir in unserer Wahrnehmung auch durch die Situation, in der wir uns befinden, beeinflusst werden. Dies hat Auswirkungen auf unser Urteil und unser Verhalten. Grundsätzlich ist es durchaus gut, dass wir bei der Einschätzung von uns selbst, anderen Menschen und Sachlagen auf unsere Umwelt achten, da diese häufig eine wichtige Informationsquelle darstellt. Warum verhält sich diese Person auf diese Art und Weise? Verhalte ich mich richtig? Sollte ich mich mehr oder weniger anstrengen? Welchen Platz habe ich innerhalb meiner Gruppe? All diese und ähnliche Fragen lassen sich unter Beachtung des Kontextes besser beantworten. Dennoch lauern in der Situation auch Faktoren, die uns beeinflussen, obwohl sie für das Urteil in der konkreten Situation vollkommen irrelevant sind, wie die Studien bezüglich der Temperatur des Getränks oder dem Gewicht des Klemmbrettes zeigen konnten. Bei der Bildung eines Urteils sollten wir uns den potenziellen Einfluss dieser Faktoren bewusst machen und versuchen, diesen zu kontrollieren.

## Zum Schluss

Wie wir gesehen haben, ist unsere Wahrnehmung der Welt vielen Einflüssen ausgesetzt, welche diese mal mehr, mal weniger stark zu verändern vermögen. So können Erwartungen, die wir an uns oder andere richten, unsere Motivation, also das, was wir gerne sehen oder sein möchten, oder auch der situative Kontext einen starken Einfluss darauf ausüben, wie wir die „Wahrheit" subjektiv konstruieren. Dies kann sowohl positive als auch negative Konsequenzen haben. So können erwartungsbasierte Entscheidungen schnell und ohne viel geistigen Aufwand getroffen werden und sind im Durchschnitt angemessen. Einer einzelnen Person kann so aber schnell Unrecht getan werden, was die „Erwartungsentscheidung" in einem solchen Fall ineffizient macht. Auch der Einfluss unserer Motivation auf unsere Konstruktion der Wirklichkeit hat zwei Seiten. So sehen wir uns häufig in einem positiveren Licht, als andere das tun. Das kann zu unserem Wohlbefinden und unserer Gesundheit beitragen. Die positiven Illusionen können uns aber auch zu einer unvernünftigen Risikoeinschätzung verleiten, was beispielsweise gravierende finanzielle Folgen haben kann oder sogar Leib und Leben zu gefährden vermag. Und auch die Nutzung von Kontextinformationen bei der Bildung eines Urteils kann dazu führen, dass wir Mensch und Situation angemessener einschätzen als ohne Beachtung der situativen Umstände. Sobald wir uns jedoch von in der Situation irrelevanten Faktoren beeinflussen lassen, wie es die Temperatur eines Getränks sein kann, drohen wir zu einer Fehleinschätzung zu gelangen. Der Gefahr, mit unserer Wahrnehmung „falsch zu liegen", können wir insgesamt am besten entgegenwirken, wenn wir unsere eigenen Erwartungen und Wünsche sowie deren Auswirkungen reflektieren, unserer Umwelt genug Aufmerksamkeit schenken und versuchen, nur die für das Urteil relevanten Informationen in der Situation zu beachten.

Zu guter Letzt bleibt zu betonen, dass unsere soziale Wahrnehmung trotz dieser Fehlerquellen im Regelfall gut funktioniert und zum richtigen Ergebnis führt. Auch wenn wir verschiedenen Einflüssen ausgesetzt sind, die unsere Wahrnehmung zu verzerren und uns im Einzelfall auch zu falschen Annahmen zu verleiten vermögen, können wir uns im Alltag trotz aller Subjektivität grundsätzlich auf sie verlassen. Wir sollten uns der Einflussmöglichkeiten von Erwartungen, Motivation und Kontext auf unsere Wahrnehmung einfach stets bewusst bleiben.

Die in diesem Kapitel enthaltenen Informationen beruhen auf folgenden Quellen, die auch als weiterführende Lektüre zu empfehlen sind:

Aronson, E., Wilson, T.D., & Akert, R.M. (2009). *Sozialpsychologie* (6. überarbeitete Auflage). München: Pearson Studium.
Gilovich, T., Keltner, D., & Nisbett, R.E. (2011). *Social psychology* (2nd edition). New York, NY: W.W. Norton & Company.

# Kapitel 2
# Die Macht der Gefühle
Katharina Zimmer

Im vorherigen Kapitel haben wir gesehen, dass unsere Erwartungen, unsere Motivation und auch der situative Kontext einen Einfluss darauf haben können, wie wir die Welt um uns herum wahrnehmen, wie wir sie bewerten und wie wir uns verhalten. Aber auch unsere Gefühle können unsere Wahrnehmung, unser Denken und unser Handeln massiv beeinflussen. Sie kennen das vielleicht aus eigener Erfahrung. Stellen Sie sich vor, Sie besuchen eine Party. Es sind viele Leute anwesend, die in kleinen Gruppen zusammenstehen, sich angeregt unterhalten oder zur lauten Musik tanzen. Was nun, wenn Sie von einer wild tanzenden Person mehrmals hintereinander angerempelt werden? Wie würden Sie sich verhalten? Mit hoher Wahrscheinlichkeit hinge Ihre Reaktion auch von Ihrer Stimmung in dieser Situation ab. Wären Sie beispielsweise gut gelaunt, würden Sie die Person vielleicht als besonders ausgelassen und fröhlich erleben, möglicherweise sogar anfangen mitzutanzen. Oder Sie würden einfach ein paar Schritte zur Seite gehen, um ihr nicht im Weg zu sein. Wären Sie hingegen in einer gereizten Stimmung, könnten Sie das Anrempeln als Provokation auffassen und auf Konfrontationskurs gehen. Stellen Sie sich weiter vor, dass Sie am nächsten Tag eine neue Bekanntschaft von dieser Party in der Stadt sehen, diese Sie jedoch nicht grüßt. Wie würden Sie hier reagieren? Auch in dieser Situation könnte Ihre Stimmungslage (zum Beispiel ob Sie traurig oder gut gelaunt sind) beeinflussen, wie Sie das Verhalten der Person interpretieren (zum Beispiel als „Sie ignoriert mich" oder als „Sie hat mich einfach nicht gesehen"). Ihre Interpretation der Situation hätte dann wiederum Auswirkungen darauf, wie Sie sich dieser Person gegenüber verhalten würden (zum Beispiel ob *Sie* sie beim nächsten Zusammentreffen grüßen würden oder nicht).

## Gefühl und Verstand

Unsere Gefühle können unsere Wahrnehmung und unser Denken „einfärben", so als betrachte man die Welt durch eine Art „Gefühlsbrille". Wir schenken Ereignissen, die zu unserer aktuellen Gefühlslage passen, mehr Aufmerksamkeit und erinnern uns auch eher an solche. Sind wir gut ge-

launt, sind es vor allem positive Dinge, die uns in unserer Umgebung auf-
fallen und die uns in den Sinn kommen. Haben wir jedoch Angst, achten
wir verstärkt auf Dinge, die möglicherweise gefährlich sein könnten, und
nehmen mehrdeutige Informationen als bedrohlicher wahr. So kann der
Spaziergang im Mondschein mit dem Liebsten durchaus sehr unterschiedlich erlebt werden – je nachdem, ob man zuvor im Kino eine romantische
Komödie oder einen Horrorfilm gesehen hat.

Unsere Gefühle spielen auch bei vielen wichtigen Entscheidungen unseres Lebens eine bedeutende Rolle. Oft vertrauen wir auf unser „Bauchgefühl" – sei es bei der Wahl des Arbeitsplatzes, einer neuen Wohnung oder
des Partners fürs Leben. Philosophen wie beispielsweise Platon oder Des-
cartes haben sich lange damit beschäftigt, wie sich Gefühle auf unser Denken auswirken. Die meisten von ihnen vertraten die Ansicht, dass Gefühle
unserer Vernunft entgegenstehen, dass sie unsere Fähigkeit logisch zu denken einschränken und die Qualität unserer Entscheidungen verschlechtern.
Doch ist das wirklich so?

Die sozialpsychologische Forschung der letzten Jahrzehnte kommt je-
denfalls zu einem anderen Schluss. Die meisten wichtigen Urteile, die wir
zu fällen, und Entscheidungen, die wir zu treffen haben, sind komplex.
Meist können wir jedoch nicht alle objektiv relevanten Kriterien heranziehen – unsere geistige, zeitliche und motivationale Kapazität ist schließlich
nicht unbegrenzt. Unsere Gefühle können uns helfen, trotzdem vernünftige
Urteile über unsere Umwelt zu bilden. Was würden Sie zum Beispiel auf
folgende Frage antworten: Wie zufrieden sind Sie mit Ihrem Leben? Würden Sie überlegen, ob Sie auf einem guten Weg sind, all die Ziele zu erreichen, die Sie sich für Ihr Leben gesetzt haben? Würden Sie an den Stand
Ihrer Karriere, Ihrer Gesundheit, Ihrer Finanzen, Ihrer Partnerschaft denken? Die verschiedenen Aspekte gegeneinander abwägen? Vielleicht. Die
Forscher Norbert Schwarz und Jerry Clore sind jedoch davon überzeugt,
dass wir uns oft auf eine andere, schnellere Strategie verlassen, um zu unseren Urteilen zu gelangen: Wir fragen uns einfach, was uns unser Gefühl dazu sagt – und in den meisten Fällen ist dies auch durchaus sinnvoll.

Wenn wir eine Person, eine Sache oder eine Situation beurteilen, interpretieren wir Schwarz und Clore zufolge unsere aktuelle Gefühlslage als
Reaktion auf das Urteilsobjekt. Wenn Sie also beispielsweise gefragt werden, wie sympathisch Sie Ihre neue Kollegin finden, werden Sie vermutlich
nicht erst alle potenziell relevanten Informationen abrufen, sondern den
kürzeren Weg gehen und sich fragen, wie Sie sich in ihrer Gegenwart denn
so fühlen. Fühlen Sie sich wohl, werden Sie ein positiveres Urteil über sie
abgeben als wenn Sie in ihrer Anwesenheit ein ungutes Gefühl beschleicht.
Normalerweise lösen nämlich Dinge und Personen, die wir mögen, positive
Gefühle in uns aus, während Dinge und Personen, die wir ablehnen, negative Gefühle in uns erzeugen. Es macht also Sinn anzunehmen, dass wir eine
Person, in deren Gegenwart wir uns wohl fühlen, auch mögen. Deshalb

können wir unsere Gefühle nutzen, um entsprechende Rückschlüsse für unsere Urteile zu ziehen. Unsere Gefühle können uns also sehr wohl mit schnellen, verlässlichen Informationen über unsere Umwelt versorgen und damit unsere Entscheidungen erleichtern.

In der Regel nutzen wir unsere Gefühle auch in einer sehr vernünftigen Weise. Wir ziehen sie nur dann für unsere Urteile heran, wenn wir glauben, dass sie durch das, was wir beurteilen sollen, beeinflusst sind. Leider ist es jedoch manchmal nicht ganz einfach zu bestimmen, was unsere aktuelle Gefühlslage verursacht hat – und so kann es auch mal dazu kommen, dass wir unsere Stimmung fälschlicherweise für ein Urteil heranziehen. Doch was ist eigentlich eine Stimmung und was unterscheidet Stimmungen von Emotionen?

Sowohl Stimmungen als auch Emotionen sind Gefühle, doch sie unterscheiden sich in einigen wichtigen Punkten voneinander. Während wir bei unseren Emotionen meist ziemlich genau wissen, wer oder was sie hervorgerufen hat, ist das bei Stimmungen nicht so einfach. *Emotionen* – wie Freude, Zorn, Überraschung oder Ekel – sind Gefühlszustände, die meist nur Sekunden oder Minuten dauern, als intensiv erlebt werden und objektgebunden sind. Letzteres heißt, sie beziehen sich immer auf ein bestimmtes Ereignis, einen Gegenstand oder eine Person. Das lässt sich auch an unserer Sprache erkennen: Wir sagen, dass wir uns *über etwas* freuen oder, dass wir wütend *auf jemanden* sind. *Stimmungen* hingegen sind weniger intensive und länger andauernde Gefühlszustände. So können wir beispielsweise stundenlang gereizt sein oder tagelang gute Laune haben. Sind wir in einer bestimmten Stimmung, ist uns die Ursache dafür oft nicht so klar und auch die Stimmung selbst bleibt von uns häufig unbemerkt (bis unsere Aufmerksamkeit, zum Beispiel von Außenstehenden, darauf gelenkt wird).

Da wir oft nur schwer bestimmen können, was unsere momentane Stimmung ausgelöst hat, kann es auch mal passieren, dass wir sie einer falschen Ursache zuschreiben. So kann es beispielsweise dazu kommen, dass wir unsere gute Laune, welche der soeben gesehene lustige Kinofilm hervorgerufen hat, fälschlicherweise als Reaktion auf die neue Bekanntschaft deuten, die wir beim Verlassen des Kinos gemacht haben.

In einer Studie konnten Schwarz und Clore zeigen, dass aus demselben Grund sogar die Einschätzung der eigenen Lebenszufriedenheit vom momentanen Wetter abhängen kann[18]. Die Forscher führten eine telefonische Umfrage durch. Dabei interviewten sie die Hälfte der Teilnehmenden an einem sonnigen, die andere Hälfte an einem regnerischen Tag. Sie fragten sie jeweils nach ihrer aktuellen Stimmung und erfassten ihre allgemeine Lebenszufriedenheit. Wie zu erwarten, waren die Teilnehmenden bei gutem Wetter besser gelaunt als bei schlechtem. Interessanterweise gaben sie jedoch auch an, mit ihrem Leben zufriedener zu sein, wenn die Sonne schien, als wenn es regnete. Die Teilnehmenden zogen also ihre durch das Wetter verursachte Stimmung irrtümlicherweise als Information für die Beurteilung ihrer Lebenszufriedenheit heran. Richteten die Forscher jedoch die Aufmerksamkeit der Teilnehmenden vor den Fragen nach Stimmung und Lebenszufriedenheit auf das Wetter, indem sie sich nach diesem erkundigten, wurde die Beurteilung der Lebensqualität nicht mehr durch deren Stimmung beeinflusst. Den Teilnehmenden wurde so nämlich der Zusammenhang zwischen Stimmung und Wetter bewusst und sie führten ihre Stimmung korrekterweise auf das Wetter zurück. Somit sahen sie in der Stimmung auch keinen Informationsgehalt mehr für das Urteil bezüglich der Lebensqualität.

Auch wenn es Ausnahmen wie die soeben beschriebene gibt: In den meisten Fällen kommen wir tatsächlich zu guten Urteilen und Entscheidungen, wenn wir unsere Stimmung nutzen, um Urteils- und Entscheidungsprozesse abzukürzen. Es gibt jedoch auch einen anderen, indirekteren Weg, auf dem unsere Stimmung unser Denken beeinflussen kann. Wie der folgende Artikel zeigt, kann sie bestimmen wie aufmerksam und sorgfältig wir Informationen verarbeiten.

**Verbessert schlechtes Wetter unser Gedächtnis?[19] (Meike Kroneisen)**
Sich detailliert an alltägliche Ereignisse zu erinnern, ist sehr schwierig und doch häufig von großer Wichtigkeit – zum Beispiel bei der Identifizierung von Tatverdächtigen durch Augenzeugen. Hierbei spielt nicht nur die Aufmerksamkeit zum Zeitpunkt der Tat eine Rolle. Auch die eigene Stimmungslage zu diesem Zeitpunkt kann einen großen Einfluss darauf haben, an welche Informationen wir uns später erinnern. Die eigene Stimmung beeinflusst nämlich, wie wir mit Informationen umgehen. So führt negative im Gegensatz zu positiver Stimmung dazu, dass wir Informationen aufmerksamer und sorgfältiger verarbeiten.

In unbekannten, vielleicht sogar gefährlichen Situationen, die oft mit negativen Gefühlen wie Angst oder Unsicherheit verbunden sind, kann es von Vorteil sein, alles sehr genau und detailliert wahrzunehmen, um sich so angemessen verhalten zu können. Negative Stimmung führt deshalb dazu, dass konkrete Informationen aus der Umwelt eher registriert und analysiert werden. Einzelheiten in der Umgebung wird besondere Beachtung geschenkt. In vertrauten Situationen, die oft mit positiven Gefühlen verbunden sind, brauchen wir dagegen nicht so sehr auf die Details zu achten. Hier genügt es auf vorhandenes Wissen zurückzugreifen, um angemessen reagieren zu können. So führt positive Stimmung auch dazu, dass bereits vorhandenes Wissen aus unserem Gedächtnis genutzt wird, um das Gesehene zu interpretieren.

Auf der Grundlage dieser Überlegungen untersuchten Joseph Forgas, Liz Goldberg und Christian Unkelbach den Einfluss von Stimmung auf die Erinnerungsfähigkeit. Ihre Vorhersage war, dass sich Menschen in negativer Stimmung besser und detaillierter an Dinge erinnern können würden, die das Team in einem Kiosk verteilt hatte, als Personen in positiver Stimmung. Die Stimmung wurde durch die aktuelle Wetterlage hervorgerufen: Gutes Wetter führt bei den meisten Menschen zu guter Stimmung, schlechtes Wetter hingegen zu schlechter Stimmung. Es wurde darauf geachtet, dass während der Studie sowohl die gleiche Verkaufskraft im Laden bediente, als auch der Tageszeitpunkt der Messung ähnlich war. Sobald die Kundschaft den Laden verließ, wurde sie gebeten, einen kurzen Fragebogen auszufüllen. In diesem Fragebogen wurde überprüft, ob sie sich an zehn Objekte, die die Versuchsleitung vorher zufällig im Kiosk verteilt hatte, erinnern konnte. Tatsächlich zeigte sich, dass sich die Teilnehmenden bei schlechtem Wetter an deutlich mehr Objekte erinnern konnten als bei gutem Wetter.

Diese Studie zeigt, dass schlechte Stimmung in Hinblick auf unsere Erinnerungsleistung durchaus von Vorteil sein kann. Natürlich lässt sich das nicht auf jede Situation übertragen. Wenn wir beispielsweise besonders motiviert sind, uns etwas zu merken, spielt die eigene Stimmung wahrscheinlich eine geringere Rolle. Dennoch lässt diese Studie interessante Schlussfolgerungen zu. So können sich Augenzeugen, die zum Tatzeitpunkt schlechte Laune hatten, möglicherweise besser an Details des Tathergangs erinnern als solche, die gut gelaunt waren.

Unsere Stimmung kann sich also auf unsere Erinnerungsleistung auswirken, indem sie beeinflusst, wie wir Informationen verarbeiten. Sie dient uns als eine Art Signal, das uns anzeigt, ob wir gut daran tun, die spezifischen Informationen in einer bestimmten Situation zu berücksichtigen und genauer hinzuschauen oder ob es ausreicht, sich „wie immer" zu verhalten und auf vorhandenes Wissen zu vertrauen. Das kann auch bei der Wahrnehmung von Personen eine wichtige Rolle spielen. So lassen sich gut gestimmte Personen beispielsweise stärker durch Stereotype, also die verallgemeinernden Vorstellungen, die sie von einer bestimmten Gruppe (zum Beispiel Blondinen) im Kopf haben, beeinflussen, wenn sie Personen aus dieser Gruppe beurteilen sollen (siehe auch Kapitel 9 „Schubladen auf! – Ein Blick in die Welt der Stereotype"). Dass Personen in guter Stimmung sich bei der Einschätzung der Persönlichkeitseigenschaften anderer auch stärker von deren äußeren Merkmalen leiten lassen als Personen in schlechter Stimmung, zeigt der folgende Artikel am Beispiel von Vertrauenswürdigkeit.

### Gut gelaunt nach Schema F[20] (Bianca von Wurzbach)

Vermutlich kennen Sie das: Sie lernen eine neue Person kennen und entwickeln sehr schnell ein Gefühl dafür, ob Sie diese als vertrauenswürdig einschätzen oder nicht. Vielleicht haben Sie auch schon einmal festgestellt, dass die Gesichtsmerkmale Ihres Gegenübers, wie die Form oder Größe der Augen, Ihre Einschätzung beeinflussen, da diese die Person „irgendwie (nicht) vertrauenswürdig" aussehen lassen. Doch beruht unsere Bewertung der Vertrauenswürdigkeit eines Menschen immer auf dieser Art „Schubladendenken" oder achten wir manchmal auch auf andere Merkmale, wie zum Beispiel das Verhalten der Person? Und woran macht sich fest, was in einer bestimmten Situation mehr Einfluss hat?

Mit diesen Fragen beschäftigte sich Robert Lount. Er nahm an, dass unsere Stimmung beeinflusst, wie stark wir unsere Einschätzung der Vertrauenswürdigkeit einer Person auf deren Gesichtszüge stützen. Seine Hypothese basiert auf einem Model, das unter anderen von Herbert Bless und Klaus Fiedler von den Universitäten Mannheim und Heidelberg entwickelt wurde.[21,22] Das Model besagt, dass wir unsere Stimmung heranziehen, um unsere Umwelt einzuschätzen: Gute Stimmung werten wir als Anzeichen dafür, dass unser Umfeld unproblematisch ist. Wir verlassen uns deshalb auf vorgefertigte Wissensstrukturen, sogenannte Schemata, die wir beispielsweise durch Erfahrung erworben haben. So denken wir bei einer Person mit großen, runden Augen zum Beispiel häufig an „unschuldig" und „vertrauenswürdig" und sind gegenüber Personen mit kleinen, engstehenden Augen eher misstrauisch. Negative Stimmung hingegen signalisiert uns, dass die Situation problematisch ist. Daher achten wir verstärkt auf konkrete Informationen aus unserem Umfeld und vertrauen weniger auf bestehendes Wissen. Lount nahm an, dass wir uns auch bei der Einschätzung der Vertrauenswürdigkeit anderer stärker auf Schemadenken verlassen, wenn wir positiv gestimmt sind.

Um dies zu prüfen, versetzte der Forscher einen Teil seiner Studienteilnehmenden in gute Stimmung: Sie sollten ein Ereignis beschreiben, das sie fröhlich gestimmt hatte. Der andere Teil der Teilnehmenden sollte stattdessen von Aktivitäten an einem gewöhnlichen Tag berichten (hier wurde die Stimmung also nicht beeinflusst). Anschließend bewerteten alle Teilnehmenden die Vertrauenswürdigkeit eines computergenerierten Gesichtes. Dieses besaß entweder Merkmale, die man typischerweise mit Vertrauenswürdigkeit verbindet (wie große Augen und ein rundes Gesicht) oder aber Merkmale, die man eher mit Vertrauensunwürdigkeit verknüpft (wie engstehende Augen und ein schmales Gesicht).

Die Ergebnisse zeigten, dass Personen in positiver Stimmung Gesichter mit Vertrauen signalisierenden Merkmalen als vertrauenswürdiger einstuften als Personen in „neutraler" Stimmung. Gesichter mit Merkmalen, die Vertrauensunwürdigkeit signalisierten, schätzten die gutgestimmten Teilnehmenden zudem als weniger vertrauenswürdig ein als die Teilnehmenden der anderen Gruppe. Dies stützt die Annahme, dass sich Menschen in positiver Stimmung bei der Einschätzung der Vertrauenswürdigkeit einer Person eher auf Schemata verlassen.

Ob Sie die nächste neue Bekanntschaft als vertrauenswürdig einschätzen oder nicht, hängt also nicht nur von deren Gesichtszügen ab, sondern auch von Ihrer persönlichen Stimmungslage.

# Funktionen unserer Emotionen

Bisher haben wir gesehen, dass Gefühle unsere Wahrnehmung und unser Denken beeinflussen können. Dabei haben wir uns vor allem mit Stimmungen beschäftigt. Doch wie sieht es mit unseren Emotionen aus? Welche Funktionen erfüllen diese? Was bringt es Ihnen, wenn Sie Angst haben, wütend oder neidisch sind?

Evolutionäre Ansätze gehen davon aus, dass Emotionen sich entwickelt haben, um unser Überleben zu sichern. Für den Fortbestand der Menschheit war es zum Beispiel wichtig, dass unsere Vorfahren Bindungen eingingen, kooperative Beziehungen zueinander aufrecht erhielten und Gefahren mieden (siehe auch Einleitung zu „Ich und meine Nächsten" oder Kapitel 8 „Homo sapiens – Herdentier?!"). Ihre Emotionen – so die Annahme – halfen ihnen dabei. Angst beispielsweise warnte sie vor lebensbedrohlichen Situationen und gab ihnen die Möglichkeit angemessen zu reagieren (wie etwa, vor einem Säbelzahntiger die Flucht zu ergreifen). Emotionen wie Liebe, Mitgefühl und Eifersucht hingegen halfen ihnen, Beziehungen zu knüpfen und aufrecht zu erhalten.

Auch heute noch erfüllen Emotionen diese Funktionen. Wenn wir beim Anblick einer Schlange gleich das Weite suchen und ihr gar nicht erst zu nahe kommen, kann uns dies davor schützen, von ihr gebissen zu werden. Höhenangst kann verhindern, dass wir aus Spaß vom Garagendach springen und uns die Knochen brechen. Und die Angst vor der Dunkelheit hat sicher auch schon so manche davon abgehalten, nachts alleine durch zwielichtige Straßen zu spazieren. In Beziehungen zu anderen Menschen nehmen Emotionen ebenfalls eine wichtige Rolle ein. Tatsächlich erleben wir die meisten Emotionen in diesem Kontext. Sind wir zum Beispiel von unseren Liebsten getrennt, vermissen wir sie und sehnen uns nach ihnen. Wir reagieren mit Eifersucht, wenn jemand uns unseren Partner streitig machen will und dieses Gefühl motiviert uns, unsere Beziehung gegen Rivalen zu verteidigen. Und ohne Leidenschaft und Verlangen kämen die meisten Liebesbeziehungen gar nicht erst zustande.

Es gibt Forscher und Forscherinnen, die Emotionen nach ihren häufigsten sozialen Folgen in zwei Klassen einteilen. Manche Emotionen fördern und stärken die Beziehungen zwischen Menschen. Andere dienen demgegenüber dazu, Menschen voneinander abzugrenzen und die Autonomie des Einzelnen zu betonen. Typische Beispiele für die erste Klasse von Emotionen sind Dankbarkeit oder das Schamgefühl. Sie motivieren uns dazu, anderen näher sein zu wollen oder von ihnen akzeptiert zu werden. Wenn wir uns zum Beispiel für etwas schämen oder uns etwas peinlich ist, sieht man uns das meist an. Wir werden rot, vermeiden Blickkontakt, lächeln nervös. Diese körperlichen Begleiterscheinungen des Schämens dienen sozusagen als „nonverbale Entschuldigungen" und signalisieren unserem Gegenüber aufrichtige Reue. Studien zeigen auch, dass wir erst aufhören uns zu schämen, wenn andere mitbekommen, dass wir es tun. Gleichzeitig interpretieren wir Zeichen von Scham bei anderen als „Versöhnungsgesten". Wir mögen Personen, die sich schämen meist lieber und vertrauen diesen eher, als Personen, die kein Schamgefühl zeigen.

Typische Beispiele für die zweite Klasse von Emotionen sind Ärger oder Stolz. Die häufigsten Folgen dieser Emotionen bestehen darin, sich von anderen abzugrenzen oder sich anderen gegenüber zu verteidigen. Studien zeigen beispielsweise, dass der Status von Personen, die ihrem Ärger Ausdruck verleihen, häufig als höher eingeschätzt wird, als der von Personen, die Traurigkeit, Angst oder Schuld zum Ausdruck bringen. Außerdem werden erstere auch als kompetenter wahrgenommen und für bessere Führungspersonen gehalten. Andere reagieren auf Ärger häufig damit, dass sie nachgeben, sich entschuldigen, der verärgerten Person entgegenkommen oder sich dieser unterordnen. Das gilt jedoch nur, wenn der Ärger der Person als gerechtfertigt und unausweichlich erlebt wird.

Unsere Emotionen schützen uns also vor Gefahren und motivieren uns bestimmte Dinge zu tun, wie in einer Situation die Nähe zu anderen zu suchen oder sich in einer anderen von jemandem abzugrenzen. Gleichzeitig spielen sie aber auch eine große Rolle in der zwischenmenschlichen Kommunikation. Sie informieren andere darüber, was wir fühlen. Deshalb ist es für das Knüpfen und Aufrechterhalten von sozialen Kontakten wichtig, die Gefühle, die wir empfinden, auch zu zeigen, wie der folgende Artikel veranschaulicht:

**Zeigt her eure Gefühle![23] (Susanne Weigl)**

Es gibt Zeiten im Leben, da ist es besonders wichtig, neue Kontakte zu knüpfen und Anschluss zu finden. Ein gutes Beispiel ist der Studienbeginn. Diese aufregende Phase geht für die meisten Studierenden im ersten Semester mit dem Auszug von zu Hause sowie dem Abschied von Familie und Freunden einher. Zugleich zeigen viele Forschungsarbeiten, dass ein stabiles soziales Netz ein wichtiger Faktor für den Erfolg im ersten Studienjahr ist.

Beim Studienbeginn handelt es sich auch um eine turbulente Zeit, in der die Gefühle schon mal verrücktspielen können: Nervosität und Unsicherheit mischen sich mit Neugierde und Vorfreude. Es gibt unterschiedliche Möglichkeiten mit diesem Gefühlschaos umzugehen. Die einen zeigen ihre Gefühle offen nach außen, andere behalten sie lieber für sich. Aber kann sich das Unterdrücken von Gefühlen nicht auch auf das Entstehen und die Qualität sozialer Kontakte auswirken?

Das Forschungsteam um Sanjay Srivastava ging dieser Frage in einer Studie mit amerikanischen College-Erstsemestern auf den Grund. Die Teilnehmenden bekamen zunächst eine Reihe von Aussagen bezüglich der Unterdrückung von Emotionen vorgelegt, zu denen sie jeweils den Grad ihrer Zustimmung angeben sollten. Beispiele waren „Wenn ich positive (beziehungsweise negative) Gefühle habe, zeige ich sie nicht nach außen" oder „Ich behalte meine Gefühle für mich". Im Hinblick auf das Sozialleben betrachtete das Forschungsteam drei Aspekte: Erstens das Ausmaß der sozialen Unterstützung, das die Studierenden von anderen erhielten, zweitens den Grad der Nähe in ihren sozialen Beziehungen und drittens das Ausmaß ihrer Zufriedenheit mit ihrem sozialen Leben.

Das zentrale Ergebnis der Studie war, dass Personen, die ihre Gefühle unterdrückten, weniger Unterstützung von anderen erfuhren, eher distanzierte Beziehungen zu anderen unterhielten und auch weniger zufrieden mit ihrem Sozialleben waren als Personen, die ihre Gefühle stärker nach außen zeigten.

Das Team um Srivastava sieht drei mögliche Erklärungen dafür, dass das Unterdrücken von Gefühlen solch negative Folgen für unser Sozialleben hat. Zum einen könnte es sein, dass wir die Ausdrucksfunktion von Gefühlen verhindern, wenn wir sie unterdrücken. Andere bemerken dann vielleicht nicht, wie es uns geht und können daher auch nicht darauf reagieren und beispielsweise Unterstützung anbieten. Ein zweiter Grund könnte sein, dass das Unterdrücken von Gefühlen meist nicht vollständig gelingt. Wer seine Gefühle unterdrückt, wirkt dadurch eventuell weniger authentisch und nicht an sozialen Kontakten interessiert, so dass sich andere als Reaktion darauf eher zurückziehen. Die dritte mögliche Erklärung basiert auf der Tatsache, dass Menschen, die ihre Gefühle unterdrücken, dafür viel Energie aufwenden müssen. Dadurch können sie sich möglicherweise weniger gut auf soziale Interaktionen einlassen und sind deshalb dabei auch weniger erfolgreich.

Um stabile und zufriedenstellende soziale Kontakte aufzubauen ist es also wichtig, Gefühle nicht zu unterdrücken. Vielmehr erscheint es sinnvoll, andere wissen zu lassen, dass man Sorgen hat oder sich über etwas freut.

Doch gilt das wirklich auch für negative Emotionen? Nerven wir unser Umfeld nicht vielmehr damit und machen uns unbeliebt, wenn wir diese offen äußern? Nicht unbedingt, wie der nächste Artikel zeigt. Auch das Äußern negativer Gefühle kann uns helfen soziale Unterstützung zu erfahren, neue Beziehungen aufzubauen und die Nähe in vorhandenen Beziehungen zu stärken.

### Das Positive an negativen Emotionen[24] (Julia Trapp)

Natürlich gibt es viele Dinge, die man zunächst einmal mit sich selbst ausmachen will. Wer zum Beispiel gerade einen Korb vom Mann oder der Frau seiner Träume bekommen hat, ist selten darauf erpicht, seinen Freunden brühwarm davon zu erzählen – oftmals aus Angst davor, dass sie durch ihre Kommentare noch mehr in der Wunde bohren könnten. Andererseits wäre es manchmal auch einfacher doch darüber zu reden und nicht so tun zu müssen, als wäre nichts passiert. Wenn wir allerdings das verständnisvolle Ohr unserer Nächsten zu oft in Anspruch nehmen, könnte das ja auch die Beziehung zu ihnen belasten.

Der weit verbreitete Glaube, dass schlecht gelaunte Menschen andere Personen in ihrer Umgebung mit ihren negativen Emotionen anstecken, wurde auch von bisheriger Forschung bestätigt. Demnach werden Menschen, die immer wieder und gegenüber Personen, die sie kaum oder gar nicht kennen, ihre negativen Emotionen äußern, von anderen als weniger sozial und beliebt eingeschätzt als solche, die dies nicht tun.

Vor diesem Hintergrund mögen die Befunde des Forschungsteams um Steven Graham zunächst erstaunen. Die Forscher und Forscherinnen bestätigten in einer Studie mit Studierenden folgende Vermutung: Wenn wir unsere negativen Emotionen anderen gegenüber situationsangemessen äußern, führt das dazu, dass sie uns helfen wollen – nicht jedoch dazu, dass sie uns dann nicht mehr mögen. In dieser Studie waren die Teilnehmenden eher dazu bereit einer jungen Frau zu helfen, die innerhalb kurzer Zeit eine Rede vorbereiten sollte, wenn diese ihre Nervosität eingestand, als wenn sie nichts sagte. Zudem wurde die junge Frau von den Teilnehmenden nicht als weniger sympathisch beurteilt, wenn sie darüber sprach, wie nervös sie war, als wenn sie dies nicht tat.

Es ist sogar möglich, dass sich das Äußern negativer Emotionen auf Dauer positiv auf Beziehungen auswirkt. In einer weiteren Studie konnte das Team um Graham nämlich zeigen, dass Personen, die generell eher dazu bereit waren anderen ihre negativen Emotionen mitzuteilen, nach eigenen Angaben einen größeren Bekanntenkreis und engere Beziehungen hatten. Das könnte daran liegen, dass das Reden über Dinge, die uns belasten, unserem Gegenüber zeigt, dass wir ihm Vertrauen entgegenbringen, was sich wiederum positiv auf die Beziehung auswirken könnte.

Dieser Effekt kann aber nur auftreten, wenn wir nicht permanent über unsere negativen Gefühle reden, unabhängig davon, wie sehr sich andere um emotionale Unterstützung bemühen. Das unentwegte Äußern negativer Gefühle führt nämlich tatsächlich eher dazu, dass sich andere zurückziehen und uns weniger mögen. Auch sollten wir nicht wahllos Fremden unsere negativen Emotionen berichten, sondern nur Personen, mit denen uns bereits eine Beziehung verbindet oder solchen, bei denen es Grund zur Annahme gibt, dass dies in Zukunft der Fall sein könnte. Außerdem sollte das Ausmaß der Emotionsbekundung der Stärke der Beziehung angemessen sein: Einer neuen Bekanntschaft von einem geringfügigen Ärgernis zu erzählen ist ok. Ihr die eigenen existentiellen Ängste aufzubürden wäre dagegen unangemessen. Solche Gespräche sollten erst später stattfinden, wenn sich eine Beziehung weiterentwickelt hat, zum Beispiel unter guten Freunden und Freundinnen.

Was wäre also nun wenn wir unseren Freunden doch von der Zurückweisung durch die Traumfrau oder den Traummann erzählen würden? Mit großer Wahrscheinlichkeit kämen keine blöden Sprüche – vielmehr würden wir auf Verständnis stoßen und emotionale Unterstützung erhalten.

## Wenn wir uns schlecht fühlen

Es ist also gut über unsere Gefühle – auch und vielleicht gerade über die negativen – zu sprechen. Das kann sich nicht nur positiv auf unsere Beziehungen zu anderen Menschen auswirken, sondern uns auch langfristig dabei helfen, mit unseren Gefühlen umzugehen. Das hat beispielsweise eine Studie mit Personen gezeigt, die 2004 die Terror-Anschläge in Madrid erlebt haben.[25] Am Morgen des 11. März 2004 hatten Terroristen in der spanischen Hauptstadt zehn Sprengsätze in eng besetzten Pendlerzügen gezündet. 191 Menschen kamen bei den Explosionen ums Leben, etwa 2 000 wurden zum Teil schwer verletzt. Eine Woche nach den Anschlägen, sowie drei und acht Wochen danach, befragten Bernard Rimé und sein Team Personen in Spanien zum Umgang mit diesen traumatischen Ereignissen. Menschen, die häufiger über ihre mit dem Erlebten verbundenen Gefühle sprachen, fühlten sich mehrere Wochen nach den Anschlägen weniger allein, hatten das Gefühl, mehr soziale Unterstützung zu erhalten und machten bessere Fortschritte bei der Bewältigung des Geschehenen.

Doch was tun, wenn man sich schlecht fühlt und es in der Situation gerade niemanden gibt, mit dem man reden kann? Was können wir in akuten Stresssituationen machen, wenn uns zum Beispiel vor einer Prüfung, einem Vortrag, einer öffentlichen Rede die Angst überkommt? In solchen Situationen kann unsere Angst, die uns eigentlich vor Gefahren schützen sollte, indem sie uns körperlich und geistig auf Flucht oder Kampf vorbereitet, nämlich eher hinderlich sein und unsere Leistung einschränken. Was im Fall von Vortragsangst helfen kann, zeigt der folgende Artikel.

### Nie wieder Angst vor Vorträgen[26] (Birgit Gutzer)

Es gibt Menschen, die scheinen geborene Redner zu sein. Mit Leichtigkeit halten sie ihre Zuhörerschaft mit ihren Worten im Bann. Für viele andere Menschen scheint es allerdings ein unerreichbares Ziel zu sein, ähnlich sicher und eloquent vor Publikum aufzutreten. Gutes Vortragen ist jedoch keine angeborene Fähigkeit, sondern kann erlernt werden. Tatsächlich hat die Psychologie schon vor einigen Jahren ein wirksames Mittel gegen die Angst vor öffentlichen Reden gefunden: Sobald man Menschen darüber aufklärt, dass man ihnen ihre Nervosität nicht so sehr anmerkt, wie sie selbst denken, erhöht sich ihre Gelassenheit während des Vortragens und damit auch die Qualität der Rede.

Die Forscher Kenneth Savitsky und Thomas Gilovich haben den weit verbreiteten Irrglauben, dass die eigenen Gedanken und Gefühle für andere Menschen erkennbarer sind, als das tatsächlich der Fall ist, im Zusammenhang mit Vortragsangst untersucht.

In einer ersten Studie sollten Studierende einen improvisierten Vortrag vor einem oder einer anderen Studierenden halten. Dabei schätzten die Vortragenden ihre von außen wahrnehmbare Nervosität höher ein, als die Zuhörenden sie tatsächlich wahrnahmen. Diese Ergebnisse zeigen, dass Menschen ihr äußeres Auftreten selbst schlecht einschätzen können. Sie neigen zur Annahme, ihre Mitmenschen könnten in ihnen lesen wie in einem offenen Buch.

In einer zweiten Studie testeten die Forscher, ob das Wissen um diesen Irrglauben die Qualität des Vortragsverhaltens verbessern kann. Die Angst, dass die eigene Nervosität von anderen bemerkt werden könnte, löst bei den Vortragenden nämlich möglicherweise Sorgen aus, die dann zu unsicheren Auftritten führen. Das Wissen, dass die eigene Nervosität für andere gar nicht so offensichtlich ist, sollte vor diesem Effekt schützen. Um diese Annahme zu untersuchen, ließen die Forscher wiederum einige Studierende eine Rede halten, während andere den Auftritt und die Qualität des Vortrags beurteilen sollten. Ein Teil der Vortragenden wurde dabei vorher über den Irrglauben aufgeklärt, ein anderer Teil erhielt keine Information darüber. Die Ergebnisse zeigten, dass sowohl die Qualität der Rede als auch die Gelassenheit während des Auftritts bei Vortragenden, die vorher aufgeklärt worden waren, von den Beobachtenden besser bewertet wurden. Zudem schätzten sich die informierten Vortragenden auch selbst als qualitativ besser und gelassener ein als ihre nicht informierten Kommilitonen und Kommilitoninnen.

Die Studien von Savitsky und Gilovich legen nahe, dass man sein eigenes Auftreten bei Präsentationen verbessern kann, wenn man sich bewusst macht, dass andere die eigene Nervosität viel weniger bemerken als man selbst. Man kann sich also gezielt vor einem Vortrag selbst beruhigen, indem man sich klar macht, dass man auf das Publikum längst nicht so nervös wirkt, wie man sich selbst fühlt. Dadurch kann man sich während des Vortrags besser auf die eigentliche Präsentation konzentrieren und so eine gelungenere Rede halten.

Bei Vortragsangst kann uns also das bloße Wissen darum, dass unsere Aufregung von außen gar nicht so offensichtlich ist, helfen, besser mit dieser umzugehen. Bei vielen anderen negativen Emotionen hilft uns das jedoch nicht wirklich weiter. Dass andere gar nicht sehen, dass wir uns einsam fühlen, macht uns zum Beispiel nicht weniger einsam. Was können wir also tun, wenn wir uns allein und ausgeschlossen fühlen? Es mag zunächst überraschend klingen, doch der Blick in die Vergangenheit, das Schwelgen in nostalgischen Erinnerungen, kann dazu führen, dass es uns in der Gegenwart besser geht, wenn wir traurig sind und uns einsam fühlen:

**Mit Hilfe der Vergangenheit glücklicher durch die Gegenwart[27] (Gerhard von Stockum)**
Wir alle fühlen uns manchmal einsam. Natürlich könnten wir etwas unternehmen, mit neuen Leuten in Kontakt kommen oder uns mal wieder mit dem alten Kumpel oder der Freundin von früher treffen. Aber oft fällt uns das schwer, denn wir fühlen uns ja gerade nicht so gut. Es könnte auch sein, dass wir gerade umgezogen sind und keine Freunde und Freundinnen in der Nähe sind. Also was dann?

Das Forschungsteam um Xinyue Zhou hat herausgefunden, dass wir auch einen anderen, indirekten Weg nehmen können, um mit unserer Einsamkeit umzugehen. Dieser Weg führt über die Nostalgie, das Schwelgen in Erinnerungen. Nostalgische Erinnerungen sind gekennzeichnet durch die Sehnsucht nach vergangenen Zeiten. In diesen nostalgischen Erinnerungen ist man selbst fast immer die Hauptperson und Menschen, die einem nahe stehen, umgeben einen: „Ach ja, damals mein 18. Geburtstag..." oder „Dieser Sonnenuntergang in Spanien mit der ersten Liebe...". Auch wenn solche Erinnerungen zum Teil eine negative Komponente haben, gerade weil sie vergangen sind, so wecken sie doch größtenteils positive Emotionen. Sie geben uns das Gefühl, dass es Personen gibt (oder zumindest gab), die uns nahe stehen. Das Forschungsteam um Zhou konnte experimentell zeigen, dass genau dies dazu führen kann, dass wir unsere gegenwärtige Einsamkeit als weniger schlimm empfinden und besser damit umgehen können.

In einem der Experimente wurden Studierende zufällig in zwei Gruppen aufgeteilt. Eine Gruppe sollte sich möglichst nostalgische Erinnerungen ins Gedächtnis rufen, während sich die andere Gruppe an ein alltägliches Ereignis erinnern sollte. Im Anschluss wurden die Studierenden gebeten, aufzuschreiben, wie viele Freunde und Freundinnen ihnen bei Bedarf helfen würden und wie stark sie sich sozial unterstützt fühlten. Personen, die sich an nostalgische Erlebnisse erinnert hatten, berichteten einen größeren Freundeskreis zu haben und mehr soziale Unterstützung zu erfahren als Personen, die sich an alltägliche Ereignisse erinnert hatten. Es zeigte sich also, dass Nostalgie tatsächlich dazu führen kann, dass wir uns gegenwärtig weniger allein fühlen.

Menschen unterscheiden sich jedoch darin, wie stark Einsamkeit bei ihnen nostalgische Erinnerungen hervorruft. Interessanterweise konnte das Forschungsteam zeigen, dass gerade Personen, die sehr belastbar sind und sich schnell wieder von persönlichen Rückschlägen erholen, eher nostalgisch werden, wenn sie sich einsam fühlen.

Wir sehen also, dass die Vergangenheit uns, wenn wir sie entsprechend nutzen, durchaus helfen kann, die Gegenwart zu bewältigen. Deshalb: Wenn Sie sich das nächste Mal wieder einsam und allein fühlen, denken Sie ruhig mal wieder an die „gute alte Zeit".

Doch nicht nur die Vergangenheit kann uns helfen, mit unseren aktuellen Gefühlszuständen besser umzugehen. Auch ein Blick in die Zukunft, die sogenannte „antizipatorische (vorwegnehmende) Nostalgie" kann dazu führen, dass wir die Gegenwart mit anderen Augen betrachten. Sie kennen vielleicht den Spruch: „Man merkt erst, was man hatte, wenn es weg ist". Oft merken wir erst, wie wichtig uns die beste Freundin war, nachdem sie weggezogen ist oder wie glücklich wir eigentlich in einer Beziehung waren, nachdem diese vorbei ist. Im Alltag nehmen wir viele Dinge als selbstverständlich hin und erkennen ihren wahren Wert nicht – oder eben erst, wenn sie nicht mehr da sind. Wir Menschen neigen dazu, unsere Aufmerksamkeit eher neuen Dingen und Veränderungen zu schenken und nicht dem, was immer da ist. Wenn Sie zum ersten Mal einen Sonnenuntergang am Meer erleben, werden Sie vermutlich innehalten und die Schönheit des Augenblicks genießen. Wohnen Sie jedoch in einem Haus am Strand, wird Sie dieses Schauspiel mit der Zeit wahrscheinlich immer weniger fesseln. Es ist schließlich sehr einfach, sich an Angenehmes zu gewöhnen. Was können wir tun, um schöne Momente besser genießen und wertschätzen zu können?

Der folgende Artikel zeigt, dass es helfen kann unsere Aufmerksamkeit auf das bevorstehende Ende einer positiven Lebenserfahrung zu lenken. Wenn wir uns bewusst machen, dass der milde Frühling, der erholsame Südseeurlaub oder das spannende Auslandssemester bald zu Ende gehen, kann dies die Freude an diesen Lebensabschnitten erhöhen und unser aktuelles Wohlbefinden steigern.

### Juhu, das Ende naht[28] (Birgit Gutzer)

Kennen Sie den Film „Das Beste kommt zum Schluss" mit Jack Nicholson und Morgan Freeman? Es geht eigentlich um ein sehr trauriges Thema, nämlich um den bevorstehenden Tod durch eine unheilbare Krankheit. Doch die zwei Männer im Film zeigen, wie man die letzte verbleibende Zeit besonders genießen kann, indem man bislang unerfüllte Wünsche und Ziele realisiert.

Das Bild vom Tod ist ein drastisches Beispiel. Die amerikanische Forscherin Jamie Kurtz hat sich gefragt, ob auch das nahende Ende eines Lebensabschnitts, den man genossen hat, ein solches „Jetzt-oder-nie"-Gefühl auslösen kann. Sie nahm an, dass die Gewissheit um das Ende einer angenehmen Lebenserfahrung die Motivation zu mehr Engagement und die allgemeine Zufriedenheit erhöhen kann. Denn sobald man realisiert hat, dass eine als positiv erlebte Lebensphase bald enden wird, treten deren Vorzüge hervor und man versucht, die verbleibende Zeit so gut wie möglich zu nutzen.

Kurtz führte ihre Untersuchung mit Studierenden der University of Virginia durch, die angaben, gerne zur Universität zu gehen. Alle Teilnehmenden standen sechs Wochen vor ihrem Abschluss. Die Studierenden wurden ins Labor eingeladen, um von ihren Erlebnissen an der Universität zu berichten. Zunächst wurde ihr aktuelles Wohlbefinden erfasst. Dann wurden sie gebeten ihr Uni-Leben in Bezug auf Freunde und Freundinnen, Campus und weitere Kategorien zu beschreiben. Bei einem Teil der Studierenden enthielt die Bitte eine Formulierung, die die verbleibende Studienzeit als *lang* erscheinen ließ. Bei der anderen Gruppe der Teilnehmenden, wurde diese hingegen als nur noch *kurz* dargestellt. In den darauf folgenden zwei Wochen machten die Studierenden mehrmals Angaben zu ihrem allgemeinen Wohlbefinden. Zudem berichteten sie, an wie vielen universitätsbezogenen Freizeitaktivitäten (wie Treffen mit Mitstudierenden oder dem Besuch des Lieblingscafés auf dem Campus) sie an dem jeweiligen Tag teilgenommen hatten. Sie sollten überdies Argumente dafür finden, warum sie dankbar für ihre Freunde und Freundinnen an der Universität seien und wurden dabei daran erinnert, wie wenig beziehungsweise viel Zeit sie noch an der Universität verbringen würden.

Personen, die wahrnehmen sollten, dass ihre Zeit an der Uni bald zu Ende sein würde, zeigten im Vergleich zu den Teilnehmenden der anderen Gruppe einen signifikanten Zuwachs an Wohlbefinden innerhalb der zwei Wochen. Außerdem nahmen sie an mehr Aktivitäten teil, die mit der Universität in Verbindung standen, als die Studierenden der anderen Gruppe.

Die Studie von Kurtz zeigt eine Möglichkeit auf, wie man das tägliche Leben mehr genießen kann: Richten Sie Ihre Aufmerksamkeit darauf, dass schöne Lebensabschnitte und angenehme Erlebnisses bald enden können. So erhöhen Sie Ihre Motivation an positiven Aktivitäten teilzunehmen und steigern Ihr subjektives Wohlergehen.

Die zeitliche Relativierung kann uns also helfen, mit aktuellen Gefühlszuständen besser umzugehen. Der Blick in die Vergangenheit kann uns zeigen, dass wir nicht immer einsam waren und uns Hoffnung geben, dass wir es nicht für immer sein werden – auch wenn wir uns vielleicht gerade so fühlen. Und wir können das Hier-und-Jetzt besser zu schätzen lernen, wenn wir an die Zukunft denken.

Oft schätzen wir unsere Gefühle außerdem als intensiver und langandauernder ein, als wir sie dann tatsächlich erleben. So glauben wir, dass uns der Verlust eines Jobs oder das Ende einer Beziehung in tiefes Unglück stürzen wird. Doch das Tal der Tränen ist häufig weder so tief noch so lang wie erwartet (siehe auch Kapitel 5 „Partner gefunden – und jetzt?").

Natürlich gibt es emotionale Wunden, die nur sehr schwer heilen und bei denen dieser Prozess lange dauert. Über die meisten negativen Erfahrungen kommen wir jedoch schneller hinweg, als wir anfangs glauben. Ein Grund dafür ist unser sogenanntes „psychologisches Immunsystem"[29]. Darunter versteht man eine ganze Reihe von „Verteidigungsmechanismen", die uns vor der Erfahrung stark negativer Emotionen schützen. Sicherlich haben Sie einige davon schon selbst erlebt oder bei anderen beobachtet: Wir schaffen es irgendwie, das Beste aus der Sache zu machen, erinnern uns an bisherige Erfolge und halten an diesen fest, während wir aktuelle Misserfolge selbstwertdienlich ignorieren oder Ausreden dafür finden. Wir vergessen, verdrängen, verharmlosen. Es gelingt uns das Ganze mit Humor zu sehen, den Silberstreifen am Horizont zu erkennen, Stärke aus der Erfahrung zu schöpfen. Weil diese psychologischen Prozesse jedoch meist unbewusst ablaufen, berücksichtigen wir sie kaum bei der Vorhersage der Dauer unserer negativen emotionalen Reaktionen und überschätzen diese. Wenn Sie sich also das nächste Mal schlecht fühlen, denken Sie dran: Es geht bald vorbei. Unser psychologisches Immunsystem ermöglicht es uns trotz manchmal schmerzhafter emotionaler Rückschläge ein glückliches Leben zu führen.

## Zum Schluss

Gefühle haben einen hohen Stellenwert in unserem Leben und sie erfüllen wichtige Funktionen. Sie liefern uns Informationen über unsere Umwelt, motivieren uns aktiv zu werden, helfen uns Kontakte zu knüpfen, diese aufrecht zu erhalten und miteinander zu kommunizieren. Sie machen uns zu sozialen Wesen. Sie können außerdem unser Denken beeinflussen und dabei in vielen Fällen zu vernünftigen Entscheidungen und Urteilen über die Welt führen. Manchmal verfehlen unsere Gefühle jedoch auch ihren Zweck, wie wir unter anderem am Beispiel der Vortragsangst gesehen haben. Erkenntnisse aus der Sozialpsychologie können uns helfen, dem vorzubeugen, uns der Macht unserer Gefühle bewusst zu werden, einen besseren Umgang mit unseren Gefühlen zu erlernen und sie besser einzuschätzen.

Die in diesem Kapitel enthaltenen Informationen beruhen auf den folgenden Quellen, die auch zur weiterführenden Lektüre zu empfehlen sind:

Bless, H. (2001). The consequences of mood on the processing of social information. In A. Tesser & N. Schwarz (Eds.), *Blackwell handbook of social psychology: Intraindividual processes* (pp. 391–412). Oxford, UK: Blackwell.

Bless, H. (2004). Beyond cold information processing: The interplay of affect and cognition. In H. Bless, K. Fiedler, & F. Strack (Eds.), *Social Cognition: How individuals construct social reality* (pp. 179–197). Hove, UK: Psychology Press.

Bless, H., & Igou, E.R. (2005). Mood and the use of general knowledge structures in judgment and decision making. In T. Betsch & S. Haberstroh (Eds.), *The routines of decision making* (pp. 193–210). Mahwah, NJ: Lawrence Erlbaum Associates.

Gilovich, T., Keltner, D., & Nisbett, R.E. (2011). Emotion. In T. Gilovich, D. Keltner, & R.E. Nisbett (Eds.), *Social Psychology* (2nd ed., pp. 235–271). New York, NY: Norton.

Mesquita, B., Marinetti, C., & Delavaux, E. (2012).The social psychology of emotion. In S.T. Fiske & C.N. Macrae (Eds.), *The Sage handbook of social cognition* (pp. 290–310). New York, NY: Sage.

# Kapitel 3
# Neues aus der Denkfabrik

Jana Janssen

Ein neues Handy – aber welches? Absolutes Rauchverbot in Deutschland? Oma anrufen oder Sport machen? PC oder Mac, Pepsi oder Cola, Klassik oder Pop? Und was ist eigentlich von der aktuellen Außenpolitik der Bundesregierung zu halten? Täglich müssen wir eine Vielzahl von Entscheidungen treffen und uns zu ganz unterschiedlichen Dingen, Personen oder Situationen eine Meinung bilden – und dies am besten möglichst gut und in kürzester Zeit. Unser Gehirn ist ständig gefordert und in Aktion, auch wenn uns dies oft gar nicht bewusst ist. Aber wie denken Menschen überhaupt? Wie urteilen und beurteilen wir, wie treffen wir Entscheidungen?

Das Denken des Menschen ist hoch entwickelt – so hoch, dass selbst der beste Computer nicht mit der Leistungsstärke und Komplexität des menschlichen Gehirns mithalten kann. So können wir beispielsweise Informationen über unsere Umwelt in enormer Geschwindigkeit verarbeiten und angemessen darauf reagieren, können über uns selbst und unsere soziale Umgebung reflektieren und vielschichtige Probleme lösen.

Und doch sind unsere Denk- und Entscheidungsprozesse alles andere als perfekt, sondern unterliegen einer Vielzahl situativer Einflüsse und führen immer wieder zu mangelhaften Urteilen und gravierenden Fehlentscheidungen. Beispiele hierfür finden sich in den verschiedensten Bereichen. Ein Polizist in den USA erschoss 1999 einen unschuldigen Mann, weil er in der der Hektik der Situation fälschlicherweise annahm, der Mann sei ein gesuchter Serientäter. In Deutschland wurde 1955 Hans Hetzel zu Unrecht wegen Mordes verurteilt und saß 14 Jahre unschuldig im Gefängnis, bis er schließlich 1969 freigesprochen wurde. 1941 griffen japanische Streitkräfte Pearl Harbor an, die USA hatten vorherige Warnhinweise als Fehlmeldungen gewertet – eine fatale Fehlentscheidung mit verheerenden Konsequenzen und über 2 400 Todesopfern. Die Finanzkrise 2008 kann teilweise auf fehlerhafte wirtschaftspolitische Entscheidungen zurückgeführt werden. Im Sport führen inkorrekte Urteile von Unparteiischen regelmäßig zu lautstarken Proteststürmen, und auch im privaten Bereich können die vermeintliche (Un-)Treue des Partners oder der Partnerin oder ein fälschliches (Miss-) Trauen in andere Personen verhängnisvolle Konsequenzen nach sich ziehen.

Was bedeuten Beispiele wie diese für unser Denken? Sind menschliche Entscheidungen stets geprägt von fehlerhaften Schlüssen und unsere Urteile deshalb oft schlecht oder falsch? Nein! Häufig treffen Menschen sehr gute Entscheidungen und finden sinnvolle Lösungen für Probleme. Außerdem gibt es verschiedene Möglichkeiten, wie wir unsere Entscheidungsfindung beeinflussen und verbessern können. Einige solcher Strategien werden in diesem Kapitel vorgestellt. Damit wir in der Lage sind, richtig über etwas nachzudenken und gute Lösungen zu finden, brauchen wir außerdem ein gutes mentales Leistungs- und Konzentrationsvermögen. Methoden, mit denen man dieses verbessern kann, werden im Folgenden ebenfalls Erwähnung finden.

## Gutes Entscheiden gemeinsam und allein

Vier Augen sehen mehr als zwei – und viele Köpfe denken besser als einer? Eine gängige Annahme ist, dass Menschen in Gruppen bessere Entscheidungen treffen als allein. Und so werden viele wichtige Entscheidungen in der Welt – beispielsweise in Politik, Wirtschaft, Justiz und Kultur – von Gruppen getroffen. Nicht immer sind Gruppenentscheidungen jedoch besser als Einzelentscheidungen. Beachtet man allerdings einige wichtige Grundprinzipien guter Gruppenentscheidungen, dann sollte ein von mehreren Personen gemeinsam getroffenes Urteil tatsächlich besser sein als ein Einzelurteil. Denn eine Gruppe kann mehr Wissen zusammentragen und Informationen eher abwägen als eine einzelne Person.

Zu solchen Grundprinzipien von Gruppenentscheidungen zählt beispielsweise, dass Personen, die in der Gruppe Führungspositionen einnehmen, unparteiisch bleiben und die Ideen von Gruppenmitgliedern unvoreingenommen bewerten. Auch eine anonyme Abstimmung stellt eine Möglichkeit dar, wie man zu einer guten Gruppenentscheidung gelangen kann. Man kann außerdem die Meinung von außenstehenden Personen einholen, die selbst nicht Teil der Gruppe sind und bestimmte Sachverhalte deshalb objektiver beurteilen können als die Gruppenmitglieder. Eine weitere Möglichkeit besteht darin, kleinere Untergruppen zu bilden, die das Problem zunächst einmal für sich diskutieren, bevor in der Gruppe eine Entscheidung getroffen wird. Außerdem kann man vorab alle vorhandenen Informationen und Meinungen schriftlich festhalten, damit sie bei einer anschließenden Diskussion in der Gruppe nicht missachtet werden oder verloren gehen. Auch die Ernennung eines „Advocatus Diaboli" – also einer Person, die gezielt Gegenargumente vorbringt – kann dazu beitragen, Gruppenentscheidungen zu verbessern. Wenn man diese Prinzipien beachtet, können viele Köpfe tatsächlich zu einer besseren Lösung kommen als ein einzelner.

Was aber helfen uns diese Erkenntnisse, wenn wir uns nicht in einer Gruppe befinden, sondern für uns selbst eine Entscheidung treffen oder ein Problem lösen müssen? Ziemlich viel – denn den Vorteil von Gruppenentscheidungen können wir auch nutzen, wenn wir alleine sind. Wie die folgende Studie zeigt, kommen wir häufig zu besseren Urteilen, wenn wir einen Sachverhalt aus unterschiedlichen Perspektiven betrachten.

**Die Weisheit steckt in dir[30] (Stephan Bedenk)**
Menschen müssen täglich eine Vielzahl von Entscheidungen treffen, und das oft in kürzester Zeit. Dabei kann die Meinung anderer – beispielsweise in Form von Umfragen zu technischen Geräten, politisch aktuellen Themen oder dem neuesten Modetrend – eine gute Orientierungshilfe darstellen, die Entscheidungen erleichtert. Solch gemeinsames Wissen ist nicht nur nützlich, sondern häufig auch treffsicher. Gerade wenn etwas von verschiedenen Menschen sehr unterschiedlich beurteilt wird, ist die gebündelte Meinung einer Gruppe häufig genauer als die Meinung einer einzelnen Person. Denn wenn im Extremfall der eine nur die Vorzüge und der andere nur die Nachteile berücksichtigt, kommt im Mittel das Urteil mehrerer Personen der Realität ziemlich nahe.

Nun können wir aber nicht in jeder Lebenslage mehrere Personen nach ihrer Meinung fragen und uns auf deren gemeinsames Wissen verlassen. Die Entscheidungsforscher Stefan Herzog und Ralph Hertwig fanden jedoch einen wirkungsvollen Ausweg aus diesem Dilemma. Sie analysierten das Erfolgsprinzip von Gruppenentscheidungen und funktionierten es in eine mentale Strategie für eine einzelne Person um.

In einer Studie baten sie die Teilnehmenden, die Jahreszahlen verschiedener geschichtlicher Ereignisse zu schätzen. Etwas später sollten die Personen ein weiteres Mal Schätzungen für dieselben geschichtlichen Daten vornehmen. Die eine Hälfte der Teilnehmenden konnte damit direkt loslegen. Die andere Hälfte sollte sich zunächst vorstellen, dass ihre erste Schätzung falsch war, und dann Gründe dafür finden, warum diese erste Schätzung zu hoch oder zu niedrig gewesen sein könnte. Erst im Anschluss daran sollten sie ihre zweite Schätzung abgeben. Durch diese Art des Nachdenkens sollten die Teilnehmenden dazu angeregt werden, verschiedene Perspektiven einzunehmen, was der Entscheidungsfindung in einer Gruppe ähneln sollte. Herzog und Hertwig nennen das die „Unterstelle mal das Gegenteil"-Strategie.

Die Ergebnisse zeigen, dass diese Strategie tatsächlich in der Mehrzahl der Fälle zu besseren Schätzungen führte. Anstatt einen oder mehrere andere „leibhaftige" Urteiler zur Verfügung zu haben, simulierten die Teilnehmenden die zweite Meinung mental selbst. Somit gaben sie Schätzungen ab, die sie sich zwar alleine überlegt, aber dennoch wie in einer Gruppenentscheidung durch verschiedene Perspektiven ermittelt hatten. Und das führte dann tatsächlich zu besseren Ergebnissen.

Ein Problem aus unterschiedlichen Perspektiven zu betrachten, die eigene Meinung zu hinterfragen und so gewissermaßen eine Gruppenentscheidung zu simulieren, kann also dabei helfen, gute Entscheidungen zu treffen. Bei der Wahl des abendlichen Outfits kann es durchaus Sinn machen sich zu überlegen, was wohl andere von dem fliederfarbenen Kostüm mit der grünen Schleife halten würden.

## Stundenlang über einem Problem brüten – oder lieber darüber schlafen?

Wie eben beschrieben kann man zu besseren Entscheidungen gelangen, wenn man einen Sachverhalt aus verschiedenen Blickwinkeln heraus betrachtet. Dies scheint nahezulegen, dass das bewusste Nachdenken über ein Problem immer gut ist und zu besseren Urteilen führt. Das entspricht auch der weithin gehegten Annahme, man könne ein Problem schon lösen, wenn man sich nur lange genug den Kopf darüber zerbricht.

Allerdings ist das aktive Nachdenken keineswegs immer der Weisheit letzter Schluss. Denn erstaunlicherweise kann auch das „Nicht-bewusst-Nachdenken" über eine Sache zu guten und manchmal sogar zu besseren Urteilen führen. Schon Arthur Schopenhauer nahm an, dass die Hälfte unseres Denkens nicht bewusst, sondern unbewusst stattfindet, und dass dieses unbewusste Denken wichtig für die Lösung theoretischer und praktischer Probleme ist. Dies ist auch die zentrale Idee der folgenden Studie.

### Entscheidungen „im Schlaf"[31] (Rainer Greifeneder)

Großmutter rät, über wichtige Entscheidungen „einmal zu schlafen". Nicht, weil man wichtige Angelegenheiten immer aufschieben sollte, sondern weil überschlafene Entscheidungen manchmal bessere Entscheidungen sind. Dass Großmutters Rat alles andere als altbacken ist, zeigt eine Reihe von Studien aus der Arbeitsgruppe um den Sozialpsychologen Ap Dijksterhuis. Das Forschungsteam nimmt an, dass intensives und bewusstes Nachdenken nicht immer der Königsweg zu guten Entscheidungen ist. Vielmehr sollte man gerade bei komplexen Problemen unbewussten Denkprozessen vertrauen.

Diese Aussage widerspricht dem weit verbreiteten Ideal, bei wichtigen Entscheidungen das Für und Wider bewusst abzuwägen, am besten noch mit einer Liste und aus unterschiedlichen Blickwinkeln. Doch Dijksterhuis und sein Team argumentieren, dass wir mit bewusstem Nachdenken nur einen Bruchteil der Informationen verarbeiten können, die insgesamt tagtäglich auf uns einströmen. Tatsächlich dringt nur wenig des täglichen Erlebens in unser Bewusstsein vor, während vieles unbewusst wahrgenommen und verarbeitet wird. Wenn es nun gelingt, diese unbewusst verfügbaren Informationen für Entscheidungen zu nutzen, dann könnten diese besser sein als bewusst getroffene Entscheidungen.

Das Forschungsteam machte die Probe aufs Exempel. Die Teilnehmenden einer Studie sahen in kurzer Zeit eine große Menge an Informationen über verschiedene Wohnungen in Amsterdam, wie beispielsweise Größe, Ausstattung und Preis. Die Aufgabe der Personen war es nun, anhand dieser Merkmale die beste aus den gezeigten Wohnungen auszuwählen. Diese Entscheidung war schwierig, da die Informationen nicht nach Wohnungen geordnet, sondern einzeln und durchmischt gezeigt wurden (zum Beispiel Wohnung 1: teuer; Wohnung 2: 80 qm, usw.). Ein Drittel der Teilnehmenden traf die Entscheidung für eine Wohnung sofort. Ein zweites Drittel sollte zuerst vier Minuten intensiv und bewusst über die Frage nachdenken und dann antworten. Eine dritte Gruppe schließlich wurde für vier Minuten mit einer anstrengenden anderen Aufgabe abgelenkt, so dass sie nicht bewusst über die Entscheidung nachdenken konnte. Erstaunlicherweise wählte gerade diese letzte Gruppe am häufigsten die beste Wohnung aus, traf also die bessere Entscheidung. Das Forschungsteam führt dies auf das Wirken unbewusster Prozesse zurück.

Doch woher wusste die dritte Gruppe, welche Wohnung die beste war? Schließlich sind wir uns der unbewussten Prozesse nicht bewusst. Offensichtlich hilft uns hier unsere Intuition, also unser „Bauchgefühl". Nach dem drüber-Schlafen „weiß" man, welche Wohnung oder welches Auto man nimmt (oder lieber nicht nimmt), weil es sich gut oder richtig (oder eben schlecht und falsch) anfühlt. Manchmal kann es daher besser sein, nicht bewusst über eine Entscheidung nachzudenken oder gar zu grübeln, sondern die Arbeit an unbewusst ablaufende Prozesse zu delegieren und dann auf sein Gefühl zu vertrauen. Über eine Entscheidung „zu schlafen" ist also doch nicht nur eine Binsenweisheit unserer Großmutter, sondern eine sinnvolle Strategie, wie man zu guten Entscheidungen gelangen kann.

Merkwürdig, denken Sie vielleicht. Einmal hilft es, ein Problem aus möglichst vielen Perspektiven zu beleuchten, dann soll es plötzlich helfen, einfach nur über das Problem zu schlafen. Widerspricht sich das nicht? Ja und Nein. Weitere Forschungsarbeiten zeigen, dass es bei einfachen Entscheidungen oft sinnvoll ist, ganz bewusst die Vor- und Nachteile gegeneinander abzuwägen. Bei komplexen Entscheidungen hingegen kann eine unbewusste Denkstrategie sinnvoller sein. Außerdem müssen sich die zunächst widersprüchlich scheinenden Strategien nicht unbedingt gegenseitig ausschließen. So kann man beispielsweise ein Problem aus unterschiedlichen Blickwinkeln betrachten und zusätzlich eine Nacht darüber schlafen.

## Konzentration bitte!

Für manche Probleme ist es aber unerlässlich, sich ganz bewusst darauf zu konzentrieren und durch intensives Nachdenken zu einer guten Lösung zu kommen. Wenn man beispielsweise eine kniffflige Rechenaufgabe lösen muss, wird man ohne bewusstes Überlegen wahrscheinlich nicht sehr weit kommen. Für das bewusste Nachdenken benötigen wir geistige Ressourcen, wie zum Beispiel unser Kurz- und Langzeitgedächtnis, unsere Intelligenz und Konzentration.

Unsere Konzentrationsfähigkeit ist nicht stabil, sondern wird unter anderem beeinflusst von unserer Stimmung, unserer Müdigkeit, unserer Ernährung sowie der geistigen Anstrengung, die wir zuvor erbracht haben. Wenn wir beispielsweise gerade eine anspruchsvolle Reportage über die politische Situation im Nahen Osten gehört haben, dürfte es uns direkt im Anschluss daran schwerer fallen, uns auf das Lernen für eine Prüfung zu konzentrieren, als wenn wir gerade aus der Kaffeepause kommen. Was können wir in solch einer Situation tun, um wieder mental zu Kräften zu kommen und unsere Konzentrationsfähigkeit zu steigern?

Eine interessante Möglichkeit, die in der folgenden Studie vorgestellt wird, ist ein Ausflug ins Grüne. In städtischen Umgebungen strömt eine Vielzahl von Reizen auf uns ein, die unser Gehirn filtern und verarbeiten muss und die unsere Aufmerksamkeit beanspruchen. In der Natur hingegen wird unsere Aufmerksamkeit weniger stark in Anspruch genommen. Durch das Verweilen im Grünen erholt sich unsere Aufmerksamkeitsfähigkeit deshalb schneller und wir können uns anschließend besser konzentrieren.

Auftanken in der Natur[32] (Rainer Greifeneder)
Der menschlichen Konzentrationsfähigkeit sind Grenzen gesetzt. Nach Phasen der Aufmerksamkeit benötigen wir Pausen, bevor wir uns erneut konzentrieren können. Vereinfacht kann man sich vorstellen, dass in diesen Pausen die Konzentrationsfähigkeit wie eine Batterie aufgeladen wird. In einer Studie zeigten die Forscher Marc Berman, John Jonides und Stephen Kaplan, dass dieses „Aufladen" in der Natur besser gelingt als in der Stadt.

Unsere Aufmerksamkeit kann unwillkürlich beansprucht werden, beispielsweise wenn plötzlich ein Auto hupt. Aufmerksamkeit kann aber auch bewusst gelenkt werden, beispielsweise wenn wir versuchen herauszufinden, warum das Auto gehupt hat. Städtische Umgebungen strapazieren den unwillkürlichen Teil der Aufmerksamkeit stark (zum Beispiel Straßenverkehr, Leuchtreklamen, andere Menschen); zudem müssen wir unsere Aufmerksamkeit bewusst lenken, um die Bedeutsamkeit dessen, was geschieht, zu prüfen. Natürliche Umgebungen hingegen beanspruchen den unwillkürlichen Teil der Aufmerksamkeit weniger und bedürfen daher auch weniger bewusster Aufmerksamkeitslenkung. Die Forscher nehmen daher an, dass sich die gerichtete Aufmerksamkeit in der Natur besser erholen kann als in städtischen Umgebungen, und damit ein Spaziergang durch einen Wald zu einer stärkeren Erholung der kognitiven Leistungsfähigkeit führt als ein Spaziergang durch die Stadt.

Zur Prüfung dieser Hypothese ließen die Forscher die Teilnehmenden ihrer Studie zuerst eine anstrengende Konzentrationsaufgabe durchführen: unterschiedlich lange Zahlenreihen mussten rückwärts wiederholt werden. Zur erfolgreichen Durchführung dieser Aufgabe ist ein hoher Grad an bewusster Aufmerksamkeit notwendig. Anschließend schickten die Forscher die Teilnehmenden auf einen knapp einstündigen Spaziergang, und zwar entweder durch ein Waldgebiet mit wenig Verkehr und wenigen Leuten oder durch ein belebtes Stadtgebiet. Schließlich mussten die Teilnehmenden nochmals die Konzentrationsaufgabe durchführen, und die Forscher prüften, ob sich die Aufmerksamkeitsleistung verbessert hatte. Die Ergebnisse zeigten, dass nur die Personen besser wurden, die im Wald spazieren waren. Personen, die einen Spaziergang durch die Stadt gemacht hatten, waren vor und nach dem Spaziergang vergleichbar gut. Eine weitere Studie lässt den Schluss zu, dass dies tatsächlich auf die geringere Inanspruchnahme der unwillkürlichen Aufmerksamkeit in der Natur zurückzuführen ist.

Vor diesem Hintergrund schlagen die Forscher Spaziergänge durch die Natur als wirksame Methode vor, um die „kognitiven Batterien" wieder aufzuladen. Es scheint sich also zu lohnen, die Vorbereitungen für eine Klassenarbeit, eine Prüfung oder einen wichtigen Termin ab und zu durch einen Ausflug ins Grüne zu unterbrechen.

## Denken will trainiert sein

Die eigene Konzentrationsfähigkeit zu regenerieren ist also eine Möglichkeit, wie man mental wieder leistungsfähig werden kann. Neben solch kurzfristigen Methoden kann man aber auch langfristig dazu beitragen, das eigene Denkvermögen aktiv und leistungsfähig zu halten. Ähnlich wie unseren Körper können wir auch unser Denken trainieren, damit wir möglichst lange geistig fit bleiben. Denn nicht nur unsere Muskeln, sondern auch unser Gehirn will beansprucht werden, damit es gut funktioniert. Studien haben gezeigt, dass die Denkfähigkeit rasch abnimmt, wenn Menschen geistig unterfordert sind – zum Beispiel aufgrund von gleichförmigen Arbeitstätigkeiten, langen Ferien, langweiligen Krankenhausaufenthalten oder einem zu wörtlich genommenen Ruhestand. Herausfordernde Tätigkeiten, wie eine neue Sprache zu erlernen, ein Instrument zu spielen oder Gedichte auswendig zu lernen, helfen hingegen, das eigene Denkvermögen flexibel und funktionsfähig zu halten. Eine andere und erstaunlich einfache Methode, wie man sich langfristig geistig fit halten kann, ist der Kontakt mit anderen Menschen:

### Sozialer Kontakt: Jogging fürs Gehirn[33] (Rainer Greifeneder)

Heiraten ist nicht nur romantisch, sondern auch eine Investition in die eigene Zukunft, denn statistisch gesehen leben Verheiratete länger. Doch nicht nur der Ehepartner oder die Ehepartnerin, sondern allgemein der Kontakt zum Beispiel mit Familie und Bekannten trägt dazu bei, dass wir glücklicher sind und älter werden. Eine Forschungsgruppe um Oscar Ybarra behauptet nun, dass sozialer Kontakt, also das Zusammensein mit anderen Menschen, auch unsere intellektuelle Leistungsfähigkeit verbessert. Sozialer Kontakt als Jogging fürs Gehirn?

In einer repräsentativen Umfrage in den USA fand das Forschungsteam, dass Personen, die häufig mit anderen Menschen in direktem oder telefonischem Kontakt stehen, besser Rechenaufgaben lösen und Wissensfragen beantworten konnten. Unklar blieb bei dieser Umfrage jedoch, was die Ursache und was die Folge ist: Führt sozialer Kontakt tatsächlich zu besseren intellektuellen Leistungen – oder haben Personen mit besserer intellektueller Leistungsfähigkeit mehr soziale Kontakte? Beide Richtungen sind möglich und spiegeln das bekannte Henne-Ei-Problem vieler Umfragen wider. Um dieses Problem zu lösen, führte die Forschungsgruppe ein Experiment durch, anhand dessen Ursache und Wirkung voneinander getrennt werden können.

Sie lud Studierende in ihr Labor ein und unterteilte diese zufällig in drei Gruppen. In der ersten Gruppe traten die Teilnehmenden miteinander in Kontakt, indem sie zehn Minuten lang eine Diskussion führten. Die zweite Gruppe vollführte zehn Minuten lang ein anstrengendes Gehirnjogging mit Kreuzworträtseln und anderen Aufgaben, hatte jedoch keinen sozialen Kontakt. Die dritte Gruppe schließlich sah zehn Minuten lang ein neutrales Video. Alle drei Gruppen bearbeiteten dann den gleichen Leistungstest. Wenn sozialer Kontakt tatsächlich wie ein Gehirnjogging wirkt, dann sollte die erste Gruppe (sozialer Kontakt) bei diesem Leistungstest gleich gut wie die zweite Gruppe (Gehirnjogging) abschneiden. Die dritte Gruppe hingegen, die weder sozialen Kontakt hatte noch ein Gehirntraining absolvierte, sollte deutlich schlechter abschneiden. Und tatsächlich zeigte sich, dass die erste und zweite Gruppe den Leistungstest gleich gut und dabei besser als die dritte Gruppe meisterten. Offensichtlich hat sozialer Kontakt also eine ähnliche Wirkung auf unsere kognitive Leistungsfähigkeit wie Gehirnjogging. Doch warum?

Das Forschungsteam um Ybarra nimmt an, dass der Umgang mit anderen Menschen unser Gehirn beansprucht. Wenn wir uns mit anderen unterhalten, müssen wir nicht nur zuhören, sondern auch unser Gegenüber beobachten, seine Mimik und Gestik interpretieren sowie unsere eigene Aussprache, Mimik, Gestik und unser Verhalten planen. All diese Aufgaben fordern und trainieren unser Gehirn. Allerdings gilt dies nur für den Kontakt von Angesicht zu Angesicht. Nach Auffassung der Forschungsgruppe trainiert sozialer Kontakt über das Internet unser Gehirn sehr viel weniger, da die Kommunikation langsamer verläuft und wir nur Worte lesen und schreiben, Mimik und Gestik jedoch wegfallen. Demnach halten Emails, Messenger-Services und Co. unser Gehirn weniger fit als der direkte Austausch mit anderen.

## Leichter gesagt als getan

Wie wir bisher gesehen haben, gibt es verschiedene Möglichkeiten, wie man sein Denken trainieren, zu besseren Urteilen kommen und sinnvollere Entscheidungen treffen kann. Um ein Problem vollständig zu lösen, reicht es meist aber nicht aus zu wissen, wie man dies tun kann. Denn auch eine noch so gute Entscheidungsfindung oder ein noch so kreativer Lösungsweg helfen nicht weiter, wenn man dann die Aufgabe, die vor einem liegt, nicht in Angriff nimmt. Wenn eine Familie zum Beispiel nach langen Diskussionen endlich zu dem Entschluss gekommen ist, ihr Haus gelb anzustreichen, muss die eigentliche Aufgabe – der Hausanstrich – erst noch erledigt werden.

Dass das nicht immer so leicht ist, wie es scheint, wissen die meisten nur zu gut. Denn eine gute Absicht wird nicht immer auch in die Tat umgesetzt. Hierfür gibt es viele Gründe, zum Beispiel, dass der gefasste Entschluss eher theoretisch als real ist („Ich will aufhören, Schokolade zu essen."), dass man es sich zwischendurch wieder anders überlegt hat („Eigentlich hatte ich mir vorgenommen, zum Sport zu gehen, aber heute ist es so heiß."), dass einem die Absicht gerade nicht bewusst ist oder man sie wieder vergessen hat („Ich wollte doch Opa anrufen."), oder dass man das Erledigen immer wieder auf morgen verschiebt („Die Fenster kann ich auch noch nächste Woche putzen."). Eine Möglichkeit, diese Lücke zwischen Absicht und Verhalten zu schließen und somit doch noch das zu erledigen, wofür man sich entschieden hat, wird in der folgenden Studie vorgestellt. Richtig – in diesem Fall: konkret – über ein vor uns liegendes Problem nachzudenken führt dazu, dass wir uns früher mit dem Problem auseinandersetzen und es eher zu lösen versuchen.

**Was du heute kannst besorgen…[34]** (Leander Steinkopf)
Eigentlich hätte die Steuererklärung längst gemacht werden müssen, der Abgabetermin war gestern. Aber dann kamen so viele andere wichtige Dinge dazwischen, dringende Telefonate mit alten Bekannten, lang geplante Kinobesuche, auch die Fenster mussten unbedingt mal wieder geputzt werden. Und so wird die Steuererklärung von einem Tag zum nächsten geschoben, getreu dem Motto „morgen, morgen, nur nicht heute…". Die meisten von uns kennen sie nur zu gut, diese Aufschieberitis oder auch Prokrastination, wie dieses Phänomen in der psychologischen Fachsprache genannt wird. Es gibt viele, die dieses Problem haben und darüber nachdenken, wie schön es wäre, es in Zukunft in den Griff zu kriegen.

Eine Möglichkeit dazu zeigen der Psychologe Sean McCrea und sein Team. Sie beziehen sich auf Forschungsergebnisse, die zeigen, dass Menschen über weit in der Zukunft liegende Aufgaben anders nachdenken als über Aufgaben, die sehr bald zu erledigen sind. Über weit entfernte Aufgaben denkt man abstrakt nach, man überlegt beispielsweise, ob sie lohnenswert und angenehm sind oder welche höheren Ziele damit erreicht werden können. Rückt eine Aufgabe näher, wird das Denken konkreter, man beginnt über das genaue Vorgehen und die einzelnen Arbeitsschritte bei der Erledigung der Aufgabe nachzudenken.

Das Forschungsteam um McCrea stellte diesen plausiblen Mechanismus auf den Kopf. Sie wollten zeigen, dass man Menschen dazu bringen kann, eine vor ihnen liegende Aufgabe zeitig zu erledigen, indem man sie dazu veranlasst, konkret und nicht abstrakt über sie nachzudenken.

Die Forschungsgruppe überprüfte ihre Überlegungen, indem sie versuchte, Personen dazu bringen, Fragebögen früher als gewöhnlich auszufüllen und zurückzugeben. Hierzu entwarf sie zwei verschiedene Deckblätter. Das eine sollte eine abstrakte Denkweise hervorrufen, indem es ein komplettes Gemälde zeigte und mit dem Titel „Kunst & Farbe: Ein allgemeiner Überblick" versehen war. Das andere Deckblatt hingegen sollte eine konkrete Denkweise erzeugen, indem es einen vergrößerten Ausschnitt des Gemäldes zeigte, an dem man die Maltechnik des Künstlers erkennen konnte. Dieser Fragebogen trug den Titel „Kunst & Farbe: Eine detaillierte Untersuchung". Die verschiedenen Fragebögen wurden an Studierende verteilt mit der Bitte, dass sie ihre Antworten innerhalb von drei Wochen per E-Mail einsenden sollten. Das Forschungsteam interessierte sich dabei weniger für die Antworten der Teilnehmenden, als vielmehr dafür, wann die Fragebögen eingereicht wurden.

Tatsächlich brauchten Personen, die durch den Fragebogen zu abstraktem Denken angeregt wurden, deutlich länger für das Einschicken ihrer Antworten als diejenigen, die zu konkretem Denken angehalten wurden – und dies, obwohl die Fragebögen in beiden Bedingungen als gleich interessant und gleich wichtig bewertet wurden.

Nun wissen wir also, was zu tun ist, um das nächste Mal früher mit einer Aufgabe zu beginnen und sie rechtzeitig zu erledigen: Man muss ganz konkret darüber nachdenken. So ist es sinnvoll, sich detaillierte Gedanken über die Tätigkeit zu machen und sich die einzelnen Arbeitsschritte konkret vor Augen zu führen. Beispielsweise kann man sich im Vorfeld überlegen, um wie viel Uhr man sich am nächsten Tag an den Schreibtisch setzen will, in welchen Ordnern sich die benötigten Dokumente befinden und wann man mit der Steuererklärung fertig sein will. Also: Gleich (und nicht morgen) geht's los!

## Zum Schluss

Unser Denken ist nicht starr, sondern flexibel und veränderbar. Auf unterschiedliche Weise können wir unser Denken beeinflussen und so zu besseren Denkleistungen kommen. Leichter gesagt als getan? Nicht unbedingt. Denn dies muss nicht zwangsläufig in Form von komplizierten Denksportaufgaben oder Konzentrationstrainings geschehen. Wie wir in diesem Kapitel gesehen haben, können auch schon so einfache Dinge wie einen anderen Blickwinkel einzunehmen, über eine Entscheidung zu schlafen, ein Spaziergang im Wald oder ein Treffen mit Freunden Wunder wirken und uns dabei helfen, bessere Urteile zu fällen, sinnvollere Entscheidungen zu treffen und unsere intellektuelle Leistungsfähigkeit zu verbessern.

Die in diesem Kapitel enthaltenen Informationen beruhen auf den folgenden Quellen, die auch zur weiterführenden Lektüre zu empfehlen sind:

Aronson, E., Wilson, T.D., & Akert, R.M. (2009). *Sozialpsychologie* (6. überarbeitete Auflage). München: Pearson Studium.

# Ich und meine Nächsten

Können Sie sich vorstellen ganz allein wie Robinson Crusoe auf einer einsamen Insel zu stranden? Wie würden Sie sich fühlen? Am Anfang würden Sie es vielleicht noch genießen, nach einer Weile jedoch würden sich wohl die meisten von uns nach Gesellschaft sehnen. Und das ist nicht verwunderlich, denn der Mensch ist ein soziales Wesen. Die Evolutionspsychologie nimmt an, dass ihn gerade dieses Miteinander mit anderen Menschen die Widrigkeiten vergangener Zeiten überstehen ließ. So waren unsere Vorfahren vor Tausenden von Jahren mit einer feindlichen Umwelt konfrontiert: Gefährliche Tiere, Naturgewalten, Hunger und Durst bestimmten ihren Alltag. Wer auf sich allein gestellt war, hatte kaum eine Chance zu überleben. Auch die Aufzucht gesunder Nachkommen, die sich weiter fortpflanzten und dadurch die Weitergabe der eigenen Gene sicherten, war ohne die Unterstützung von anderen Menschen schwierig, wenn nicht gar unmöglich. Da das soziale Miteinander damals so (überlebens-)wichtig war, waren wohl vor allem diejenigen Menschen im Vorteil, die ein ausgeprägtes Bedürfnis nach zwischenmenschlicher Nähe hatten. Denn ihr Ziel war es, stabile und positive Beziehungen zu anderen aufzubauen und aufrechtzuerhalten. Das erhöhte ihre Überlebenschancen und in der Folge setzte sich ihr ausgeprägtes Bedürfnis nach Zugehörigkeit als eine in der Evolution begünstigende genetische Komponente durch, die sie schließlich an die folgenden Generationen weitergaben.

Wenn Sie jetzt einmal in sich selbst hineinhorchen – wie geht es Ihnen, wenn Sie mit anderen zusammen sind und wissen, dass Sie in Zeiten der Not immer jemanden hätten, an den oder die Sie sich wenden könnten? Und wie geht es Ihnen wiederum, wenn Sie auf sich allein gestellt sind, ganz ohne Kontakt zu Ihren Mitmenschen? – Auch heute noch verspüren wir Menschen ein ausgeprägtes Bedürfnis nach Zugehörigkeit.[35] Wie stark dieses grundlegende Bedürfnis ist, zeigt sich zum einen, wenn es erfüllt und zum anderen, wenn es nicht erfüllt wird: Menschen, die in zwischenmenschliche Beziehungen und Gemeinschaften eingebunden sind, sind tatsächlich zufriedener, gesünder und haben eine höhere Lebenserwartung. Während Menschen, deren Bedürfnis nach Zugehörigkeit nicht erfüllt wird, unglücklicher sind und vermehrt an Depressionen, Alkoholismus, Essstörungen und anderen psychischen Problemen leiden.

Im folgenden Themenabschnitt *Ich und meine Nächsten* liegt nun der Fokus auf zwischenmenschlichen Beziehungen, also Interaktionen zwischen *einzelnen* Individuen, bevor sich der dritte Themenabschnitt *Ich innerhalb und außerhalb von Gruppen* dem Phänomen sozialer *Gruppen* widmet. Die nun folgenden Kapitel 4 und 5 beschäftigen sich mit Attraktivität, Partnerwahl und intimen Beziehungen. Kapitel 6 geht der Frage nach, wann und warum wir anderen Menschen (nicht) helfen und Kapitel 7 betrachtet schließlich wie gut wir im Erkennen von Lüge und Wahrheit sind und warum wir nicht immer so ehrlich handeln, wie wir es eigentlich sollten.

# Kapitel 4
# Wo die Liebe hinfällt …
Christiane Schoel

„Romeo und Julia", „Casablanca", „Vom Winde verweht" sowie unzählige weitere Romane und Verfilmungen handeln von ihr: der ganz großen Liebe. Sie zeigen: Eine besondere Form unseres generellen Bedürfnisses nach Zugehörigkeit ist das Bedürfnis nach Intimität. Wir Menschen sehnen uns nicht nur nach positiven sozialen Interaktionen, wir wünschen uns auch intime, nahe Beziehungen zu anderen, häufig in Form von Partnerschaften. Doch fangen wir von vorne an. Wie kommt es überhaupt zu einer Partnerschaft? Wer ist der oder die Richtige? Welche Strategien setzen wir ein, um bei der Partnersuche erfolgreich zu sein? Und wann wird unsere Begeisterung und Zuneigung von unserem Gegenüber geteilt?

# Was schön ist, ist gut

Was passiert, wenn wir einer unbekannten Person begegnen? Wie lange dauert es, bis wir uns einen ersten Eindruck von ihr gebildet haben? Ganz generell lässt sich sagen, dass das äußere Erscheinungsbild in den ersten Augenblicken einer Begegnung eine besondere Rolle spielt. Innerhalb einer Zehntelsekunde entscheiden wir nämlich, ob wir eine fremde Person als attraktiv, sympathisch und vertrauenswürdig bewerten. Nach bereits 5 Sekunden bilden wir uns ein Urteil darüber, für wie gesellig, gewissenhaft oder intelligent wir sie halten. So schnelle Urteile sind nur deshalb möglich, weil wir vorab bereits bestehende Kategorien entwickelt haben, in die wir andere Menschen einordnen können. Man spricht hier auch von Stereotypen, das heißt von Eigenschaften, Merkmalen und Verhaltensweisen, die wir Personen allein aufgrund ihrer Zugehörigkeit zu einer bestimmten sozialen Gruppe zuschreiben. Augenfällige Gruppenmerkmale sind beispielsweise das Alter, das Geschlecht oder die ethnische Zugehörigkeit einer Person (siehe auch Kapitel 9 „Schubladen auf! – Ein Blick in die Welt der Stereotype").

Aufgrund ihres äußeren Erscheinungsbildes können wir andere Menschen auch sehr schnell den Kategorien „attraktiv" oder „unattraktiv" zuordnen, und mit diesen Kategorien verbinden wir unterschiedliche Persönlichkeitseigenschaften. So werden wir in unseren Urteilen über andere durch das sogenannte „Was-schön-ist-ist-gut" (What is beautiful is good)-Stereotyp beeinflusst. Vielleicht ist es Ihnen auch schon so ergangen, dass Sie sich von der Schönheit einer anderen Person haben blenden lassen und erst auf den zweiten Blick festgestellt haben, dass Ihnen die Person gar nicht so sympathisch ist, wie Sie zunächst dachten. Damit wären Sie kein Einzelfall, denn in Bezug auf verschiedenste Merkmale unterstellen wir gut aussehenden Personen oft, bessere Menschen zu sein. Wir halten sie für interessanter, kontaktfreudiger, intelligenter und selbstbewusster als weniger attraktive Personen. Es handelt sich jedoch um Stereotype, die nicht unbedingt mit der Realität übereinstimmen müssen. Dennoch haben diese Stereotype Auswirkungen auf unser Verhalten: gut aussehenden Personen wird eher geholfen, sie verdienen mehr Geld und werden öfter befördert, bei Straftaten werden sie seltener und zu geringeren Strafen verurteilt, und schließlich werden sie für Freundschaften und eben auch für Partnerschaften bevorzugt.

## Wer ist am schönsten im ganzen Land?

**Wer hat das schönste Gesicht?** Doch wer sieht gut aus? Welche körperlichen Merkmale nehmen wir als attraktiv wahr? In Bezug auf Frauen sprechen viele Studien dafür, dass vor allem kindliche Gesichtszüge – sogenannte „Babyface"-Merkmale – als schön empfunden werden: große, runde

Augen, hohe Augenbrauen, eine hohe Stirn, zarte Haut und ein rundes Kinn. Dabei sollte das Gesicht jedoch nicht zu kindlich, sondern eher feminin und jugendlich wirken. Frauen mit solchen Gesichtsmerkmalen werden als besonders warm, freundlich und ehrlich wahrgenommen, andererseits aber auch als naiv und schwach.

In einer Studie von Michael Cunningham[36] wurde untersucht, ob Frauen mit einem „Babyface" auch Vorteile bei der Partnerwahl haben. In dieser Studie präsentierte man männlichen Studenten Fotos verschiedener Frauen und stellte ihnen eine Reihe von Fragen. Dabei zeigte sich wie erwartet, dass Frauen mit Babyface-Merkmalen bevorzugt wurden, wenn es darum ging, sich mit der Frau zu verabreden, sich eine sexuelle Beziehung mit ihr vorzustellen oder gar Kinder mit ihr zu haben. Darüber hinaus sollten sich die Befragten verschiedene Gefahrensituationen vorstellen und ihre Bereitschaft angeben, den Frauen in diesen Situationen zu helfen. Tatsächlich waren die Befragten eher dazu bereit – zumindest auf dem Papier –, eine Frau eine halbe Meile vor der Küste vor dem Ertrinken zu bewahren, aus dem zweiten Stock eines brennenden Hauses zu retten oder sie zu beschützen, indem sie sich auf eine von einem Terroristen geworfene Handgranate werfen, wenn das Gesicht der Frau Babyface-Merkmale aufwies.

Bei männlichen Gesichtern ist die Sache etwas komplizierter. Zwar werden auch bei ihnen kindliche Züge wie große Augen und eine kleine Nase als attraktiv empfunden, ein markantes Kinn, eine breite Stirn und hervorstehende Wangenknochen sind aber ebenfalls von Vorteil. Welche Merkmale bei der Partnerwahl relevanter sind, ist übrigens unter anderem auch abhängig vom Menstruationszyklus der Frau. Studien zeigen, dass Frauen in ihrer fruchtbaren Phase eher männliche Züge (zum Beispiel kantiges Gesicht, Dreitagebart), den Rest des Monats jedoch eher jungenhafte Gesichtsmerkmale bevorzugen.

Grundsätzlich gilt für weibliche wie für männliche Gesichter, dass sie umso attraktiver wahrgenommen werden, je eher sie einem durchschnittlichen Gesicht entsprechen. Mit „Durchschnitt" ist hier das Ergebnis gemeint, das man erhielte, wenn man Fotos verschiedenster Personen übereinander projizieren würde. Eine Erklärung, warum wir solche Durchschnittsgesichter attraktiver finden, könnte sein, dass sie uns vertrauter erscheinen, da sie Merkmale von vielen Personen in sich vereinen. Eine andere Erklärung wäre, dass sie symmetrischer sind und Symmetrie positiv bewertet wird, weil sie zum Beispiel einen Hinweis auf Gesundheit liefern kann. Studien zeigen tatsächlich, dass sowohl Durchschnitt als auch Symmetrie unabhängig voneinander zu unserem Attraktivitätsurteil beitragen: Unter verschiedenen durchschnittlichen Gesichtern finden wir dasjenige am schönsten, das am symmetrischsten ist, und unter verschiedenen symmetrischen Gesichtern dasjenige, das dem „Durchschnittsgesicht" am nächsten kommt.

**Wer hat den schönsten Körper?** Doch nicht nur das Gesicht spielt bei der Partnerwahl eine entscheidende Rolle, sondern auch der Körper einer Person. Bei Frauen steht hier vor allem das Verhältnis von Taille zu Hüfte („waist to hip ratio") im Vordergrund. Weltweit wird es als besonders attraktiv wahrgenommen, wenn dieses Verhältnis ungefähr 2/3 beträgt, die Taille also 30% schmaler ist als die Hüfte – wie beispielsweise bei den berühmten 60 zu 90 Maßen. Tatsächlich hat man zeigen können, dass das Verhältnis von Taille zu Hüfte einen Zusammenhang mit Alter, Hormonstatus, Fruchtbarkeit und langfristiger Gesundheit einer Frau aufweist. Zudem wird ein 2/3-Verhältnis von Taille zu Hüfte als attraktiv wahrgenommen, unabhängig davon, ob in einer Gesellschaft füllige oder eher schlanke Frauen bevorzugt werden. Wie hoch das Gewicht sein darf, ist dagegen eher kulturabhängig. So erfüllen Frauen im amerikanischen Playboy heute zum Teil die Kriterien einer Essstörung, während beispielsweise Afro-Amerikanerinnen ein fülligeres Schönheitsideal haben.

Generell begegnen jedoch stark übergewichtige Frauen (wie auch Männer) häufig Benachteiligungen und Diskriminierungen, beispielsweise bei der Suche nach einem Arbeitsplatz, aber eben auch bei der Partnerwahl. Denn übergewichtige Frauen werden oft negativer bewertet als schlanke oder normalgewichtige Frauen. Interessanterweise ist es aber trotz Playboy nicht unbedingt so, dass dünne Frauen gegenüber normalgewichtigen Frauen bevorzugt werden.

Ist der Einfluss der Medien auf unser Schönheitsideal also gar nicht so groß, wie immer behauptet wird? Eine Studie von Douglas Kenrick, Sara Gutierres und Laurie Goldberg[37] zeigt, eine direkte Konfrontation mit schlanken Models aus dem Playboy und entsprechenden Medien hat durchaus Folgen für die Bewertung von Frauen, denen Männer im Alltag begegnen, bis hin zur Bewertung der eigenen Partnerin. In einem ersten Experiment wurden männlichen und weiblichen Teilnehmenden drei Arten von Bildern gezeigt. Eine Gruppe betrachtete weibliche Aktfotografien aus dem Playboy oder Penthouse, eine zweite Gruppe sah Aktfotografien von durchschnittlich attraktiven Frauen und eine Kontrollgruppe schaute sich Bilder abstrakter Malerei an. Im Anschluss wurden alle Teilnehmenden gebeten, das Bild einer durchschnittlich attraktiven nackten Frau zu beurteilen. Bei den weiblichen Befragten hatten die zuvor betrachteten Bilder keinen Einfluss auf die Attraktivitätsurteile. Männer, die zuvor die Playmates gesehen hatten, beurteilten jedoch die durchschnittlich attraktive Frau deutlich schlechter als die Vergleichsgruppen. In einem zweiten Experiment wurden Männern und Frauen, die sich zum Zeitpunkt der Befragung in einer Partnerschaft befanden, Aktfotografien des Gegengeschlechts präsentiert. Also Männer sahen Aktfotografien aus dem Playboy und Frauen Aktfotografien aus dem Playgirl. Die Kontrollgruppe betrachtete Bilder abstrakter Malerei. Im Anschluss sollten alle Teilnehmenden die sexuelle Attraktivität und empfundene Liebe in der eigenen Partnerschaft einschätzen. Auch in diesem Experiment zeigte sich nur ein Effekt für die männlichen Befragten: Männer, die zuvor Playmates betrachtet hatten, bewerteten ihre eigene Partnerin als weniger attraktiv und gaben an sie weniger zu lieben als Männer, die abstrakte Kunst gesehen hatten.

Diese Befunde können mit dem sogenannten Kontrasteffekt erklärt werden. Im *Kontrast* zu den Playmates erschienen Männern die durchschnittliche Frau und die eigene Partnerin weniger attraktiv als sie bei isolierter Betrachtung eigentlich gewirkt hätten. Dieses Ergebnis ist vor allem deshalb alarmierend, weil wir bei unseren Urteilen häufig Vergleiche anstellen und eine Norm oder einen anderen Vergleichsstandard (hier das Model) heranziehen. Werden in den Medien nun zunehmend Bilder von unnatürlich attraktiven Frauen (zum Beispiel dank entsprechender Bildbearbeitungsprogramme) präsentiert, scheinen vor allem Männer Gefahr zu laufen, zumindest kurzfristig ihr Interesse an realen und für sie erreichbaren Frauen zu verlieren.

Während bei der Attraktivitätsbewertung von Frauen das Verhältnis von Taille zu Hüfte wichtig ist, ist es bei Männern das Verhältnis von Schultern zu Hüfte, das optimalerweise einer V-Form entspricht. Darüber hinaus spielt die Körpergröße bei Männern eine wichtige Rolle, denn für viele Frauen ist es attraktiv, wenn der Mann größer ist als sie. So bekommen zum Beispiel größere Männer bei Online-Profilen mehr Kontaktanfragen als kleine. Eine mögliche Erklärung dafür könnte sein, dass Größe mit Kompetenz und Führungsstärke assoziiert wird und auch mit besseren Karrierechancen und höheren Einstiegsgehältern in Zusammenhang steht.

Dass Frauen und Männer zu wissen scheinen, worauf es bei der Partnerwahl ankommt und dieses Wissen auch aktiv einsetzen, zeigt die folgende Studie.

### Schön, schlank, schlau sucht ...[38] (Anne Landhäußer)

Traditionelle Partnersuche, das heißt: Raus aus den vier Wänden und rein ins Getümmel. Die große Liebe kann überall lauern: auf jeder Party, in jeder Disco, im Eiscafé nebenan. Heutzutage jedoch verlassen viele überhaupt nicht mehr die Wohnung, wenn sie auf der Suche nach dem Mann oder der Frau fürs Leben sind. Nötig ist einzig und allein ein Internetzugang. Auch wenn es vielen noch immer unglaublich erscheint, dass sich die große Liebe in den Weiten des World Wide Web entdecken lässt – laut Der Online Dating Markt (2010/2011) sind monatlich über sieben Millionen Deutsche auf Single-Portalen unterwegs. Insgesamt kommt man auf mehr als 70 Millionen Mitgliedschaften.

Im Vergleich zum Flirt in der Disco hat ein Kennenlernen im Internet allerdings einen gewichtigen Nachteil: Im Internet kann man viel erzählen – beispielsweise von langen Beinen und Model-Maßen. Wer einen Partner finden möchte, ist schließlich bestrebt, sich in einem möglichst positiven Licht darzustellen. Dumm allerdings, wenn man sich letztlich für ein Treffen entscheidet und es sich nicht mehr verbergen lässt, dass die Modelfigur eher dem mittelalterlich üppigen Geschmack entspricht und die langen Beine eigentlich kurze „Krautstampfer" sind. Wer sich im Internet vorstellt, steht demnach im Konflikt zwischen dem Wunsch, sich möglichst attraktiv darzustellen, und der Notwendigkeit, doch so ehrlich zu bleiben, dass es beim Verlassen der virtuellen Welt nicht peinlich wird. Es gilt also, zwischen positiver Selbstdarstellung und Authentizität abzuwägen.

Für welche Strategien sich die typischen Nutzerinnen und Nutzer von Singlebörsen entscheiden, dieser Frage ging das Forschungsteam Catalina Toma, Jeffrey Hancock und Nicole Ellison nach. Sie befragten 80 weibliche und männliche Nutzer von Singlebörsen über ihre Online-Dating-Aktivität, stellten sie auf die Waage, maßen ihre Größe, erfassten ihr Alter durch einen Blick auf den Führerschein – und verglichen diese Daten dann mit den Angaben, die die Teilnehmenden in ihren Internet-Profilen gemacht hatten. Dabei stellte sich heraus, dass sowohl Männer als auch Frauen im Internet zwar zu kleinen Schwindeleien neigten, dass allzu dreiste Lügen jedoch eher selten waren.

So machten fast zwanzig Prozent der Befragten in ihrem Online-Profil falsche Angaben zu ihrem Alter, zwei Drittel schummelten bei ihrem Gewicht und fast die Hälfte gab eine falsche Körpergröße an. Dabei waren es in erster Linie die Frauen, die sich schlanker machten, während es eher die Männer waren, die ihre Körpergröße übertrieben. Nun ließe sich die Möglichkeit einräumen, dass solche kleinen Lügen unabsichtlich sein könnten – schließlich kennt nicht jeder Mensch sein exaktes Gewicht. Allerdings gestanden gerade diejenigen Befragten, bei denen Unterschiede zwischen realen und berichteten Maßen auftraten, in ihrem Profil keine allzu genauen Angaben zu machen. Dies deutet daraufhin, dass die Diskrepanzen keine zufälligen Fehler, sondern beabsichtigte kleine Schummeleien sind. Ein Zwerg macht sich online also nicht zum Riesen, aber vielleicht absichtlich ein paar Zentimeter größer.

Alles in allem ist also die Gefahr, bei einem Blind Date den Schock fürs Leben zu erleiden, nicht so groß, wie viele meinen. Wenn, dann sind es kleine Schummeleien, keine faustdicken Lügen, die sich hinter dem „Sixpack-Bauch" und dem „Echtblondhaar" verbergen. Besonders ehrlich scheinen übrigens diejenigen zu sein, die in ihrem Profil auch ein Bild von sich zeigen. Dennoch gibt es sicherlich auch in den Online-Kontaktbörsen schwarze Schafe – und die machen bei einer Studie zu Online-Dating vermutlich gar nicht erst mit.

Wir scheinen also intuitiv zu wissen, worauf es bei der Partnersuche ankommt, aber bedeutet das im Umkehrschluss auch, dass wir alle dieselben Merkmale attraktiv finden? Tatsächlich legt eine hohe Übereinstimmung zwischen verschiedenen Beurteilern und Beurteilerinnen nahe, dass es so etwas wie „objektive" Merkmale für Attraktivität gibt. Besonders die kulturübergreifenden Befunde in Bezug auf durchschnittliche und symmetrische Gesichter sowie in Bezug auf das Taille-Hüfte Verhältnis von Frauen deuten darauf hin, dass unsere Vorlieben zumindest teilweise evolutionär bedingt und angeboren sind. Dafür sprechen unter anderem auch Studien, die zeigen, dass bereits Babys im Alter von zwei Monaten attraktive Gesichter länger betrachten als unattraktive Gesichter. Dennoch haben persönlicher Geschmack und kulturelle Unterschiede einen großen Einfluss darauf, wen wir attraktiv finden und wen nicht. Die Schönheit einer bestimmten Person liegt also immer noch im Auge des Betrachters beziehungsweise der Betrachterin.

# Wer bekommt die Schönsten im ganzen Land?

Wer von uns hat nicht schon einmal davon geträumt, ein Date mit einem berühmten Filmstar oder einer Musikikone zu haben? Die meisten von uns wünschen sich wohl eine attraktive zweite Hälfte, auch wenn wir selbst vielleicht nicht unbedingt dem gängigen Schönheitsideal entsprechen. Zumindest Männer scheinen von einer attraktiveren Partnerin auch selbst profitieren zu können, wie die folgende Studie von Harold Sigall und David Landy[39] zeigt. Männliche und weibliche Teilnehmende wurden gebeten in einem Vorzimmer zusammen mit zwei weiteren angeblichen Teilnehmenden zu warten: einem Mann und einer Frau. Dabei gab es verschiedene Versuchssituationen: Die Befragten warteten zwar immer mit demselben Mann und derselben Frau, doch die Frau war entweder attraktiv zurechtgemacht oder wirkte durch ihre Kleidung und ihre Frisur unattraktiv, während der Mann immer durchschnittlich gut aussah. Zudem glaubte eine Hälfte, es handele sich um ein Paar, während die andere Hälfte meinte, die beiden gehörten nicht zusammen. Im Anschluss wurden die Teilnehmenden nach ihrem ersten Eindruck vom wartenden Mann gefragt. Tatsächlich wurde derselbe Mann je nach Untersuchungssituation unterschiedlich bewertet, nämlich positiver, wenn die Befragten glaubten, er habe eine attraktive Freundin und negativer, wenn die angebliche Freundin unattraktiv war. Machten der Mann und die Frau hingegen nicht den Eindruck, ein Paar zu sein, hatte die Attraktivität der Frau keine Auswirkung auf die Bewertung des Mannes. Diese Ergebnisse zeigten sich sowohl für männliche als auch für weibliche Befragte. In der Wahrnehmung anderer scheinen also Männer tatsächlich von einer hübschen Freundin profitieren zu können.

Die meisten von uns heiraten jedoch nicht das Model oder den Superstar, sondern sind mit Menschen zusammen, deren Attraktivität vergleichbar mit der eigenen ist. Dieses Phänomen wird auch als „Matching" bezeichnet, das heißt Partnerschaften bestehen in den meisten Fällen zwischen Personen mit ähnlichem Attraktivitätsniveau. Mit anderen Worten, obwohl sich die meisten eine Partnerschaft mit einer attraktiven Person wünschen, haben oft nur die Attraktiveren unter uns auch die Chance auf Wunscherfüllung. Mehr dazu lesen Sie in der folgenden Studie.

### Keine Schöne für das Biest?[40] (Anne Landhäußer)

Bei „Die Schöne und das Biest" handelt es sich aus guten Gründen um ein Märchen. Die Realität sieht häufig anders aus: Die schöne Angelina Jolie wollte eben doch lieber Frauenschwarm Brad Pitt heiraten als einen Typen mit Bauchansatz und schiefen Zähnen. Und prüfen Sie einmal in Gedanken Ihren Freundeskreis: Ist es nicht tatsächlich so, dass die Schönen fast immer mit anderen Schönheiten zusammen sind? Ältere Herren mit dicken Brieftaschen mögen hier eine Ausnahme darstellen.

Die Sozialpsychologie beschäftigt sich schon seit Langem mit der Frage, warum wir Menschen dazu tendieren, uns Lebensgefährten zu suchen, die ähnlich attraktiv sind wie wir selbst. Eine mögliche Erklärung besteht darin, dass wir uns im Grunde unseres Herzens alle

Mr. oder Mrs. Beautiful als Partner wünschen – nur müssen sich die mittelmäßig oder weniger Attraktiven dann zwangsweise mit weniger begnügen, weil alle Traummänner schon an die Traumfrauen vergeben sind. Dazu kommt, dass Frau Meier von nebenan wohl eher nicht den Mut aufbrächte, Brad Pitt offen heraus ihre Liebe zu gestehen – Zurückweisung kann schließlich ganz böse weh tun.

Woran liegt es, dass schöne Menschen in Beziehungsdingen weitestgehend unter sich bleiben? Sind sie eitel und so sehr von ihren eigenen optischen Vorzügen überzeugt, dass sie nichts unter ihrem eigenen Niveau dulden wollen? Oder sehen sie die Welt einfach mit anderen Augen und haben eine andere Vorstellung von Attraktivität als der mittelmäßig hübsche Durchschnitt? Tatsächlich fand der amerikanische Psychologe R. Matthew Montoya heraus, dass es unter anderem von unserer eigenen Attraktivität abhängt, wie wir das Aussehen anderer bewerten.

Montoya ließ fast hundert heterosexuelle Studierende zahlreiche Fotos von Studierenden einer anderen Universität nach deren Attraktivität beurteilen. Frauen bekamen dabei nur Männer zu sehen, während Männer nur Frauen bewerten sollten. Des Weiteren sollten die Befragten bei jedem Bild angeben, wie zufrieden sie damit wären, mit der gezeigten Person zusammen zu sein und schätzten ihre eigene physische Attraktivität ein (subjektive Attraktivität). Zudem beurteilten Mitarbeitende der Versuchsleitung die Attraktivität der Befragten anhand von Fotos (objektive Attraktivität).

Die Ergebnisse sind erstaunlich: Von Eitelkeit keine Spur. Während die selbst eingeschätzte Attraktivität der Teilnehmenden keinerlei Einfluss darauf hatte, für wie attraktiv sie die Personen auf den Fotos hielten, hatte ihre objektive Attraktivität einen deutlichen Effekt. Je hübscher die Mitarbeitenden der Versuchsleitung jemanden fanden, desto kritischer war dieser mit dem Aussehen der gezeigten Personen. Und wer eine Person nicht schön fand, gab auch an, dass er in einer Beziehung mit dieser Person wohl eher nicht zufrieden wäre. Im Umkehrschluss lässt sich sagen, dass nicht ganz so blendend Schöne die Messlatte niedriger hängten und auch Personen mit kleinen Schönheitsmakeln durchaus noch hübsch fanden. Schönheit liegt also nicht nur im Auge, sondern auch am Aussehen des Betrachters beziehungsweise der Betrachterin.

## Liebe deine Nächsten und bevorzuge die, die dir ähnlich sind

Sie fragen sich nun vielleicht: Sind wir wirklich so oberflächlich, dass sich alles nur ums Aussehen dreht? Was ist denn mit den inneren Werten? Sie haben vollkommen recht. Auch wenn auf den ersten Blick die äußeren Merkmale bei der Partnerwahl im Vordergrund stehen, so spielen auf den zweiten Blick selbstverständlich noch weitere Faktoren eine Rolle. Gemeinsamkeiten, ähnliche Interessen und Hobbys, geteilte Werte und Charaktereigenschaften, all diese Dinge haben beim genaueren Hinsehen einen hohen Stellenwert und entscheiden darüber, ob aus bloßer körperlicher Anziehung tatsächlich auch mehr wird. Aber um Näheres über die Eigenschaften und Vorlieben des Schwarms herauszufinden, gilt es zunächst, erst einmal in Kontakt zu kommen.

Häufig finden wir unsere Freunde, aber auch unsere große Liebe in unserer unmittelbaren Umgebung, so klappt es zum Beispiel eher mit der

Nachbarin als mit Personen, die hunderte von Kilometern von uns entfernt leben. Entsprechend zeigen verschiedene Umfragen, dass sich zirka ein Drittel aller Bekanntschaften im Freundes- und Bekanntenkreis ergeben, dicht gefolgt von Schule, Ausbildung und Beruf, und so manche lernen sich auch in Bars oder Diskotheken kennen.[41] Eine mögliche Erklärung dafür, dass wir uns in räumlich nahe Personen verlieben, ist der wiederholte Kontakt. Allein dadurch, dass wir jemanden häufiger sehen, steigt unsere Zuneigung zu dieser Person. Und was ist mit Internetbekanntschaften? Auch hier ist anzunehmen, dass häufiger Kontakt zu einer positiveren Bewertung führt. Auch wenn man sich nicht im wahrsten Sinne des Wortes „räumlich" nahe ist, so kann Nähe auch über Chats, E-mails, Videos oder SMS hergestellt werden.

Das Phänomen, dass allein wiederholte Begegnungen mit Personen oder Dingen dazu führen, dass wir diese positiver bewerten, bezeichnet man in der Sozialpsychologie auch als „Mere-Exposure"-Effekt (das „bloße Ausgesetztsein"). Sie haben es bestimmt auch schon einmal erlebt, dass Sie ein Lied im Radio, das sie am Anfang weder besonders gut noch besonders schlecht fanden, nach mehrmaligem Anhören richtig gerne mochten. Ähnlich geht es uns mit unseren Mitmenschen: Je häufiger wir sie sehen, hören, lesen, desto vertrauter werden sie uns und desto lieber mögen wir sie. Allerdings nur unter der Voraussetzung, dass wir nicht von vornherein eine Abneigung gegen sie hegen, dann nämlich kann sich diese durch wiederholten Kontakt sogar noch verstärken.

Der Arbeitsplatz ist (neben dem Freundeskreis) ein häufiger Ort des Kennenlernens, denn hier verbringen viele Menschen die meiste Zeit des Tages. Außerdem haben sie zum Beispiel beim Mittagessen oder in der Kaffeepause ausreichend Gelegenheit, andere näher kennenzulernen und mehr über ihre Vorlieben, Hobbys und Zukunftspläne zu erfahren. Darüber hinaus trifft man am Arbeitsplatz in der Regel auf Menschen mit vergleichbarem Hintergrund. Ein nicht ganz unwesentlicher Faktor, denn wir bevorzugen häufig Partner, die uns in Bezug auf Alter, Bildung, Religion und Herkunft ähneln. Menschen heiraten sogar überzufällig häufig Personen, deren Nachname mit demselben Anfangsbuchstaben beginnt. Noch wichtiger sind hier jedoch die inneren Werte: Denn viele wünschen sich jemanden, der ähnliche Einstellungen, Wertvorstellungen und Persönlichkeitseigenschaften hat wie sie selbst, ganz im Sinne von „gleich und gleich gesellt sich gern".

Wenn wir eigentlich Ähnlichkeit bevorzugen, woher kommt dann aber das Sprichwort „Gegensätze ziehen sich an?". Hierfür gibt es verschiedene Erklärungen, so kann man zum Beispiel einen Mangel in einem Bereich durch eine Stärke in einem anderen Bereich ausgleichen. Auch wenn es nicht besonders romantisch ist, können Personen mit weniger ansprechendem Aussehen zum Beispiel durch ihren Ruhm oder Reichtum auf andere – auch sehr attraktive – Personen anziehend wirken. Weiterhin kann Komplementarität, das heißt gegenseitige Ergänzung, anstelle von Ähnlichkeit von Vorteil sein. Ein Beispiel dafür ist Dominanz. So berichten Paare mehr Zufriedenheit und weniger Streit, wenn die Partner sich zwar in Bezug auf Wärme und Zuneigung ähnlich sind, sich aber in Bezug auf Dominanz unterscheiden. Dominante Personen suchen eher nach jemandem, der sich unterordnet, und umgekehrt. Es braucht nicht viel Phantasie, um sich vorzustellen, was passiert, wenn zwei „Kampfhähne" aufeinandertreffen, die beide unbedingt ihren Willen durchsetzen wollen. Manchmal glauben wir aber auch nur, wir seien einander ähnlich und stellen erst nach einiger Zeit fest, dass unser Partner ganz anders ist, als wir ursprünglich gedacht haben – während Außenstehende sich vielleicht von Anfang an gefragt haben, wie das zusammen gehen soll.

Obwohl es nun Befunde für beide Seiten gibt, zeigt die Forschung, dass doch eher das Sprichwort „Gleich und gleich gesellt sich gern" zutrifft als das Sprichwort „Gegensätze ziehen sich an". Denn Partnerschaften, in denen die Beteiligten höhere Ähnlichkeiten aufweisen, werden als zufriedenstellender empfunden und dauern im Durchschnitt auch länger an. Das heißt natürlich nicht, dass Paare sich in allem einig sein müssen, in einzelnen Punkten können sie sich durchaus unterscheiden. Nur in der Summe ist es von Vorteil, wenn die Gemeinsamkeiten überwiegen. Festhalten lässt sich also: Wir mögen Menschen, die uns ähnlich sind. Bleibt die Frage, warum? Eine mögliche Antwort könnte sein: Menschen mit ähnlichen Merkmalen und Ansichten bestärken uns darin, dass wir mit unserer Einstellung richtig liegen und so in Ordnung sind, wie wir sind.

## Ich will Dich, und Du?

Doch auch wenn wir uns in jemanden verlieben, den wir tagtäglich – zum Beispiel auf der Arbeit – sehen und mit dem wir viel gemeinsam haben, so sind wiederholter Kontakt und Ähnlichkeit doch kein Garant dafür, dass unsere Gefühle auch auf Gegenliebe stoßen. Um uns vor einer unglücklichen Liebe zu bewahren, ist es deshalb wichtig zu erkennen, ob unser Interesse auch erwidert wird. Anders gesagt, wir suchen nach potenziellen Partnern bzw. Partnerinnen, die uns auch mögen. Um Zurückweisung zu vermeiden, gehen wir dabei in der Regel nur auf diejenigen zu, von denen wir meinen, auch eine Chance bei ihnen zu haben und uns keinen Korb einzuhandeln. Flirtverhalten wie häufiges Lächeln, kurze Berührungen und längere Blicke können erste Hinweise dafür sein, ob sich jemand für uns interessiert. Aber wie gut sind wir darin, dieses Interesse auch richtig einzuschätzen? Und gibt es hier Geschlechtsunterschiede? Eine aktuelle Studie spricht dafür.

**Sexuelles Selbstbewusstsein – Eine Frage des Geschlechts?[42] (Kim Büsgen)**

Sexuelles Interesse zu erkennen und die Signale des anderen Geschlechts richtig zu deuten sind wichtige Bestandteile unseres Lebens. Doch gerade in diesem Bereich scheint es häufig zu Missverständnissen zu kommen. Männer werden oftmals von Frauen abgewiesen, obwohl sie sich sicher waren, eindeutiges Interesse der Frauen wahrgenommen zu haben. Wie kommt es zu solchen Fehleinschätzungen?

Ein Forschungsteam um Carin Perilloux prüfte die Annahme, dass Männer das sexuelle Interesse von Frauen generell überschätzen, während Frauen eher dazu tendieren, das sexuelle Interesse von Männern zu unterschätzen. Laut der Error-Management Theorie sind für Männer die Kosten einer verpassten sexuellen Chance größer als die Kosten eines falschen „Alarms". Das bedeutet: eine Abfuhr zu kassieren ist immer noch besser als eine mögliche Chance auf ein Date zu vergeben. Das Forschungsteam stellte auf dieser Basis die Hypothese auf, dass vor allem Männer, die an One-Night-Stands interessiert sind, das sexuelle Interesse von Frauen an der eigenen Person überschätzen sollten. Außerdem untersuchte das Forschungsteam den Einfluss der selbst- und fremdeingeschätzten Attraktivität von Männern und Frauen auf die Schätzurteile.

An der Studie nahmen rund 200 heterosexuelle Männer und Frauen teil. Zu Beginn der Studie wurde erfasst, inwiefern die Teilnehmenden an One-Night-Stands oder kurzzeitigen sexuellen Beziehungen interessiert waren. Zusätzlich bewerteten die Teilnehmenden ihre eigene Attraktivität. Anschließend fand eine Art Speed-Dating statt. Unter Speed Dates versteht man eine fokussierte Form des Kennenlernens, bei der Singles für kurze Zeit aufeinander treffen und sich unterhalten: Nach wenigen Minuten wird der Platz gewechselt. In der Studie wurden die Teilnehmenden nach jeder dieser Interaktionen gebeten ihr Gegenüber zu bewerten. Drei Aspekte standen dabei im Vordergrund: die wahrgenommene Attraktivität des Dates, das eigene Interesse an einem sexuellen Kontakt mit dem Gegenüber und die Einschätzung des sexuellen Interesses der anderen Person.

Die Ergebnisse der Studie zeigen: Frauen unterschätzen, Männer überschätzten das sexuelle Interesse des Gegengeschlechts. Die Fehleinschätzung der Männer fiel dabei umso größer aus, je mehr Mann an One-Night-Stands interessiert war und je attraktiver die Frauen waren. Außerdem überschätzten vor allem solche Männer das sexuelle Interesse von Frauen, die sich selbst zwar als attraktiv bewerteten, aber von den Frauen als eher wenig attraktiv beurteilt wurden. Männer, die auch von den Frauen als attraktiv beurteilt wurden, schätzten das sexuelle Interesse der Frauen hingegen realistisch ein oder unterschätzten es sogar.

Eine mögliche Erklärung für diese Befunde könnte sein, dass die Überschätzung des sexuellen Interesses der Frauen das Selbstbewusstsein und die Motivation der Männer zur Kontaktaufnahme steigern. Somit stellt diese Überschätzung eine Art positive Illusion dar, welche die Chance zur Fortpflanzung für weniger attraktive Männer erhöht. Attraktive Männer hingegen brauchen diese Illusion nicht, weil sie ohnehin von den Frauen begehrt werden. Die Attraktivität der Frauen wiederum spielt eine Rolle, da der Nutzen einer sexuellen Interaktion mit einer attraktiven Frau evolutionär gesehen größer ist als der mit einer unattraktiven Frau.

Diese Befunde stehen also im Einklang mit Annahmen der Evolutionspsychologie, die davon ausgeht, dass sich im Laufe der Jahrtausende genetische Veranlagungen zu bestimmten sozialen Verhaltensweisen entwickelt haben, die auch heute noch einen Einfluss auf menschliches Verhalten haben. Aus evolutionärer Sicht war das vorrangige Ziel von Partnerschaften die Fortpflanzung: Es ging darum die eigenen Gene an möglichst viele Nachkommen weiterzugeben. Aufgrund der notwendigen unterschiedlichen Investitionen der Geschlechter in den Nachwuchs sagt die Theorie der sexuellen Evolution unterschiedliche Strategien von Männern und Frauen bei der Partnerwahl vorher. Bei Frauen ist allein aufgrund der 9-monatigen Schwangerschaft, der Stillzeit und der über die Lebensspanne kürzer andauernden Fruchtbarkeit die Anzahl möglicher Nachkommen eingeschränkter als bei Männern. Deshalb ging es für sie stärker darum, die (wenigen) eigenen Nachkommen durchzubringen und ihr Überleben zu sichern. Ein verlässlicher Partner, der ihnen langfristig Schutz und Versorgung bieten konnte, war dabei von Vorteil. Umgekehrt boten kurze Beziehungen mit wechselnden (bevorzugt attraktiven) Partnerinnen Männern die Möglichkeit, die eigenen Gene an möglichst viele verschiedene Nachkommen weiterzugeben, ohne viele Ressourcen zu investieren. Aus einer rein evolutionären Perspektive war für Männer – anders als bei Frauen – der Nutzen von Kurzzeitbeziehungen deshalb höher als die möglichen Kosten.

Nach der Evolutionspsychologie haben sich diese Geschlechtsunterschiede im Laufe der Jahrtausende entwickelt und können auch heute noch einen Einfluss auf unsere Partnerwahl haben. So bekunden Männer in kulturübergreifenden Fragebogenstudien ein höheres Interesse an Kurzzeitbeziehungen, wünschen sich eine größere Anzahl an Sexualpartnerinnen in ihrem Leben und zeigen schon nach kürzerer Bekanntschaft eine Bereitschaft zum Sex. Auch gaben Männer in einer Umfrage im Durchschnitt an, 37 mal pro Woche „Lust auf Sex" zu haben, während das bei Frauen nur 9 mal pro Woche der Fall war.[43]

Drastische Geschlechtsunterschiede wurden auch in der folgenden Studie von Russell Clark und Elaine Hatfield[44] berichtet: In einem Feldexperiment wurden männliche und weibliche Studierende von einer attraktiven

Person des anderen Geschlechts auf dem Campus mit folgendem Satz angesprochen: „Ich habe dich auf dem Campus bemerkt und finde dich sehr attraktiv. Möchtest du heute Nacht mit mir ins Bett gehen?" Was war das Ergebnis? Die Antwort auf diese Frage hing stark vom Geschlecht der Befragten ab: 75 % der Männer sagten „Ja" zum Sex-Angebot. Dahingegen willigte nicht eine einzige Frau ein. Es ist zwar nicht auszuschließen, dass Frauen nur deshalb nicht einwilligten, weil für sie eine stärkere Gefährdung für Leib und Leben mit dem Treffen eines Wildfremden einherging als für Männer. Darüber hinaus ist nicht gesagt, wie viele Männer tatsächlich abends aufgetaucht wären. Allerdings passt dieser Befund zu vielen anderen Forschungsergebnissen, die Unterschiede zwischen Männern und Frauen hinsichtlich ihres Interesses an Kurzzeitbeziehungen berichten.

Wichtig ist jedoch, dass es sich immer nur um eine höhere Bereitschaft und damit um eine höhere Wahrscheinlichkeit handelt, ein bestimmtes Verhalten zu zeigen (zum Beispiel „Männer denken öfter an Sex"), und keineswegs um von vorherein festgelegtes Verhalten (zum Beispiel „Jeder Mann wünscht sich – vorrangig oder ausschließlich – One-Night-Stands"). Tatsächlich nimmt die Evolutionspsychologie sogar an, dass auch Männer an langfristigen und Frauen an kurzfristigen Beziehungen interessiert sein sollten, nur eben in unterschiedlichem Maße. Auch stellen evolutionäre Erklärungen keine Rechtfertigung für ein Verhalten dar. Sie sind also zum Beispiel absolut keine Entschuldigung für Männer, die in einer Langzeitbeziehung ihre Partnerin hintergehen, um möglichst viele Nachkommen zu zeugen. Evolutionäre Erklärungen dienen lediglich der Beschreibung von Phänomenen, die kulturübergreifend beobachtet werden können.

## Zu wählerisch?

Ein weiterer Befund, der häufig mit evolutionspsychologischen Annahmen erklärt wird, ist, dass Frauen bei der Partnerwahl wählerischer sind als Männer. Aus evolutionärer Sicht ist eine Fehlentscheidung bei der Partnerwahl für Frauen aufgrund ihrer höheren Investitionen bei der Fortpflanzung und Aufzucht der Nachkommen schwerwiegender als für Männer. Eine mögliche Folge ist deshalb, dass Frauen ihren Partner mit mehr Bedacht wählen und bei der Suche nach potenziellen Ehemännern auch auf Merkmale wie den finanziellen Status achten, weil dieser Sicherheit für sie und ihre potenziellen Kinder verspricht.

Eine Speed-Dating Studie von Peter Todd, Lars Penke, Barbara Fasolo und Alison Lenton[45] unterstützt diese evolutionäre These. Acht Tage vor einem Speed-Date wurden die teilnehmenden Männer und Frauen gefragt wie wichtig ihnen Geld, Status, Gesundheit und Attraktivität bei einem potenziellen Partner sind. Darüber hinaus schätzten sich die Befragten auch selbst in Bezug auf diese Eigenschaften ein und wurden von unabhängigen Beurteilenden in Bezug auf ihre Attraktivität bewertet. Früheren Forschungsbefunden entsprechend zeigte sich beim Speed-Dating dann, dass Männer im Durchschnitt fast doppelt so viele Gesprächspartnerinnen (7,4) wiedersehen wollten als Frauen (4,0). Darüber hinaus richteten Frauen ihre Partnerwahl nach ihrem objektiven Marktwert (ihrer physischen Attraktivität) aus: Je attraktiver sie von den außenstehenden Beurteilenden eingeschätzt wurden, desto höher waren ihre Ansprüche an Einkommen und Status, Familienorientierung, Attraktivität und Gesundheit eines potenziellen Partners. Die Wahlen von Männern waren hingegen unabhängig vom eigenen Marktwert. Einziges Kriterium für ihre Wahlentscheidung war die Attraktivität der Frau.

Dass allein evolutionäre Gründe dafür verantwortlich sind, dass Frauen bei der Partnersuche wählerischer sind, wird nun jedoch durch die folgende Studie in Frage gestellt.

**Frauen sind nicht immer wählerischer[46] (Alena Friedrich)**
Eine Vielzahl an Studien hat in der Vergangenheit gezeigt, dass Frauen bei der Partnerwahl wählerischer sind als Männer. Eine mögliche Erklärung dafür liefern evolutionspsychologische Hypothesen. Eine neue Forschungsarbeit stellt diese Erklärungen nun in Frage und betont (andere) kulturelle Faktoren, insbesondere die Tatsache, dass es zumeist Männer sind, die sich Frauen annähern und nicht umgekehrt. Tatsächlich macht diese fast unscheinbare Gepflogenheit einen großen Unterschied: Ob Männer Frauen ansprechen oder Frauen Män-

ner, bestimmt wie wählerisch Frau und Mann sind. Zu diesem Schluss kommen die amerikanischen Wissenschaftler Eli Finkel und Paul Eastwick durch die Analyse einer Vielzahl von Speed Dating-Events.

In ihrer Studie untersuchten Finkel und Eastwick die Ursache, warum Frauen sich bei Speed Datings viel seltener ein Wiedersehen wünschen als Männer, also wählerischer sind. Dazu veränderten sie nur eine Sache: Bei der Hälfte der Speed-Dating Events wechselte wie üblich der Mann den Platz. Bei der anderen Hälfte mussten die Frauen die Plätze tauschen und die Männer blieben sitzen. Es zeigte sich erneut, dass sich Männer, die den Platz wechselten, viel häufiger ein Wiedersehen wünschten als Frauen, die den ganzen Abend sitzen blieben. Wenn Frauen jedoch selbst die Plätze tauschten und die Männer sitzen blieben, gab es bezüglich des Wunsches nach einem Wiedersehen und der wahrgenommenen Chemie keinen Unterschied mehr zwischen den Geschlechtern.

Warum ist der Sitzplatz-Tauschende weniger wählerisch? Die Forscher erklären dies durch das größere Selbstvertrauen der Personen, die den Platz wechseln. Immer und immer wieder nähern sie sich einer Person an. Diese Annäherung stärkt ihren Selbstwert und fördert die Entwicklung von romantischen Gefühlen.

Die Ergebnisse von Finkel und Eastwick zeigen also, dass ein kleiner kultureller Aspekt – wer spricht wen an – beeinflusst, wie wählerisch Männer und Frauen bei der Partnerwahl sind. Das bedeutet nicht unbedingt, dass evolutionäre Faktoren keine Rolle spielen; aber es zeigt, dass kulturellen Faktoren eine große Bedeutung zukommt. Damit auch Frauen öfter mal „Ja" zu einem Wiedersehen sagen, sollten Ausrichtende von Speed-Datings daher auch das weibliche Geschlecht – entgegen der üblichen Vorgehensweise – die aktivere Rolle einnehmen und den Sitzplatz tauschen lassen.

Ganz generell hat sich übrigens gezeigt, dass Personen, die beim Speed-Dating zu jedem „Ja" sagen, weniger attraktiv wirken, als diejenigen, die nur für wenige Auserwählte ihr Interesse bekunden. Personen, die es darauf anlegen, mit jedem, den sie treffen, auszugehen, werden von anderen weniger gemocht als wählerische Personen. Wichtig dabei ist jedoch, dass man nicht unnahbar wirkt, sondern sich selektiv verhält, das heißt, dass man für die meisten schwer erreichbar ist, jedoch nicht für die eine Person, deren Aufmerksamkeit man erregen will. Dieser Person gibt man dadurch das Gefühl, etwas ganz Besonderes zu sein. Dabei darf man zunächst ruhig etwas vage bleiben, denn eine gewisse Unsicherheit kann gerade den besonderen Reiz ausmachen, wie die folgende Studie zeigt.

### Er steht einfach nicht auf dich! … oder doch?[47] (Clara Heißler)

Angenommen ihre gute Freundin Melanie lernt auf einer Party zwei attraktive Männer kennen und tauscht mit diesen ihre Kontaktdaten aus. Einer der beiden meldet sich bereits am nächsten Morgen bei Ihrer Freundin und ist offensichtlich hin und weg von ihr. Der andere antwortet zwar auf die SMS, die Melanie ihm am nächsten Tag schickt, sie ist sich jedoch nicht sicher, was dieser Mann von ihr denkt. Was glauben Sie: Von welchem der beiden Männer fühlt sich Melanie stärker angezogen?

Erin Whitchurch und ihr Team glauben, dass wir es zwar gut finden, wenn uns jemand offen zeigt, dass er oder sie uns mag. Sie nehmen aber auch an, dass ein Mensch, der seine Gefühle nicht gleich offenlegt, uns noch viel mehr reizt. Dieser Hypothese ist die Forschungsgruppe in einer Studie nachgegangen. Die Teilnehmenden waren Studentinnen, die zugestimmt hatten, dass ihr Facebook-Profil von Studenten anderer Universitäten betrachtet werden durfte. Zu Beginn des Experiments sagte man ihnen, dass untersucht werden solle, wie effektiv Facebook als Online-Dating-Seite genutzt werde. Zu diesem Zweck hätten eine Reihe männlicher Studenten die Profile mehrerer Frauen besucht und berichtet, wie interessant sie diese fänden. Nun sollten die Frauen selbst vier Männer beurteilen. In jeweils einer Bedingung konnten die Frauen sich sicher sein, dass die Männer sie a) von allen Frauen am besten fanden beziehungsweise b) als durchschnittlich beurteilt hatten. In einer dritten Bedingung aber wurden sie im Ungewissen darüber gelassen, wie die Männer sie bewertet hatten.

Wie zu erwarten war, hatten Frauen mehr Interesse an Männern, für die sie etwas Besonderes waren, als an Männern, für die sie nur durchschnittlich waren. Am attraktivsten fanden die Teilnehmerinnen jedoch jene Männer, bei denen sie sich nicht sicher sein konnten, wie diese sie beurteilt hatten – und an diese Männer dachten die Frauen auch am meisten.

Wenn wir uns bezüglich der uns gegenüber gehegten Gefühle einer anderen Person nicht sicher sein können, führt dies dazu, dass wir mehr über diese Person nachdenken. Und eine Person, die man nicht aus dem Kopf bekommt, muss doch interessant sein – oder? Es kann sich also durchaus lohnen bei neuen Bekanntschaften nicht gleich alle Karten auf den Tisch zu legen. Sich bedeckt zu halten scheint die bessere Strategie zu sein, um Interesse beim Gegenüber zu wecken!

## Zum Schluss

Was können wir nun aus all diesen Informationen für unsere eigene Partnersuche lernen? Ja, das Aussehen ist nicht ganz unwichtig, denn Frauen mit 60 zu 90 Maßen und breitschultrige Männer mit schönen großen Augen haben hier eindeutig Vorteile. Aber das reicht natürlich nur auf den ersten Blick. Geteilte Interessen, Vorlieben und Werte, kurzum Gemeinsamkeiten bestimmen, ob mehr daraus wird. In ein paar Punkten dürfen wir aber auch durchaus verschieden sein. Ja, und es gibt Geschlechtsunterschiede bei der Partnerwahl, zu welchen Anteilen die nun evolutionär oder durch unser soziales Umfeld bedingt sind, ist eine noch ungeklärte Frage. Doch selbst wenn wir genetische Anlagen zu einem bestimmten Verhalten haben, heißt das noch lange nicht, dass wir uns auch so verhalten müssen. Denn der Mensch ist mehr als die Summe seiner Gene. Und bitte beachten Sie: Letztlich bilden Studien immer nur Durchschnittswerte ab und im Einzelfall kann alles völlig anders aussehen, auch die große Liebe. Denn jeder Mensch ist einzigartig und jede Beziehung ebenfalls.

Die in diesem Kapitel enthaltenen Informationen beruhen auf folgenden Quellen, die auch als weiterführende Lektüre zu empfehlen sind:

Miller, R. & Perlman, D. (2009). *Intimate relationships* (5th ed.). Boston: McGraw-Hill.

# Kapitel 5
# Partner gefunden – und jetzt?

Christiane Schoel

## Liebe ist alles...

„Was macht einen Menschen glücklich?" Diese Frage beantworteten im Jahr 1999 79% der deutschen Befragten mit „Partnerschaft", dicht gefolgt von „Familie", die von 74% genannt wurde.[48] Gefragt nach den Gründen für eine feste Beziehung gaben 2011 rund 66% der Paare und immerhin 55% der Singles „Mit Problemen nicht allein sein" und „Geborgenheit" an.[49] Und auf die Frage „Glauben Sie an die große Liebe?" antworteten 66% mit „Ja", nur 16% mit „Nein" und 18% waren „Unentschieden".[50]

Diese Zahlen bestätigen: Menschen haben ein starkes Bedürfnis nach Zugehörigkeit und – spezifischer noch – ein Bedürfnis nach Nähe und Intimität. Eine Partnerschaft kann dazu beitragen, diese Bedürfnisse zu befriedigen, denn eine glückliche Partnerschaft erfüllt eine Reihe von Anforderungen, die Menschen an enge Beziehungen im Allgemeinen stellen: So teilen Partner[1] oft intime Details und vertrauliche Informationen. Sie sorgen füreinander und kümmern sich um den anderen. Sie sind in einem positiven Sinne voneinander abhängig, das heißt sie brauchen einander und beeinflussen sich gegenseitig in ihrem Denken, Fühlen und Handeln. Ihre Beziehung beruht auf Gegenseitigkeit und einem hohen Maß an Vertrauen. Und schließlich fühlen sich beide einander verbunden und stehen zueinander, „in guten wie in schlechten Zeiten". Selbstverständlich erfüllt nicht jede Partnerschaft all diese Kriterien und so manch eine weist hier sogar deutliche Mängel auf. Generell lässt sich jedoch sagen, dass eine Partnerschaft als umso zufriedenstellender empfunden wird, je mehr sie durch diese Merkmale gekennzeichnet ist.

Das Stichwort heißt Liebe, doch Liebe ist nicht gleich Liebe, denn Menschen können ganz unterschiedlich lieben. Nach Robert Sternberg[51] werden drei Komponenten der Liebe unterschieden, die in einer Partnerschaft zu verschiedenen Anteilen vorhanden sein können: Leidenschaft, Intimität und Bindung. *Leidenschaft* ist die romantische und sexuelle Anziehung zwischen zwei Menschen, die durch psychologische und physiologische Erregung gekennzeichnet ist. Verhaltensweisen wie gegenseitiges Betrachten, Berühren, Umarmen, Küssen, das heißt im weitesten Sinne Romantik und Körperlichkeit machen eine leidenschaftliche Partnerschaft aus. *Intimität* bezeichnet Gefühle von Zusammengehörigkeit, Vertrauen und Unterstützung. Intime Partner können sich in den jeweils anderen einfühlen und legen eine verständnisvolle Kommunikation an den Tag. Der dritte Aspekt der Liebe ist schließlich die *Bindung,* sie steht für die Entscheidung zur Aufrechterhaltung einer Partnerschaft, für gegenseitige Verpflichtung und für eine gemeinsame Bewältigung von Problemen. Wer sich bindet, zeigt dies zum Beispiel durch Treue, eine Heirat oder Symbole wie einen Ring. Aber auch ohne diese Symbole können Menschen sich einander verbunden fühlen und zueinander stehen.

Für manche Personen scheint die Intimität, für andere hingegen die Leidenschaft am meisten zu Zufriedenheit und Glück in der Partnerschaft beizutragen. Doch als vollendete Liebe bezeichnet man eine Partnerschaft, die alle drei Komponenten aufweist. Entsprechend suchen die meisten Menschen weniger nach sexuellen Abenteuern, sondern wünschen sich einen Partner, in den sie dauerhaft verliebt sein können. Doch Liebesbeziehungen verändern sich auch über die Zeit hinweg. Vielleicht erinnern Sie sich noch an das Kribbeln im Bauch und die schlaflosen Nächte vor Ihrer ersten Verabredung, stundenlanges vor dem Spiegel stehen („Was soll ich bloß anzie-

---

1  An dieser Stelle sei noch einmal darauf hingewiesen, dass im gesamten Buch großer Wert auf den Gebrauch von geschlechtergerechter Sprache gelegt worden ist. Aus Gründen der besseren Lesbarkeit wurde jedoch in diesem Kapitel der Begriff Partner im generischen Maskulinum verwendet. Das heißt, wenn nicht ausdrücklich anders vermerkt sind sowohl Männer als auch Frauen damit gemeint.

hen?") und die Frage „Mag er (sie) mich denn auch?". Dieser ersten Phase der Verliebtheit folgt oft eine Phase der Leidenschaft: Man kann nicht genug vom anderen bekommen und vergisst alles andere um sich herum („Wann sehen wir uns endlich wieder?"). Freunde und Familie rücken in den Hintergrund („Ich habe heute leider keine Zeit."). Erst nach einer Weile, wenn man sich der Liebe des anderen sicherer sein kann und einander besser kennt, tritt ein „Normalzustand" ein, der zwar auch durch Verliebtheit und Leidenschaft geprägt ist, darüber hinaus aber auch durch Nähe und Verbundenheit. Auch das soziale Umfeld wird wieder wichtiger („Ja, heute Abend passt es, Petra trifft sich auch mit einer Freundin"). Während also zu Beginn einer Beziehung häufig die Leidenschaft im Vordergrund steht, werden Intimität und Bindung mit der Zeit immer wichtiger.

## Dinge, die die Liebe leichter machen...

**Der richtige Bindungsstil.** Eine Partnerschaft kann uns in schlechten Zeiten eine wichtige Hilfe und Stütze sein. Doch das gilt nicht für jeden von uns. Wie reagieren wir in kritischen Situationen oder wenn wir unsicher sind? Suchen wir die Nähe unseres Partners oder gehen wir eher auf Distanz und versuchen, unsere Probleme mit uns selbst auszumachen? Verhält sich unser Partner in solchen Situationen ähnlich wie wir oder wünscht er oder sie sich mehr beziehungsweise weniger Zuwendung? Eine Antwort lautet: Es kommt ganz auf unseren Bindungsstil an.

Bindungsstile wurden erstmals in Studien mit Kleinkindern untersucht. Dafür trennten die kanadische Psychologin Mary Ainsworth[52] und ihr Team Kleinkinder vorübergehend von ihrer Bezugsperson (im Regelfall ein Elternteil) und beobachteten das Verhalten von beiden, wenn sie wieder aufeinandertrafen. Auch wenn die Trennungsphase in diesen Experimenten in der Regel nicht länger als drei Minuten andauerte, stellte diese Trennung für die Kinder unter einem Jahr eine Herausforderung dar, die mit Stress verbunden war. Entsprechend zeigten die meisten von ihnen in dieser Situation Stressreaktionen wie zum Beispiel anfängliches Weinen und suchende Blicke nach der Mutter oder dem Vater. Interessant ist nun aber vor allem das Verhalten der Kinder bei der Rückkehr der Bezugsperson. Denn hier können drei unterschiedliche Verhaltensmuster auftreten:

Die meisten Kinder reagierten auf die Trennung zwar mit Stress, doch sie ließen sich schnell wieder von Mutter oder Vater beruhigen und suchten den Kontakt. Diese Kinder ordnet man einem *sicheren* Bindungsstil zu (ca. 66%). Manche Kinder zeigten ebenfalls Trennungsreaktionen, verhielten sich aber der Bezugsperson gegenüber unentschlossen: Einerseits suchten sie zwar ihre Nähe, reagierten aber andererseits auch mit Ärger. Dieses Verhalten bezeichnet man als *unsicher-ambivalenten* Bindungsstil (ca. 12%). Schließlich zeigten einige Kinder äußerlich keine Veränderungen in der

Trennungssituation: Sie spielten weiter, erkundeten den Raum und waren auf den ersten Blick weder ängstlich noch ärgerlich über das Fortgehen der Bindungsperson. Auch bei deren Rückkehr suchten sie keinen Kontakt. Die Messung von erhöhten Herzraten bei diesen Kindern während der Trennungsphase deutet jedoch daraufhin, dass auch sie Stress erlebten, sich von der Bezugsperson jedoch keinen Trost erhofften. Diesen Bindungsstil bezeichnet man als *unsicher-vermeidend* (ca. 22 %).

Welchen Bindungsstil ein Kind entwickelt, scheint unter anderem von der Feinfühligkeit der Bezugsperson abzuhängen. In den Beobachtungsstudien zeigte sich, dass Eltern von sicher gebundenen Kindern deren Signale richtig interpretierten und adäquat auf ihre Bedürfnisse eingingen. Eltern von unsicher-ambivalenten Kindern reagierten zwar ebenfalls auf ihre Kinder, aber es fiel ihnen schwer zu sehen, was genau ihre Kinder in der gegebenen Situation brauchten. Eltern von unsicher-vermeidenden Kindern wirkten im Vergleich hingegen eher kühl und abweisend.

Weitergehende Forschung zeigte, dass Kinder mit einem sicheren Bindungsstil im Allgemeinen nur mit wenigen schmerzlichen Trennungen von ihren Eltern konfrontiert werden und einen unterstützenden, respektvollen Umgang mit ihren Bedürfnissen erleben. In angstbesetzten Situationen erfahren sie Schutz von ihren Eltern und lernen dadurch, anderen zu vertrauen. Kinder mit einem unsicher-ambivalenten Bindungsstil hingegen werden häufig von ihren Bezugspersonen getrennt und machen die Erfahrung, dass die Fürsorge ihrer Eltern nicht konstant und nur schwer einzuschätzen ist. Zwar sind die Eltern manchmal liebevoll und interessiert, bei anderen Gelegenheiten aber abgelenkt oder nicht für sie da. Diese Kinder entwickeln Trennungsängste, haben oft gemischte Gefühle anderen gegenüber und weisen eine übermäßige Bedürftigkeit in ihren Beziehungen zu anderen auf. Unsicher-vermeidende Kinder schließlich machen Erfahrungen von Unzuverlässigkeit, Konflikten und auch Feindseligkeit. Sie bekommen nur selten Zuneigung von ihren Eltern und lernen dadurch, dass von anderen Menschen nur wenig Gutes zu erwarten ist. Sie ziehen sich zurück, sind anderen gegenüber eher misstrauisch und haben es schwer, feste und enge Bindungen einzugehen.

Ähnlich wie bei Kindern können auch bei Erwachsenen unterschiedliche Bindungsstile beobachtet werden. Sicher gebundene Erwachsene wissen, dass sie sich auf ihren Partner verlassen und in Zeiten der Not auf seine oder ihre Unterstützung zählen können. Unsicher-ambivalente Personen hingegen sind sich ihrer Beziehung weniger sicher und haben immer wieder Angst, dass ihr Partner sie verlassen könnte. Bei unsicher-vermeidenden Personen ist die Angst vor Zurückweisung so groß, dass es ihnen schwerfällt, sich dem anderen anzuvertrauen und deshalb Probleme lieber mit sich selbst ausmachen. Als vierter Bindungsstil kommt bei Erwachsenen noch der *gleichgültig-vermeidende* hinzu. Personen mit diesem Bindungsstil legen keinen Wert auf Nähe und Intimität, sie fühlen sich unabhängig und sind weniger daran interessiert, ob andere sie mögen oder nicht. Welchen Bindungsstil eine Person im Erwachsenenalter an den Tag legt, hängt zum einen von den früheren Beziehungserfahrungen ab. Das heißt: Wie war das Bindungsverhalten der Eltern? Welche Erfahrungen hat man in vorhergehenden Partnerschaften gemacht? Zum anderen spielt aber auch das Verhalten des derzeitigen Partners eine wichtige Rolle: Ist er treu? Kann man sich auf ihn verlassen? Ist er ein guter Zuhörer? Und ist er tatsächlich eine Stütze, wenn man ein Problem hat?

Man könnte nun einwenden, dass es vielleicht gar nicht so gut ist, bei Schwierigkeiten den Schutz des Partners zu suchen, weil das gleichzeitig auch Abhängigkeit und Unselbstständigkeit bedeuten könnte. Tatsächlich ist aber eher das Gegenteil der Fall. Für Kinder hat die Bindungsforscherin Karin Grossmann das wie folgt beantwortet: „Individuelle Autonomie eines Kindes entsteht auf der Grundlage einer sicheren Bindung zu seinen Bezugspersonen und nicht auf erzwungener Unabhängigkeit oder Beziehungslosigkeit."[53] Dass das auch für Erwachsene gilt, zeigt die folgende Studie:

### Gebunden ungebunden sein[54] (Birgit Gutzer)

Im Prinzip kennt es jeder von uns aus der eigenen Kindheit: Aus Abhängigkeit kann Unabhängigkeit erwachsen. Wenn man wusste, dass die Mutter nur ein paar Meter entfernt war, hüpfte man als Kind eher unbedacht über einen Bach oder kletterte auf Bäumen herum, als wenn kein Elternteil in der Nähe war, das bei einem Unfall hätte helfen können.

Doch gilt das Phänomen „Unabhängigkeit wächst aus Abhängigkeit" auch für Paarbeziehungen zwischen Erwachsenen? Können die Erkenntnisse, die für die Beziehung zwischen Eltern und Kind schon länger bekannt sind auch darauf übertragen werden? Dies versuchte die Wissenschaftlerin Brooke Feeney in zwei Studien herauszufinden. Sie zeigte, dass Personen in Paarbeziehungen, die sich in unsicheren Zeiten auf die Unterstützung ihres Partners verlassen konnten, tatsächlich insgesamt unabhängiger waren. Erwachsene, deren Partner die Abhängigkeit des anderen in schwierigen Zeiten akzeptierte, wiesen in diesen Studien im Schnitt mehr unabhängige Aktivitäten und mehr Selbstgenügsamkeit auf und verfolgten ihre eigenen Ziele mit einer größeren Entschlossenheit.

Das bedeutet, dass sichere und langfristige Partnerschaften zur Lebenszufriedenheit beitragen können, weil es mit einer sicheren Basis leichter fällt, sich selbst zu verwirklichen. Denn die Abhängigkeit voneinander wird in engen Partnerschaften natürlicherweise besonders in schweren Zeiten benötigt. Deshalb fördern Partnerschaften, in denen sensibel und verständnisvoll aufeinander eingegangen wird, das Streben nach Unabhängigkeit und Selbstgenügsamkeit und hemmen sie nicht. Gegenseitige Fürsorge ist jedoch nur möglich, wenn man keine Angst vor einer engen Beziehung hat und die damit verbundene Abhängigkeit auch zulassen kann.

In ihren Studien ließ Feeney insgesamt fast 300 Paare eine Kombination aus Fragebogenstudien, Beobachtungen und Experimenten im Labor durchlaufen. Die erwarteten Zusammenhänge zwischen der Akzeptanz von Abhängigkeit aufseiten der einen Pärchenhälfte und positiven Erfahrungen von Unabhängigkeit der anderen Seite zeigten sich dabei nicht nur in den Selbstbeurteilungen des Paares zu einem Zeitpunkt, sondern auch im konkreten Verhalten und in den Messungen über einen Zeitraum von 6 Monaten.

Unterstützendes, sensibles und problembewusstes Verhalten in Beziehungen hat also langfristige Auswirkungen auf die Zuversicht und die Zielerreichung des Partners. Allerdings sollte die Unterstützung eher emotionaler Natur sein, anstatt mit konkreten Ratschlägen aufzuwarten, da letztere negativ aufgefasst werden könnten, wenn der Partner dazu in der Lage ist, das Problem auf eigene Faust zu lösen.

Zudem sollte berücksichtigt werden, dass sich zu viel Abhängigkeit auch störend auswirken kann, weil eine zu starke Bindung unabhängige Entfaltung auch verhindern kann. Auf der anderen Seite zeigen die Studien von Feeney, dass die Vermeidung von Nähe eher fehlendes Vertrauen in die Beziehung auslöst und somit ebenfalls nicht förderlich für eine gut funktionierende Partnerschaft und für Selbstverwirklichung ist.

Deshalb besteht der Königsweg wohl darin, zwar zueinander zu stehen und füreinander da zu sein, aber dem Partner auch genügend Freiräume zu lassen, um die eigenen Träume verwirklichen zu können.

**Eine gesunde Portion Selbstbewusstsein und Optimismus.** Eine sichere Bindung stärkt also unser Vertrauen, unsere Fähigkeit mit anderen Menschen umzugehen, die Welt zu entdecken und ihr dabei mutig und emotional stabil entgegenzutreten. Dabei hat sie auch einen positiven Einfluss auf unser Selbstwertgefühl – also das Ausmaß, zu dem wir uns selbst mögen. Denn wer von anderen geliebt wird, der entwickelt auch eine positive Einstellung zu sich selbst. Eine Erklärung dafür bietet die Soziometertheorie von Mark Leary und Roy Baumeister[55]. Nach dieser Theorie ist unser Selbstwert so etwas wie ein Messinstrument („Meter"), mit dem wir die Qualität unserer Beziehungen („Sozio") zu anderen erfassen können. Wenn andere uns mögen, dann mögen wir uns auch und unser Selbstwert ist hoch. Wenn andere uns jedoch mit Ablehnung oder gar Zurückweisung begegnen, wirkt sich das negativ auf unseren Selbstwert aus. Nach der Soziometertheorie dient dieser Mechanismus unserem Bedürfnis nach Zugehörigkeit, denn unser aktuelles Selbstwertgefühl signalisiert uns, ob wir von anderen akzeptiert oder eher abgelehnt werden. Personen mit einem sicheren Bindungsstil haben in der Regel viele positive Erfahrungen mit anderen Menschen gemacht. Personen mit unsicher-ambivalenten oder unsicher-vermeidenden Bindungsstilen sind sich hingegen der Zuneigung anderer nicht sicher und weisen entsprechend auch häufiger einen niedrigeren Selbstwert auf. Wenn Menschen zudem wiederholt Desinteresse, fehlende Akzeptanz und Ablehnung von anderen erfahren, können sie sogar über die Zeit hinweg einen chronisch niedrigen Selbstwert entwickeln.

Diesen Menschen fällt es schwer zu glauben, dass ihr Partner sie wirklich liebt. Studien zeigen, dass dies selbst nach zehn Ehejahren noch der Fall sein kann! Sie sind weniger optimistisch, dass ihre Beziehung von Dauer sein wird und reagieren sehr stark darauf, wenn ihr Partner mal schlechte Laune hat. Dann fühlen sie sich schnell abgelehnt, reagieren mit Wut oder gehen auf Distanz. Das erschwert es ihnen positive Erfahrungen zu machen und dadurch auch eine positivere Einstellung zu sich selbst zu gewinnen. Menschen mit einem hohen Selbstwert hingegen sind sich der

Zuneigung ihrer Partner bewusst und suchen ihre Nähe, wenn es Schwierigkeiten gibt. Dadurch erleben sie in liebevollen Beziehungen erneut Akzeptanz und Zugehörigkeit, was ihren Selbstwert weiter steigern kann. In engem Zusammenhang mit unserem Selbstwertgefühl steht auch unser Optimismus. Optimismus (lateinisch „optimum" = das Beste) bezeichnet eine Grundeinstellung, bei der man an einen guten Ausgang von Ereignissen glaubt und die Welt von ihrer besten Seite betrachtet. Optimistische Personen haben zuversichtliche, positive Erwartungen an die Zukunft und ein gesundes Selbstbewusstsein, ganz im Sinne von: „Das Glas ist noch halb voll". Pessimistische Personen hingegen erwarten nicht viel von der Zukunft. Sie schreiben Fehlschläge und unangenehme Ereignisse ihrem eigenen Verschulden zu und haben in der Folge oft eher ein schwaches Selbstwertgefühl, ganz im Sinne von: „Das Glas ist schon halb leer". Die folgende Studie zeigt, dass ein gesundes Maß an Optimismus auch in Beziehungsangelegenheiten von Vorteil sein kann.

**Man muss nur dran glauben![56] (Anne Landhäußer)**
Während manche Menschen tagtäglich damit zu rechnen scheinen, dass die Welt für sie ihr schönstes Lächeln aufsetzt und der Traumprinz (auch Traumprinzessinnen sollen schon gesichtet worden sein) mit einem Lottogewinn in der Satteltasche dahergeritten kommt, wachen andere allmorgendlich mit der Erwartung auf, der Tag würde mindestens ein terroristisches Sprengstoffattentat bereithalten, dem ein Meteoriteneinschlag folgt. Auch wenn nicht alle zu derart extremen Vorahnungen neigen, kann man doch viele Menschen einigermaßen zutreffend in eine der beiden Schubladen einsortieren, die mit „Optimisten" und „Pessimisten" beschriftet sind.

Dass es Optimisten im Leben oft leichter haben, ist längst bekannt. Wer sich viel zutraut, erreicht auch mehr, und eine positive Grundhaltung hat der Psyche selten geschadet. Die amerikanische Sozialpsychologin Kimberly Assad und ihr Team konnten bestätigen, was andere in ihren Studien schon festgestellt hatten: Optimisten sind in ihren Paarbeziehungen glücklicher als Pessimisten.

Das für sich genommen wäre noch keine einschneidende Erkenntnis, doch Assad und ihr Team fanden mittels einer Studie, bei der sie 274 Liebespaare unter die Lupe nahmen, auch heraus, worauf das Liebesglück der Optimisten zurückzuführen ist. Die teilnehmenden Paare wurden sowohl im Jahr 2001 als auch zwei Jahre später zu Hause besucht, wo jeder für sich mehrere Fragebögen zu Optimismus, Beziehungszufriedenheit und zum eigenen Verhalten bei Auseinandersetzungen sowie zum Verhalten des Partners ausfüllte. Beim ersten Besuch wurde jedes Paar außerdem 25 Minuten lang per Kamera aufgezeichnet, während es miteinander über die eigene Beziehung sprach.

Analysen der ausgefüllten Fragebogen und des Videomaterials ergaben, dass Optimisten bei Beziehungsstreitigkeiten eher zu kooperativem Verhalten neigten. Das heißt, sie hörten sich in Krisensituationen die Meinung des anderen an und versuchten, Kompromisse zu schließen, anstatt nur Kritik zu üben und dem anderen die Schuld in die Schuhe zu schieben. Wenn Streitigkeiten auf eine kooperative Art und Weise beigelegt werden, fördert das wiederum das Beziehungsglück. Es ist also die Art und Weise, an Probleme heranzutreten, die zwischen der optimistischen Einstellung und der Beziehungszufriedenheit vermittelt.

Dabei kann eine weniger optimistische Person von einem optimistischen Gegenüber lernen. Die Ergebnisse zeigen, dass ein kooperatives Problemlöseverhalten im Jahr 2001 einen positiven Einfluss auf das eigene Problemlöseverhalten zwei Jahre später hatte. Nicht nur beeinflusst der Optimismus des Partners das eigene Verhalten in Krisensituationen. Auch das verständnisvolle Verhalten bei Konflikten steigert die Beziehungszufriedenheit – selbst, wenn man überzeugter Pessimist ist. Auch Schwarzseher haben also Chancen auf eine glückliche Beziehung – wenn sie sich einen Optimisten zum Partner nehmen.

Ein Garant für Beziehungsglück ist Optimismus allerdings nicht, denn Optimismus allein kann sicherlich nicht andere für eine glückliche Beziehung maßgebliche Faktoren wie Treue oder Vertrauen ersetzen. Eine positive Lebenseinstellung mag zwar vor verletzenden Kleinkriegen schützen und einen fairen und liebenswürdigen Umgang in Partnerschaften fördern, in manchen Fällen jedoch hilft leider auch das nicht weiter. Manch ein Traumprinz entpuppt sich letztendlich eben doch als Froschkönig – egal, ob wir zur Optimisten-Fraktion gehören oder hemmungslos pessimistisch sind. In allen anderen Fällen jedoch lohnt es sich, jeden neuen Tag optimistisch zu begrüßen – heute kommt der Traumprinz oder die Traumprinzessin ganz bestimmt!

**Gleiches Recht und gleiche Pflicht für alle.** Optimistische Menschen können also mit Konflikten besser umgehen und verhalten sich kooperativer. Aber was ist eigentlich ein Konflikt? Ein Konflikt tritt immer dann auf, wenn Menschen gegenläufige Motive, Ziele oder Einstellungen haben. Kein Paar ist sich immer in allem einig und gleicht sich wie ein Ei dem anderen. Konfliktpotential besteht deshalb in Beziehungen allein dadurch, dass sich zwei Menschen früher oder später in ihren Wünschen und Vorlieben unterscheiden. Darüber hinaus gehen mit einer engen Beziehung von vornherein Widersprüche einher, die es zu meistern gilt. Beispielsweise der Gegensatz von persönlicher Unabhängigkeit und gegenseitiger Verbundenheit. Einerseits wünscht man sich, tun und lassen zu können, was man will („Wenn du dich heute Abend mit deinen Freundinnen triffst, dann gehe ich zum Fußball"), andererseits sehnt man sich nach Wärme, Geborgenheit und Zugehörigkeit („Wir unternehmen gar nichts mehr zusammen"). Beiden Bedürfnissen gleichzeitig gerecht zu werden, fällt manchmal schwer und hat schon so manchen Streit heraufbeschworen. Aber auch das richtige Maß an Offenheit, Veränderung und Abgrenzung ist nicht immer leicht zu treffen: „Wie viele persönliche Gedanken soll ich meinem Partner anvertrauen und wie viel Privatheit darf es sein?", „Wie viel Stabilität wünsche ich mir in meiner Beziehung, ohne dass es langweilig wird?", „Sollen wir alles zusammen machen oder ist es besser beide von uns gehen weiterhin den eigenen Hobbies nach?" Was die richtigen Antworten auf diese Fragen sind, unterscheidet sich nicht nur von Person zu Person und von Paar zu Paar, sondern kann sich auch über die Zeit hinweg verändern.

Und nicht nur diese in einer Beziehung von vornherein gegenläufigen Wünsche und Ziele bergen Konfliktpotential. Tatsächlich können Paare sich so gut wie über alles streiten: „Du hörst mir nie zu!", „Musst Du Deine Sachen immer überall herum liegen lassen?", „Ich verstehe nicht, warum Du 100 Paar Schuhe brauchst.", „Kannst Du nicht einmal pünktlich sein?" sind vielleicht Sätze, die Ihnen auch schon begegnet sind.

Um einen Überblick zu bekommen, worüber die meisten Konflikte ausbrechen, teilte Donald Petersen[57] mögliche Streitauslöser in vier verschiedene Kategorien ein: Kritik, Zurückweisung, sich anhäufende Ärgernisse und unangemessene Forderungen. Kritik bezeichnet verbales und nonverbales Verhalten, das vom anderen als herabsetzend und gemein empfunden wird. Zum Beispiel eine abfällige Bemerkung über die Kleidung des anderen: „Wie du schon wieder rumläufst, kannst du dir nicht mal was Vernünftiges anziehen?" Oder das Verdrehen der Augen, wenn der Partner wieder einmal seinen Lieblingswitz zum Besten gibt. Ein Beispiel für Zurückweisung wäre, wenn einer von beiden ein Candle-Light Dinner vorbereitet, um dem anderen eine Freude zu machen und einen romantischen Abend zu verbringen, der andere jedoch nur äußert, er beziehungsweise sie sei zu müde und ginge deshalb gleich zu Bett. Unter sich anhäufenden Ärgernissen sind viele kleinere Ereignisse und Ticks zu verstehen, die für sich allein genommen noch keinen Streit auslösten, aber in der Summe dem anderen doch mächtig auf die Nerven gehen können, wie zum Beispiel: „Warum musst du immer beim Essen fernsehen?" oder „Warum brauchst du immer so lange im Bad?". Mit unangemessenen Forderungen kann schließlich eine ungerechte Aufgabenverteilung in einer Beziehung gemeint sein, beispielsweise wenn die Hausarbeit immer an ein und derselben Person hängen bleibt, obwohl beide viel um die Ohren haben.

Auch wenn heutzutage in Partnerschaften oft beide arbeiten gehen, so trifft letzteres Beispiel doch immer noch vor allem auf Frauen zu. So manche verheiratete Frau mit ähnlicher beruflicher Verantwortung wie ihr Ehemann macht auch heute noch deutlich mehr im Haushalt als dieser. Woran liegt das? Eine Erklärung bietet die soziale Rollentheorie von Alice Eagly[58], die davon ausgeht, dass Frauen und Männern aufgrund gesellschaftlicher Vorstellungen unterschiedliche Rollen zugewiesen werden. Bedingt ist dieses Phänomen neben anderen Faktoren vor allem durch die klassische Arbeitsteilung im letzten Jahrhundert. Die Verbreitung von Kleinfamilien, die von der Arbeitswelt abgeschieden sind (also nicht mehr wie früher als sich Arbeit und Familie an einem Ort abspielte), führte zu unterschiedlichen Aufgabengebieten: die Berufswelt einerseits, Familie und Privates andererseits. Rollenerwartungen an die Geschlechter wiesen den Männern das Verdienen des Lebensunterhaltes („Brotverdiener") zu, den Frauen den Haushalt und die Erziehung der Kinder („Hausfrau"). Die wiederholte Wahrnehmung von Männern und Frauen in diesen sozialen Rollen führte nach der Rollentheorie zu bestimmten Merkmalen und Verhaltensweisen, die man mit den verschiedenen Geschlechtern verbindet beziehungsweise von ihnen erwartet. Aufgrund ihrer Rolle als „Brotverdienende" werden Männern zum Beispiel eher handlungsorientierte Eigenschaften wie zum Beispiel aggressiv, ehrgeizig, dominant, unabhängig, stark und entschlossen zugeschrieben. Diese Eigenschaften sind im Berufsleben stärker gefordert und werden entsprechend auch mehr gezeigt. Aufgrund ihrer Rolle als „Haushaltsführende" werden Frauen hingegen eher mit gemeinschaftsorientierten Merkmalen wie zum Beispiel liebevoll, hilfsbereit, freundlich, sympathisch, einfühlsam und sanft in Verbindung gebracht. Das Führen eines Haushalts und die Erziehung von Kindern erfordern eher diese Eigenschaften, weshalb Personen, die diesen Bereich übernehmen, diese auch eher zeigen. Wichtig ist jedoch, dass nach der Rollentheorie dieser Zuschreibung der Merkmale nicht aufgrund des Geschlechts erfolgt sondern aufgrund der Rolle, die Männer und Frauen ausfüllen. Bei einer anderen Verteilung auf die Rollen hätte es zum Beispiel auch genauso gut umgekehrt sein können. Da nun aber mehr Männer die Rolle in der Arbeitswelt und mehr Frauen die Rolle im Haushalt übernahmen, entwickelte sich für Männer das Stereotyp des „starken Geschlechts", für Frauen das des „schwachen Geschlechts".

Wie ergeht es nun aber Paaren, die auch in der heutigen Zeit nach diesen traditionellen Geschlechterrollen leben und vor allem an den stereotypen Vorstellungen von Männern und Frauen festhalten? Studien zeigen, dass diese Paare häufig unzufriedener sind. In traditionellen Partnerschaften fühlen sich Frauen oft weniger verstanden, da der Mann in geringerem Maße auf ihre Bedürfnisse eingeht: „Einfühlsamkeit ist ja typisch weiblich". Gleichzeitig kann ein Mann, der dem traditionellen Männerbild verhaftet ist, auch nicht zu seinen eigenen Gefühlen stehen und Schwächen zugeben, denn das wäre ja ebenfalls „unmännlich". Außerdem sieht das traditionelle Rollenbild vor, dass die Frau zu Hause bleibt, um sich um Kind und Haushalt zu kümmern. Eine Rolle, die nicht jede Frau zufriedenstellt. In Bezug auf die Aufteilung der Hausarbeit trennen sich übrigens diejenigen Paare am häufigsten, die sich uneinig über die Aufgabenverteilung sind. Dauerhafter sind Beziehungen, in denen sich beide einig sind, selbst wenn diese Einigkeit dem traditionellen Rollenbild entspricht. Am zufriedensten aber sind Paare, die die Hausarbeit gleichmäßig untereinander aufteilen – und sich darin auch einig sind.

Trotzdem haben es diejenigen, die nicht in die typischen Geschlechterrollen passen, oft schwer. So begegnen durchsetzungsstarke und konkurrenzbetonte Frauen oft dem Vorurteil, sie seien unhöflich und unsympathisch, und auch Männern mit femininen Eigenschaften treten viele Menschen eher skeptisch gegenüber. Besonders Feministinnen und Feministen, das heißt Frauen und Männer, die sich für die Gleichberechtigung der Geschlechter einsetzen, haben mit vielen Vorurteilen zu kämpfen. Feministinnen gelten zum Beispiel als unattraktiv und „schlecht im Bett", Feministen als „Weicheier" und „frauenhörig". Folgende Studie räumt nun endlich mit diesen Klischees auf.

**Feminismus in Liebesbeziehungen – Stress- oder Spaßfaktor?**[59] (Mika Eberl)
Eine romantische Feministin?! Ist das nicht ein Widerspruch in sich? Feministinnen haben im Allgemeinen keinen besonders guten Ruf und werden nicht gerade mit Romantik in Verbindung gebracht. Sie gelten als spröde, humorlos, unattraktiv, als wahrscheinlich lesbisch

oder Single. Und sind sie dennoch, entgegen der landläufigen Meinung, mit einem Mann zusammen, spricht man wohl eher von einer anstrengenden Beziehung: Ständige Diskussionen über Geschlechtergleichheit, mehr Frauenrechte und ungleiche Rollenverteilungen. Aber ist das wirklich so?

Um herauszufinden, ob eine feministische Einstellung tatsächlich zu mehr Stress und Konflikten in der Partnerschaft führt, befragten die Forscherinnen Laurie Rudman und Julie Phelan 531 Männer und Frauen. Anhand von Einschätzungen bezüglich Aussagen wie „Ich bin ein(e) Feminist(in)" oder „Mein(e) Partner(in) ist ein(e) Feminist(in)" wurde der eigene und der wahrgenommene Feminismus des Partners erfasst. Fragen zu Qualität, Stabilität sowie zur Gleichberechtigung und sexuellen Zufriedenheit in der Partnerschaft gaben Aufschluss über die wahrgenommene Güte der Beziehung.

Frauen mit einem feministisch eingestellten Partner gaben an, in Bezug auf Qualität, Stabilität und Gleichberechtigung bessere Beziehungen zu führen. Aber auch Männer mit einer feministischen Partnerin empfanden ihre Beziehung als stabiler und sexuell zufriedenstellender. Es profitierten also sowohl Frauen als auch Männer von einer feministischen Einstellung des Partners. Im Rahmen dieser Untersuchung konnte außerdem gezeigt werden, dass die gängigen Vorurteile über Feministinnen bezüglich ihrer sexuellen Ausrichtung und ihrer Attraktivität nicht der Realität entsprechen. Im Gegenteil, Feministinnen gaben sogar häufiger an, eine Beziehung zu führen als Nicht-Feministinnen.

Die Untersuchung von Laurie Rudman und Julie Phelan zeigt: Feministinnen sind besser als ihr Ruf und eine feministische Einstellung kann die Partnerschaft für Mann und Frau bereichern. Man sollte also nicht alles glauben, was man hört und Vorurteile blind übernehmen. Denn sonst entgeht einem womöglich etwas!

**Die richtige Streitkultur.** Paare können sich also über alles Mögliche streiten und vor allem die mehr oder minder gerechte Aufgabenverteilung in einer Beziehung liefert immer wieder neuen Zündstoff für einen Streit. Doch auf welche Arten können Menschen mit einem Streit umgehen, welches Verhalten hilft bei der Konfliktlösung und welches Verhalten birgt eher die Gefahr einer Eskalation?

Der Beziehungsforscher John Gottman[60] unterscheidet vier verschiedene Konfliktstrategien bei Paaren: Launische Paare, sich gegenseitig bestärkende Paare, vermeidende Paare und feindselige Paare. Launische Paare streiten sich oft und sehr leidenschaftlich. Sie haben fast vulkanartige Wutausbrüche und versuchen, sich gegenseitig mit allen Mitteln von der eigenen Meinung zu überzeugen. Doch obwohl ihre Konflikte mit vielen negativen Gefühlen einhergehen können, so halten sie ihre Wut im Zaum und lassen nie Zweifel über ihre Zuneigung zum anderen aufkommen. Sich bestärkende Paare gehen im Streit höflicher miteinander um. Sie tragen ihre Ansichten ruhiger vor und versuchen eher kooperativ eine Lösung für ihre Probleme zu finden. Auch bei Diskussionen bringen sie ihr Verständnis für den anderen zum Ausdruck und versuchen, die Gegenposition nachzuvollziehen und einen Kompromiss zu finden. Vermeidende Paare gehen Konflikten wenn irgend möglich eher aus dem Weg. Ihnen ist es wichtig, einer Meinung zu sein und wenn es doch zu Meinungsverschiedenheiten kommt, werden diese nur sehr behutsam angegangen oder einfach „ausgesessen". Obwohl diese Konfliktstile sehr unterschiedlich sind, können Beziehungen mit allen drei Konfliktarten beständig und von Dauer sein, vorausgesetzt das Positive überwiegt das Negative. Bei feindseligen Paaren jedoch sind die Wortgefechte und Auseinandersetzungen so hitzig und voll von Kritik, Wut und Gemeinheiten einander gegenüber, dass sie eine ernsthafte Gefahr für den Bestand der Beziehung darstellen.

Aber was ist denn nun das richtige Vorgehen, wenn einen etwas am anderen stört? Sollte man es einfach unter den Tisch fallen lassen oder doch besser direkt ansprechen? Eine Antwort auf diese Frage gibt die folgende Studie.

### Direkt gesagt, dauerhaft geändert[61] (Elena Postpischil)

„Martin arbeitet so viel, dass wir uns gar nicht mehr sehen. Wie sage ich ihm, dass mich das stört?" „Es nervt mich, dass Kathrin so oft zu spät kommt, aber wie soll ich es ihr sagen? Soll ich sie direkt darauf ansprechen oder es lieber ein bisschen verpacken?" Vielen wird diese Situation bekannt vorkommen: Man möchte die bessere Hälfte auf eine störende Eigenschaft ansprechen, weiß aber nicht so ganz, wie.

Mit genau dieser Problematik beschäftigte sich das Forschungsteam um Nickola Overall. Sie gingen der Frage nach, welche Kommunikationsstrategie am effektivsten ist, um in einer Partnerschaft zu äußern, was einen am anderen stört. In einer Studie sollten sich Paare in einer 5-minütigen Diskussion über eine Eigenschaft des jeweils anderen unterhalten, bei der sie sich eine Änderung wünschten. Dabei wurden sie dazu angehalten, wie gewohnt zu kommunizieren, und im Anschluss einzeln befragt, wie sie den Erfolg des Gesprächs einschätzten. Während des folgenden Jahres berichteten die Teilnehmenden dann alle drei Monate von dem tatsächlichen Erfolg, also ob es zu einer Veränderung hinsichtlich der thematisierten Eigenschaft beim anderen kam.

Das Forschungsteam ordnete die auf Video aufgezeichneten Diskussionen vier verschiedenen Kommunikationsstrategien zu. Dies waren eine negativ-direkte Strategie (zum Beispiel sehr forderndes Auftreten mit dem Ziel eine Änderung zu erzwingen), eine negativ-indirekte Taktik (zum Beispiel Schuldgefühle beim anderen zu erwecken), eine positiv-direkte Herangehensweise (zum Beispiel explizites Ansprechen des Problems und konkrete Änderungsvorschläge) sowie eine positiv-indirekte Strategie (zum Beispiel versteckte, humorvolle Kritik zum Abschwächen der Konfliktsituation).

Dann prüfte das Forschungsteam, ob es einen Zusammenhang zwischen der Kommunikationsart und der berichteten Änderung des anderen gab. Es zeigte sich Folgendes: Unmittelbar im Anschluss an die Diskussion wurden negativ-direkte, negativ-indirekte sowie positiv-direkte Taktiken als wenig erfolgreich eingeschätzt. Nur bei positiv-indirekten Herangehensweisen nahmen die Teilnehmenden an, dass diese zum Erfolg führen und der andere sich ändern würde. Als die Wirksamkeit der verschiedenen Kommunikationsstrategien während des folgenden Jahres erfragt wurde, zeigte sich jedoch ein gegenteiliges Erfolgsmuster. Direkte Strategien, sowohl positive als auch negative, bewirkten langfristig deutlich mehr Änderung in Bezug auf die störende Eigenschaft. Indirekte Taktiken hingegen riefen kaum eine Veränderung hervor. Eine Erklärung hierfür könnte sein, dass durch lediglich indirekte Hinweise dem anderen das Problem sowie die Dringlichkeit einer Änderung nicht deutlich genug werden.

Was lernen wir daraus? Auch wenn es anfangs unangenehm sein mag, direkt anzusprechen, was einen am anderen stört, so ist dies letztendlich doch effektiver als „um den heißen Brei herum zu reden". Am erfolgversprechendsten ist dabei eine positiv-direkte Strategie, bei der man das Problem klar darstellt und das gewünschte Ausmaß der Änderung vermittelt. Somit erkennt der andere leichter das Problem sowie dessen Ernsthaftigkeit und ist dadurch motivierter, etwas zu verändern.

Sind Konflikte nun gut oder schlecht? Vor allem sind sie unvermeidlich, früher oder später kommt es in jeder Beziehung zu Meinungsverschiedenheiten. Deshalb sollte man vielleicht eher fragen: Was können Konflikte Positives bewirken? Zunächst einmal bringen sie problematische Fragen und Unverträglichkeiten überhaupt erst ans Licht, so dass gemeinsam nach Kompromissen und Lösungen gesucht werden kann. Rechtzeitiges Ansprechen entschärft vielleicht so manch eine Situation, die später zu ernsthaften Problemen geführt hätte. Man denke nur an die sich anhäufenden kleineren Ärgernisse (wie zum Beispiel nicht korrekt verschlossene Zahnpastatuben, Haare im Abfluss, Krümel auf der Bettdecke), die irgendwann das Fass zum Überlaufen bringen können. Die Streitsituation zu verlassen oder sich gegen den Willen des anderen durchzusetzen, schafft vielleicht kurzfristige Abhilfe, aber ein Kompromiss, mit dem beide leben können, ist sicher von längerer Dauer. Noch besser ist es, durch Kreativität und Flexibilität eine Lösung zu finden, bei der die Ziele und Wünsche beider Partner erfüllt werden können (also zum Beispiel getrennte Zahnpastatuben, Abflusssieb und Handstaubsauger). Schließlich kann ein Streit sogar dazu führen, dass sich ein Paar weiterentwickelt und zusammenwächst, wenn beide Partner dadurch ihre ungeliebten Gewohnheiten und Verhaltensmuster überdenken und dauerhaft ändern. Auch wenn nicht jeder Streit gelöst werden kann und die Beteiligten nicht immer mit dem Ergebnis zufrieden sind, so kann ein geschickter und geübter Umgang mit Konflikten eine Beziehung auch wachsen lassen und zum Erfolg führen.

Eine Methode, den Umgang mit Konflikten zu verbessern, ist die Sprecher-Zuhörer-Technik, die auch in der Paartherapie eingesetzt wird. Bei dieser Methode wird ein kleiner Gegenstand (zum Beispiel ein Stein) verwendet, und einer der beiden Partner – der Sprecher (beziehungsweise die Sprecherin) – hält diesen in den Händen. Der Stein signalisiert, dass diese Person nun das Wort hat. Ihre Aufgabe besteht darin, in Form von „Ich-Aussagen" die eigenen Gedanken und Gefühle zu beschreiben. Äußerungen wie „Du-Sätze", die nur auf den anderen gerichtet sind, sollen dabei vermieden werden, da sie leicht als Vorwürfe verstanden werden und Gegenangriffe oder Rechtfertigungen auslösen können. Also: „Ich fühle mich überfordert, neben meinem Beruf auch noch so viel im Haushalt zu übernehmen" anstelle von „Du machst überhaupt nichts im Haushalt" und „Ich fände es schön, mal wieder Zeit mit dir alleine zu verbringen" anstelle von „Du hast nie Zeit für mich". Es geht darum möglichst konkrete Situationen anzusprechen, die einen stören, und Verallgemeinerungen wie „immer" oder „nie" zu vermeiden. Die Aufgabe des Sprechenden (beziehungsweise der oder die Zuhörerin) besteht zunächst darin, ohne Unterbrechungen zuzuhören, dabei aber durch Blickkontakt, eine zugewandte Körperhaltung und Gesten wie Nicken oder kurze Einwürfe wie „hm" oder „aha" zu zeigen, dass man Interesse an den Äußerungen des anderen hat. Im Anschluss fasst der Zuhörende die Äußerung des Sprechenden in eigenen Worten zusammen. Wenn der Sprecher (beziehungsweise die Sprecherin) das Gefühl hat, richtig verstanden worden zu sein, wechselt der Stein in die Hand des Gegenübers und der andere ist an der Reihe, in „Ich-Sätzen" die eigene Meinung kundzutun. Diese Form der Kommunikation hat sich als sehr hilfreich erwiesen, wenn es darum geht, dem anderen zu sagen, was einen stört, ohne dabei in einen Teufelskreis von gegenseitigen Vorwürfen zu geraten.

## Wenn die Liebe endet...

Doch auch mit dem besten Konflikttraining kann so manch eine Trennung nicht verhindert werden. Wenn die Meinungsverschiedenheiten zu groß werden, die Beziehung nicht ausgeglichen ist, die Leidenschaft nachlässt oder attraktive Alternativpartner ins Spiel kommen, kann sich der gemeinsame Weg trennen. Genaue statistische Daten darüber, wie viele Paare sich trennen, liegen nur für verheiratete Paare vor, decken aber auch hier nur offizielle Scheidungen ab. Trotzdem im Folgenden ein paar Zahlen zur Veranschaulichung: Im Jahr 2010 wurden in Deutschland nach Angaben des Statistischen Bundesamtes (Destatis) 11 von 1 000 Ehen geschieden. Die Scheidungsquote, das heißt die Anzahl von geschlossenen Ehen, die später geschieden werden, lag im Bundesdurchschnitt bei rund 39 %, also mehr als einem Drittel. Und dabei ging mit rund 53 % die Mehrzahl der Scheidungsanträge von Frauen ein. Nur rund 39 % der Scheidungsanträge wurden von Männern eingereicht, in den übrigen Fällen wurde die Scheidung gemeinsam beantragt. Im Durchschnitt standen die Paare nach gut 14 Jahren vor dem Scheidungsrichter und knapp die Hälfte hatte Kinder unter 18 Jahren. Betrachtet man die Eheschließungen und Scheidungen im Zeitverlauf, so stellt man fest, dass erstere abnehmen, während letztere zunehmen. Waren es 1950 noch 750 452 Paare, die sich in Deutschland das „Ja-Wort" gaben, so heirateten 2010 mit 382 047 nur noch knapp über die Hälfte der Paare. Geschieden wurden hingegen 1950 nur 134 600 Ehen, während es 2010 bereits 187 027 Ehen waren.

Wie kann man diese Veränderungen erklären? Während es früher die Norm war, zu heiraten und eine Familie zu gründen, ist es heute möglich, Single zu bleiben, unverheiratet zusammenzuleben oder gar mit mehreren Personen gleichzeitig eine Beziehung zu führen, ganz nach Belieben und individuellen Umständen. Diese individuelle Freiheit bedeutet jedoch gleichzeitig auch eine Veränderung der Wahrnehmung der Ehe. War sie früher das gängige Lebensmodell, dient eine Heirat heute eher der persönlichen Wunscherfüllung und dabei werden hohe Erwartungen an die Beziehung gestellt, die, wenn sie überhöht sind, der Realität oftmals nicht standhalten können. Zudem ist es nach heutiger Gesetzeslage wesentlich einfacher, sich scheiden zu lassen als noch vor 60 Jahren. Auch das Frauenbild hat sich verändert. Immer mehr Frauen sind berufstätig und beziehen ihr eigenes Einkommen. So manche Frau, die früher vor allem aus finanziellen Gründen beim Partner blieb, reicht heute die Scheidung ein. Die Berufstätigkeit der Frau führt außerdem dazu, dass es schwieriger wird, Haushalt und Kindererziehung zu organisieren, ein Streitpunkt, der nicht in jeder Partnerschaft zufriedenstellend geklärt werden kann. Schließlich werden Individualität und Mobilität heutzutage groß geschrieben, sind jedoch nicht immer mit einer festen Bindung vereinbar.

Während dies nur einige der kulturellen Erklärungen dafür sind, warum die Anzahl der Scheidungen über die Jahre hinweg zugenommen hat, gibt es natürlich auch spezifische Faktoren, die eine Scheidung wahrscheinlicher machen. Wenn Betroffene nach den Gründen ihrer Scheidung gefragt werden, geben sie unter anderem Untreue, Alkohol- und Drogenkonsum, Auseinanderleben, Kommunikationsschwierigkeiten oder Missbrauch an. Ein niedriger sozioökonomischer Status (das heißt niedriges Bildungsniveau, geringes Einkommen), ein sehr junges Alter bei der Eheschließung (zum Beispiel Teenager-Ehen), Scheidung der eigenen Eltern und stressreiche Lebensereignisse (zum Beispiel Arbeitslosigkeit) zählen ebenfalls zu den Risikofaktoren für eine Scheidung. Aber es gibt auch Schutzfaktoren: Paare, die sich ähnlich sind, Interessen teilen, viel Zeit miteinander verbringen, Kinder haben, mit ihrer Ehe und ihrer Sexualität zufrieden sind, sind eher vor einer Scheidung gefeit.

Ähnlichkeit stellt sich übrigens in vielen Beziehungen mit der Zeit wie von selbst ein. Paare gleichen sich in ihren Einstellungen und emotionalen Reaktionen immer weiter an. Das passiert zum Teil ganz automatisch, dadurch dass sie gemeinsame Erfahrungen machen und denselben Lebensumständen ausgesetzt sind. Zum Teil beeinflussen sie sich aber auch gegenseitig und stellen sich aufeinander ein, um Gemeinsamkeit, Übereinstimmung und Zufriedenheit zu erleben. Aber auch Ähnlichkeit kann nicht immer vor einer Trennung bewahren und so schön eine über die Zeit hinweg entwickelte Ähnlichkeit *während* einer Beziehung auch ist, umso schwerer macht sie es uns *nach* einer Trennung, wie die folgende Studie zeigt.

### Ich bin außer dir gar nicht hier[62] (Anne Landhäußer)

Max war nie ein Naturbursche. Doch seit er mit einer Frau zusammen ist, die es keinen Tag zuhause aushält, steigt er jedes Wochenende begeistert auf Bergen herum. Nina konnte Fußball nie etwas abgewinnen, doch weil ihre neue Liebe regelmäßig auf dem Rasen ist, steht sie nun ebenso regelmäßig enthusiastisch grölend auf den Rängen. Wer sich liebt, der wird sich ähnlich. Der teilt nicht nur das Bett, sondern sehr bald auch Freunde, Hobbys und Zukunftsvorstellungen. Wenn man alte Bekannte nach Jahren einmal wieder sieht, aber nicht wiedererkennt, dann liegt das meist an deren neuen Partnern. Und es hat ja auch sein Gutes: Geteilte Interessen stabilisieren eine Beziehung.

Aber was, wenn die Beziehung dennoch in die Brüche geht? Eine Trennung bedeutet nicht nur den Verlust eines geliebten Menschen. Gewissermaßen verlieren wir auch den Sinn für uns selbst. Denn wenn wir durch den Partner zu dem wurden, was wir sind, stellt sich nach einer Trennung unweigerlich die Frage: „Wer bin ich eigentlich ohne ihn (ohne sie)?" Dass unser Selbstkonzept – also das Bild, das wir von uns selbst haben – nach einer Trennung mächtig ins Wanken gerät, zeigte ein Forschungsteam um Erica Slotter nun auch anhand mehrerer wissenschaftlicher Studien.

Sie untersuchten beispielsweise Einträge in Internet-Tagebüchern und analysierten systematisch, wie sich die jeweiligen Blogger auf ihren Profilseiten selbst beschrieben. Es zeigte sich, dass Personen, die in ihren Blogs über eine kürzliche Trennung berichtet hatten, deutlich weniger Informationen über sich, ihre Eigenschaften und ihre Hobbys auflisteten als solche Personen, die kürzlich eine andere tiefgreifende Veränderung, nämlich einen einschneidenden Wechsel im Berufsleben, durchgemacht hatten. Außerdem verwendeten frisch Getrennte im Zusammenhang mit sich selbst vermehrt Wörter wie „verwirrt", „widersprüchlich" oder „unsicher" im Vergleich zu anderen Bloggern – sie waren sich über das eigene Selbst offensichtlich nicht mehr so sehr im Klaren.

In einer weiteren Untersuchung wurden Studierende, die sich in einer Beziehung befanden, über einen Zeitraum von sechs Monaten hinweg alle zwei Wochen über ihr eigenes Selbstkonzept, ihre Beziehung und ihre Gefühle befragt. Auch hier zeigte sich, dass Teilnehmende, deren Partnerschaft im Untersuchungsverlauf in die Brüche ging, unmittelbar nach der Trennung den Sinn für sich selbst verloren. Das Bild, das sie von sich selbst hatten, wurde durch den Verlust ihrer „zweiten Hälfte" stark verunsichert, und dieser Effekt hielt für mehrere Wochen an. Die Daten zeigen außerdem, dass es gerade diese Unsicherheit über das eigene Selbstkonzept war, die den Studierenden nach ihrer Trennung zu schaffen machte und zu emotionalem Stress führte.

Damit nach einer Trennung zu dem Schmerz über den Verlust nicht auch noch eine eklatante emotionale Verunsicherung hinzukommt, ist es also wichtig, sich bewusst zu machen, dass man auch ohne den anderen immer noch Mensch und Individuum ist – mit bestimmten Eigenschaften, Vorlieben, Hobbys und Freunden. Vielleicht bleibt die Freude am Klettern oder die Begeisterung für Fußball ja bestehen und Teil des eigenen Selbst, auch wenn die Person, die die Begeisterung weckte, nicht mehr da ist.

Ex-Partner sind nach der Trennung häufig noch ein wichtiger Teil unseres Lebens, ob wir das nun wollen oder nicht. So kennen zum Beispiel viele von uns die Eifersucht auf den „Neuen" oder die „Neue" des Ex-Partners. Begegnungen mit dem Ex sind oft merkwürdig und führen nicht selten erneut zu Zurückweisungen und Konflikten. Aber manche Paare schaffen es nach einer Trennung auch, sich zu vergeben und miteinander befreundet zu bleiben. So oder so, für alle geht es zunächst darum, über die Trennung hinweg zu kommen, und hier trifft wohl das Sprichwort zu: „Die Zeit heilt alle Wunden".

In einer Studie von David Sbarry und Robert Emery[63] wurden frisch getrennte Studierende über einen Zeitraum von einem Monat hinweg zu ihren Gefühlen befragt. Dafür trugen sie einen „Piepser" mit sich herum und wurden zu unterschiedlichen Tageszeiten „angepiepst". Ihre Aufgabe war es zu notieren, wie stark sie in diesem Moment Liebe, Trauer, Wut und Erleichterung empfanden. Zu Beginn des Monats berichteten viele der Teilnehmenden starke Gefühle von Wut und Traurigkeit gemischt mit einem Gefühl der Erleichterung. Aber auch Liebe für den Ex-Partner wurde noch berichtet. Nach zwei Wochen nahmen all diese Gefühle jedoch bereits in ihrer Häufigkeit ab und nach einem Monat unterschieden sich die Befragten in ihrer Traurigkeit nicht mehr von Gleichaltrigen, die keine Trennung erlebt hatten. Ihre Verliebtheit in den Ex-Partner hatte deutlich nachgelassen und sie verspürten erneut eine Form von Erleichterung, die sie mit Mut und Stärke in die Zukunft blicken ließ. Interessanterweise zeigte eine andere Studie von Paul Eastwick und Kollegen[64] zudem, dass wir uns den Trennungsschmerz im Vorfeld viel schlimmer ausmalen als er es dann tatsächlich ist. Das Ende einer Beziehung tut oft nicht so weh, wie wir es uns vorstellen (siehe auch Kapitel 2 „Die Macht der Gefühle"). Bei langjährigen Beziehungen oder gar einer Scheidung kann es jedoch bis zu einigen Jahren dauern, bis die Betroffenen über die Trennung hinweg sind und mit ihrem Leben wieder so zufrieden sind wie zuvor.

## Liebe ist vielleicht doch nicht alles

Beim Lesen dieses Kapitels mag bei dem einen oder der anderen der Eindruck entstanden sein, dass Liebe ein wesentlicher – wenn nicht sogar *der* alles entscheidende – Faktor für ein glückliches Leben ist. Aber ist das wirklich so? Und wenn ja, was ist dann eigentlich von der steigenden Anzahl der Einpersonenhaushalte zu halten? Während es 1980 noch 30% waren, lebten laut statistischem Bundesamt 2010 bereits 40% der Deutschen alleine, Tendenz steigend. Auch wenn diese Begrifflichkeiten statistisch nicht eindeutig sind (denn Einpersonenhaushalt bedeutet nicht gleich Single), so gab es sie doch schon immer: die Alleinstehenden und Ledigen. Manche waren verheiratet und sind jetzt geschieden, andere sind verwitwet, manche haben den oder die Richtige noch nicht gefunden, und wieder andere haben sich ganz bewusst für ein Leben ohne Partner entschieden. Diese Menschen sind vielen Vorurteilen und Diskriminierungen ausgesetzt. Wer älter als 40 und unverheiratet ist, gilt oft als komischer Kauz oder Eigenbrötlerin und so manchem wird sogar eine gewisse emotionale Unreife oder gar Beziehungsunfähigkeit unterstellt. Es wird einfach angenommen, dass jeder „normale" Mensch gern Teil einer romantischen Beziehung wäre und dass alle, die diesem Stereotyp nicht entsprechen, irgendwie verschroben und unglücklich sein müssen. Die folgende Studie zeigt, dass es auch mit diesen Vorurteilen nicht weit her ist.

### Die verkannte Lebensform[65] (Anne Landhäußer)

Es gab eine Zeit, da war es das größte Ziel im Leben eines jungen Menschen, jemanden zum Heiraten zu finden. Wer in einem bestimmten Alter noch nicht unter der Haube war, war für sein Leben lang gezeichnet. Doch die heutigen Verhältnisse entsprechen zum Glück bei Weitem nicht mehr denjenigen in den Romanen von Jane Austen. Die Emanzipation der Frau, das Aufbrechen traditioneller Normen, berufliche Flexibilität sowie die Anonymität in Großstädten fördern das Singledasein, welches früher hauptsächlich unfreiwillig gelebt wurde und gesellschaftliche Stigmatisierung mit sich brachte. Einer repräsentativen Studie der Partneragentur „Parship" zufolge lebten im Jahr 2005 11,2 Millionen Singles in Deutschland – das entspricht immerhin 20 Prozent der Gesamtbevölkerung.

Obgleich das Singledasein heute von einigen mit Freude gelebt wird, unterstellt man alleinstehenden Personen häufig noch immer, sie würden eigentlich lieber in einer Partnerschaft leben und hätten aufgrund irgendwie gearteter sozialer Mängel niemanden gefunden, der es mit ihnen aushält. Wie viel Wahrheitsgehalt in solchen Unterstellungen steckt, untersuchte der Forscher Tobias Greitemeyer.

Seine Studien ergaben, dass befragte Singles – ganz so, wie es ihnen häufig unterstellt wird – sich einsamer fühlen als befragte Liierte, mit ihrem Beziehungsstatus weniger zufrieden sind und eine größere Sehnsucht danach haben, diesen zu ändern. Wohlgemerkt: im Durchschnitt. Der einzelne Single mag mit seiner Situation durchaus zufrieden sein. Der Unterschied zwischen den Selbstberichten von Singles und Liierten war außerdem zu gering, als dass man darauf schließen könnte, Alleinstehende würden unter ihrem Singledasein leiden.

Wie sah es mit anderen Vorurteilen gegenüber Singles aus? Sollten die Teilnehmenden fiktive Personen beurteilen, deren Beziehungsstatus neben anderen Informationen angegeben war, schnitten Singles deutlich schlechter ab als Liierte. Ihnen wurden geringere soziale Fähigkeiten, eine geringere Lebenszufriedenheit und ein geringeres Selbstwertgefühl zugeschrieben. Sollten sich die Teilnehmenden jedoch auf solchen Dimensionen selbst einschätzen, traten keine Unterschiede zwischen Singles und Liierten auf. Singles bewerteten sich selbst als ebenso sozial fähig, attraktiv, selbstbewusst und zufrieden wie Liierte. Und nicht nur das. Nach einem 10-minütigen Kennenlern-Gespräch sollten die Teilnehmenden sich hinsichtlich der genannten Eigenschaften gegenseitig bewerten, ohne den Beziehungsstatus der jeweils anderen zu kennen. Singles wurden dabei keinesfalls negativer beurteilt als liierte Personen.

Die Vorurteile, die Singles entgegengebracht werden, lassen sich also nicht bestätigen: Sie scheinen sich hinsichtlich zentraler Eigenschaften nicht von Liierten zu unterscheiden. Übertriebene Verkupplungsaktionen, die dem Gedanken entspringen, Singles wären sozial untalentiert und bräuchten ganz dringend Hilfe, sind daher nicht zwangsläufig ein guter Freundschaftsdienst.

Der Mensch hat zwar ein starkes Bedürfnis nach Zugehörigkeit, und eine Partnerschaft ist eine Möglichkeit dieses Bedürfnis zu erfüllen, aber sie ist eben nur *eine* Möglichkeit von vielen. Denn auch andere soziale Kontakte, Beziehungen zu Verwandten sowie enge Freundschaften können Gefühle von Vertrautheit, Gegenseitigkeit und Verbundenheit vermitteln. Manch ein Single hat deshalb vielleicht sogar beides: enge Bindungen auf der einen Seite und Freiheit und Unabhängigkeit auf der anderen.

## Zum Schluss

Liebe und Partnerschaft ist ein Thema, das die meisten von uns angeht. In diesem Kapitel wurden verschiedene Aspekte aufgegriffen, die eine Beziehung zu einer schönen Erfahrung machen können: ein sicherer Bindungsstil, eine gesunde Portion Optimismus, Gleichberechtigung und der richtige Konfliktstil. Doch auch mit den besten Voraussetzungen geht so manche Beziehung in die Brüche und wirft uns aus der Bahn. Aber keine Sorge, es ist was dran an dem Sprichwort, dass die Zeit unsere Wunden heilt. Und selbst wenn wir gewollt oder ungewollt allein bleiben, so können uns auch gute Freunde und Menschen, die uns nahe stehen, ein Gefühl von Zugehörigkeit und Verbundenheit geben. Und an den Vorurteilen gegenüber Singles ist sowieso nichts dran.

Die in diesem Kapitel enthaltenen Informationen beruhen auf folgenden Quellen, die auch als weiterführende Lektüre zu empfehlen sind:

Miller, R. & Perlman, D. (2009). *Intimate relationships* (5th ed.). Boston: McGraw-Hill.

# Kapitel 6
# Helfe wer kann, oder will?

Janin Roessel

Matthias S. hat es an diesem Morgen sehr eilig. Er hat um 10 Uhr einen Vorstellungstermin für eine Stelle, die er sehr gern bekommen würde. Auf dem Weg zum Vorstellungsgespräch sieht er, dass auf der anderen Straßenseite eine Person mit dem Fahrrad stürzt und liegen bleibt. Soll er hinlaufen und helfen? Wird er dann nicht zu spät zu seinem Job-Interview kommen? Ist Hilfe überhaupt nötig oder ist der Unfall gar nicht so schlimm (immerhin hält auch keines der Autos an)? Kann nicht vielleicht die Frau auf der anderen Seite der Straße zu Hilfe eilen, die doch ohnehin näher dran ist? Und liegt nicht der eigene Erste-Hilfe-Kurs schon viel zu lang zurück, um richtig helfen zu können?

Wird Matthias S. helfen? Würden Sie an seiner Stelle helfen? Wie hilfsbereit sind wir Menschen eigentlich? Ist es nicht so, dass sich alle zunehmend auf sich selbst konzentrieren, was Medien mit Schlagzeilen wie „Verrohung der Gesellschaft" oder „Generation Ich" dokumentieren?

Berichte über heldenhafte Taten stehen im starken Kontrast zu Vorfällen unterlassener Hilfeleistung. Auf der einen Seite finden wir beispielsweise eine hohe Spendenbereitschaft nach Naturkatastrophen wie den Erdbeben in Haiti 2010 und dem Tsunami in Fukushima 2011, die Hilfsbereitschaft seitens der Bevölkerung der Insel Giglio gegenüber den Passagieren des gekenterten Schiffes Costa Concordia 2012, oder das Eingreifen von Dominik Brunner, der 2009 die Gewalt von vier Jugendlichen abwenden wollte und dabei selbst sein Leben einbüßte. Auf der anderen Seite stehen exemplarisch zwei erschreckende Beispiele des Jahres 2011: Ein 30-Jähriger wurde in einer Berliner U-Bahn-Station fast tot geprügelt, während umstehende Personen zusahen und erst die Polizei riefen, als das Opfer bewusstlos am Boden lag. In China wurde ein Mädchen von einem Auto überfahren und lag blutend auf der Straße – 18 Passierende gingen vorbei, ohne etwas zu unternehmen. Das Mädchen wurde so ein zweites Mal überfahren und erlag Tage später ihren Verletzungen. Ein ähnlicher Fall aus den USA regte bereits 1964 die sozialpsychologische Forschung zu Hilfeverhalten und seinen hemmenden Faktoren an: Eine junge Frau, Kitty Genovese, wurde in der Nähe ihrer Wohnung in Queens, New York, von einem Mann mit einem Messer attackiert und sexuell bedrängt. Sie schrie um Hilfe und konnte sich auch einige Male kurz von ihrem Angreifer befreien. Achtunddreißig Nachbarn standen an ihren Fenstern – und blieben untätig. Erst nach fast 45 Minuten rief jemand die Polizei – als Kitty Genovese schon tot war.

Wie können diese Kontraste zwischen Hilfsbereitschaft und Tatenlosigkeit erklärt werden? Was führt dazu, dass manche Menschen bereitwillig und andere gar nicht helfen? Dieses Kapitel soll Einblicke in sozialpsychologische Forschungsergebnisse geben, die unser eigenes wie auch das Hilfeverhalten anderer besser verstehbar machen. Zunächst wird die Frage betrachtet, ob es so etwas wie eine hilfsbereite Persönlichkeit gibt. Unterschiede im Hilfeverhalten müssen dabei auch im Lichte der Gesellschaft betrachtet werden; schließlich lernen wir durch unser Umfeld was „richtig" und was „falsch" ist. Das Ausmaß an Hilfsbereitschaft hängt aber auch von vielen Randbedingungen ab. Dieses Kapitel wird sich hierbei mit einigen Einflussfaktoren auf das Hilfeverhalten beschäftigen, an die man vielleicht spontan gar nicht denken würde, wie der Gedanke an Geld oder der Verzehr von Süßem. Tatsächlich spielt der Einfluss der Situation oft eine entscheidende Rolle für unser Hilfeverhalten (wie im obigen Eingangsbeispiel der Zeitdruck von Matthias S. und sein Beobachten anderer Personen in der Situation). Letztlich wird das Kapitel aber auch aufzeigen, dass trotz der vielen Hindernisse, die uns davon abhalten können, anderen zu helfen, Hilfeverhalten auch sehr positive Effekte auf die Helfenden selbst haben kann.

## Die Suche nach einer hilfsbereiten Persönlichkeit – Helfende mit Empathie

Aus Berichten und dem Alltag kennt man sie – scheinbare Helferpersönlichkeiten: Mutter Teresa, die ihr Leben den Armen opferte; Oskar Schindler, der im Nationalsozialismus Juden vor der Ermordung in Konzentrationslagern bewahrte; der Geschäftsmann Dominik Brunner, der sein Leben zum Schutze von Jugendlichen opferte; oder Personen, deren großzügigen Einsatz für gute Zwecke man beobachtete. Haben all diese Menschen etwas gemeinsam?

Die angeführten Personen mögen ihr Verhalten an Idealen sozialer Verantwortung, Gerechtigkeit und moralischem Handeln ausgerichtet haben. Neben solchen Wertvorstellungen hat sich in der Forschung insbesondere die Fähigkeit, sich in andere hineinzuversetzen und einzufühlen, also die Fähigkeit zur Empathie, als bedeutsam erwiesen. Wenn man nachfühlen kann, wie ein Opfer leidet und das Leiden der Person beenden möchte, dann wird man sich eher zur Hilfe entscheiden. Durch Eltern kann die Empathie-Fähigkeit schon von klein auf gefördert werden, indem die Aufmerksamkeit auf die Gefühle anderer gelenkt wird („Die anderen Kinder sind sicher traurig, wenn Du nicht mit ihnen spielst"). Tatsächlich gibt es Hinweise auf frühe Unterschiede im Hilfeverhalten, die mit Empathie zusammenhängen.

Aber nicht nur im Kindesalter, sondern auch später ist die Empathie anderen gegenüber beeinflussbar. Eine Möglichkeit wird in der folgenden Studie geschildert.

### Vom Vorteil ein Chamäleon zu sein[66] (Rainer Greifeneder)

Ein sonniger Samstagnachmittag, ein gemütliches Café und in Mitten des Menschengetümmels zwei Personen an einem Tisch. Sie nippt an einem Latte Macchiato, er führt seinen Milchkaffee zum Mund. Er lächelt ein wenig, sie lächelt zurück. Sie zieht fragend die rechte Augenbraue hoch, und er die linke. Und all das, ohne dass sich die beiden der chamäleonartigen Parallelität ihrer Mimik und Gestik bewusst sind. „Mimikry" wird dieses unwillkürliche gegenseitige Imitieren von Gestik, Sprache und Mimik von Interagierenden genannt. Aber warum imitieren wir andere Menschen überhaupt?

Mimikry dient unter anderem dem Aufbau und Erhalt von Beziehungen mit anderen Personen. So zeigt eine Vielzahl von Forschungsergebnissen, dass wir Menschen, die uns nachahmen, sympathischer finden – zumindest, wenn uns das Nachahmungsverhalten nicht bewusst als „Nachäffen" auffällt. Wahrscheinlich liegt dies daran, dass Mimikry die wahrgenommene Ähnlichkeit zwischen nachgeahmter und nachahmender Person erhöht, und wir Personen, die uns selbst ähneln, als sympathischer erleben. Doch nicht nur die Sympathie ist durch Mimikry beeinflusst: Mimikry kann auch zu Gefühlsansteckung führen. Beim Mit-Stirnrunzeln fühlen wir uns angespannter und beim Mit-Lachen fröhlicher. Mit anderen mitzufühlen und somit Empathie aufzubringen, ist laut Forschungsergebnissen wesentlich für Hilfeverhalten. Kann Nachahmungsverhalten folglich Menschen hilfsbereiter machen?

Die Forschungsgruppe um Marielle Stel, Rick von Baaren und Roos Vonk untersuchte, ob Mimikry ganz allgemein das sich Hineinfühlen in andere und somit die Hilfsbereitschaft steigern kann. Sie spielten ihren Studentteilnehmenden ein Video vor, in dem eine Person namens Marije zu sehen war, die entweder über ein lustiges oder ein trauriges Thema sprach. Die Hälfte der Teilnehmenden wurde aufgefordert, Marijes Mimik nachzuahmen, die andere Hälfte erhielt diese Instruktion nicht. Anschließend beantworteten alle Teilnehmenden in einer angeblich unabhängigen zweiten Studie Fragen zu einer Krebs-Stiftung. Am Ende hatten sie die Möglichkeit, Geld für diese Stiftung zu spenden.

Es zeigte sich, dass diejenigen Teilnehmenden, die Marije nachgeahmt hatten, ein größeres Ausmaß an Empathie mit ihr berichteten als Teilnehmende, die Marjies Verhalten nicht nachgeahmt hatten. Das Nachahmen von Marije führte offenbar auch allgemein zu größerem Einfühlungsvermögen gegenüber den Belangen anderer, da die Teilnehmenden, die Marjie in der ersten Studie nachgeahmt hatten, auch deutlich mehr für die Krebs-Stiftung in der zweiten Studie spendeten.

Mimikry scheint Menschen also für das Empfinden anderer zu sensibilisieren. Nachahmendes Verhalten sollte uns somit nicht stören. In vielen Fällen ist es vorteilhaft für beide Seiten – und, wenn es zu Sympathie und Hilfsbereitschaft führt, auch für die Gesellschaft als Ganzes.

Weitere Forschung hat die zentrale Bedeutung von Empathie für Hilfeverhalten untermauert. Im Gegensatz zu egoistischeren Motiven zu helfen, wie dem Wunsch sich angesichts des Leidens anderer nicht schlecht zu fühlen, hängt Empathie-Erleben mit selbstlosem Verhalten zusammen, das nicht von Eigennutz geprägt ist. Diese Vorstellung findet sich schon im Neuen Testament in der Parabel vom Barmherzigen Samariter wieder. Jesus berichtet hier von einem Wanderer, der überfallen und niedergeschlagen wurde. Ein Priester und ein Levit, also zwei religiöse Funktionäre, kamen an der Stelle vorbei und ließen den Verwundeten liegen ohne zu handeln. Ein Samariter hingegen, der als „einfacher Mensch" unterwegs war, hatte Mitleid mit dem Opfer und kümmerte sich um den Mann. Diese Parabel wird unter anderem dahingehend interpretiert, dass die religiösen Funktionäre nur tugendhaft handelten, wenn sie erwarteten, dass es ihr Ansehen stärke. Der Samariter half hingegen uneigennützig allein aus Mitgefühl heraus.

Zudem zeigten experimentelle Studien von Daniel Batson[67] und seinem Forschungsteam, dass uneigennütziges Mitgefühl zu Hilfeverhalten führt, selbst wenn man die Augen vor dem Leid anderer leicht verschließen könnte. Die Teilnehmenden einer dieser Studien dachten zum Beispiel, dass sie mit einer Frau, Elaine, zusammenarbeiten würden. Elaine, die tatsächlich eine „Verbündete" aus dem Versuchsteam war, hatte hierbei eine Aufgabe zu absolvieren, bei der sie scheinbar Stromstöße erhielt. Nach den ersten Stromstößen erzählte Elaine, dass sie die Situation als sehr unangenehm erlebe, da sie als Kind vom Pferd in einen elektrischen Zaun gefallen sei. Auch die Versuchsleitung zögerte scheinbar weiterzumachen und fragte jeweils die Teilnehmenden (die bisher nur zugeschaut hatten), ob sie nicht an Elaines Stelle weitermachen würden. Die eine Hälfte der Teilnehmenden erwartete dabei, dass sie Elaines Leiden sonst nicht weiter ausgesetzt sein würden. Sie konnten der unangenehmen Situation also leicht entkommen. Die übrigen Teilnehmenden wurden dagegen informiert, dass sie auch noch die restlichen Stromstöße für Elaine mit ansehen müssten. Während Personen mit hoher Empathie für Elaine in beiden Situationen eine gleichermaßen hohe Hilfsbereitschaft zeigten, halfen Personen mit wenig Empathie bei leichtem Entkommen deutlich seltener. Letztere halfen also nur, wenn sie einen eigenen Nutzen erwarteten (beispielsweise nicht als herzlos dastehen oder auch das eigene schlechte Gefühl beim bloßen Mit-Ansehen beenden). Durch eine hohe Empathie stand hingegen für die anderen Personen im Vordergrund, das Leiden von Elaine zu beenden. So waren sie motiviert zu helfen, selbst wenn sie sich einfach hätten abwenden können.

Jedoch sollen diese Beispiele nicht bedeuten, dass es zwangsläufig schlecht ist, auch einen eigenen Nutzen zu erkennen. In der Konfrontation mit der Realität reichen Ideale und Mitgefühl manchmal als Antriebskraft nicht aus. So blieben Befragte in einer Studie von Allen M. Omoto und Mark Snyder[68] länger als freiwillige Engagierte in AIDS-Organisationen aktiv, wenn sie auch einen eigenen Nutzen in ihrem Handeln erkannten (wie die Möglichkeit sich durch das Helfen gut zu fühlen oder andere Leute kennen zu lernen).

# Hilfeverhalten im Lichte der Gesellschaft

Nicht nur in unserem näheren Umfeld lernen wir, uns in andere hineinzuversetzen und entwickeln unsere Wertvorstellungen. Auch die Gesellschaft vermittelt Rollenerwartungen und Normen, die unser Hilfeverhalten entscheidend beeinflussen können. Welche Bilder haben Sie beispielsweise vor Augen, wenn Sie sich zum einen eine Frau als Helferin vorstellen und zum anderen einen Mann, der Hilfe leistet?

Wenn Sie sich gerade eine fürsorgliche Frau vorgestellt haben, die für ihren Freundeskreis da ist, sich für ihre Familie aufopfert und Pflegedienste leistet – und einen Mann, der heroisch Opfer aus brenzligen Notsituationen rettet oder ritterlich Frauen kleinere Gefallen tut, vom Gepäcktragen bis Autoreifen-Wechseln, dann liegen Sie nicht ganz falsch. Während Studien kaum Unterschiede in der allgemeinen Hilfsbereitschaft von Männern und Frauen finden, so äußert sich das Hilfeverhalten doch auf unterschiedliche Weisen, die weitestgehend den Geschlechterrollen und Geschlechtsstereotypen entsprechen. Geschlechtsstereotype, also typische Eigenschaften, die Männern und Frauen im Allgemeinen zugeschrieben werden, bezeichnen beispielsweise Frauen als hilfsbedürftig, fürsorglich und kinderliebend, wohingegen Männer als stark, mutig und risikobereit angesehen werden (siehe auch Kapitel 1 *Wahrhaft subjektiv – Über unsere Wahrnehmung der Welt* und Kapitel 9 *Schublade auf – Ein Blick in die Welt der Stereotype*). Solche Vorstellungen werden oft von klein auf vermittelt, was sich beispielsweise im Erwachsenenalter im großen Frauenanteil in Pflege- und Betreuungsberufen und dem überwiegenden Männeranteil bei Polizei oder Feuerwehr widerspiegelt. Im Gegensatz zu Männern suchen Frauen zudem mehr Hilfe und empfangen diese auch eher, insbesondere von Männern (der Held, der die Frau in der Not rettet). Dabei soll an dieser Stelle aber betont werden, dass sich die Geschlechter in ihren Eigenschaften eigentlich weit weniger unterscheiden, als veraltete Rollenvorstellungen erahnen lassen. Ein Appell geht also an alle: Mann und Frau helfe, wie und wo er/sie kann!

Neben Rollenerwartungen lernen wir auch durch allgemeine Normen, welches Verhalten in einer gegebenen Situation angemessen ist. Solche Normen wie „Helft jenen, die Hilfe benötigen", aber auch „Zielstrebigkeit und Eigennutz zählen mehr als Nächstenliebe" werden wesentlich durch Eltern und Bildungseinrichtungen vermittelt. Zudem wird unser Verständnis davon, was richtig und falsch ist, heutzutage in besonderer Weise von den Medien geprägt. Sollte uns das beunruhigen im Lichte so vieler aggressiver Filme und gewalthaltiger Computerspiele, die alles andere als ein unterstützendes Miteinander vermitteln? Diese Frage kann ohne Weiteres nicht beantwortet werden. Dass die Macht der Medien jedoch auch ins Positive gelenkt werden kann, zeigt der folgende Artikel.

**Super Mario ist super![69] (Isabell Augenstein)**

„Steigern Killerspiele die Aggressivität?", „Brutale Videospiele im Kinderzimmer" – Schlagzeilen wie diese beherrschen die Berichterstattung in den Medien rund um das Thema Computerspiele. Nach wie vor wird diskutiert, ob und unter welchen Umständen Computerspiele mit gewalttätigen Inhalten zu einer höheren Aggressionsbereitschaft führen. Spiel ist jedoch nicht gleich Spiel, und eine Vielzahl von Spielen kommt ohne Killer- und Gewaltszenen aus. In manchen Spielen geht es sogar darum, anderen zu helfen und Gutes zu tun, sich also prosozial zu verhalten. Wenn Spiele mit gewalttätigen Inhalten unter bestimmten Umständen zu aggressivem Verhalten führen können, vermögen dann Spiele mit prosozialen Inhalten Hilfe und Unterstützung zu fördern?

In einer Reihe von Studien hat sich der amerikanische Wissenschaftler Douglas Gentile zusammen mit seinem Team dieser Frage gewidmet. Die Teilnehmenden einer dieser Studien spielten entweder ein Spiel mit prosozialen oder eines mit gewalttätigen Inhalten. Das Ziel des prosozialen Spiels „Super Mario Sunshine" ist es, zusammen mit anderen Inselbewohnern eine Insel von Schmutz und Unrat zu befreien. Bei „Ty2" als Vertreter der gewalthaltigen Spiele geht es darum, andere Charaktere zu bekämpfen und zu beseitigen. Die Teilnehmenden spielten jeweils eines der beiden Spiele 20 Minuten lang und wurden dann in Zweierteams aufgeteilt. In diesen sollten sie für das jeweilige Gegenüber elf Puzzleaufgaben aus einer größeren Anzahl von Puzzles verschiedener Schwierigkeitsstufen auswählen. Den Teilnehmenden wurde gesagt, dass ihr Gegenüber bei richtiger Lösung von mindestens zehn der ausgewählten Puzzles zehn Dollar erhielte.

Das Forschungsteam nahm an, dass die Teilnehmenden für ihr Gegenüber leichte Puzzles aussuchen würden, wenn sie helfen wollten. Wollten sie ihrem Gegenüber jedoch schaden, so sollten sie schwere Puzzleaufgaben auswählen. Die Anzahl leichter Puzzles war also ein Maß für helfendes Verhalten, während die Anzahl schwerer Puzzles ein Maß für schädigendes Verhalten war.

Wie erwartet wählten Personen, die zuvor das prosoziale Spiel „Super Mario Sunshine" gespielt hatten, öfter die leichten Puzzles für ihr Gegenüber aus und zeigten somit auch nach dem Spiel prosoziales Verhalten im Gegensatz zu Personen, die zuvor das gewalthaltige Spiel „Ty2" gespielt hatten. Diese benachteiligten ihre Gegenüber häufiger durch die Wahl schwieriger Puzzles. Der Inhalt der Computerspiele beeinflusste damit, wie sich die Teilnehmenden der Studie direkt nach dem Spiel verhielten – und zwar in einer Aufgabe, die nichts mit dem Computerspiel zu tun hatte. Dies deutet daraufhin, dass Spiele einen großen Einfluss auf Verhalten ausüben können. Ob sich diese Befunde bei häufigem Spielen auch langfristig auswirken, ist in zukünftigen Studien zu prüfen.

Weitere Studien belegen, dass nicht nur Computerspiele sondern auch prosoziale Fernsehshows sich positiv auf das Hilfeverhalten der Konsumierenden auswirken können. Interessanterweise wurde der Einfluss prosozialer Fernsehinhalte auf prosoziales Verhalten als mindestens so stark (bis stärker) eingeschätzt wie der Einfluss aggressiver Inhalte auf antisoziales Verhalten. Auch wenn man sich über den Unterhaltungswert und die Hintergründe prosozialer TV-Sendungen streiten mag, haben Shows wie „Vera – Helfer mit Herz" offenbar das Potenzial, Hilfeverhalten zu fördern. Zum einen zeigen sie Rollenmodelle auf, wie jede Person im Einzelnen helfen und in der Gemeinschaft sogar Großes verrichten kann. Zum anderen verdeutlichen prosoziale Computerspiele wie auch gewisse Fernsehformate, dass Hilfeleistungen sich lohnen, gute Gefühle erzeugen und Freude bereiten können.

## Wer hat, der gebe!

Eine Norm in unserer Gesellschaft könnte lauten: „Wer hat, der gebe!". So sollten sich beispielsweise Menschen, die viel Geld haben, besonders großzügig zeigen. Dass oft das Gegenteil zutrifft, ist in der Disney-Figur Dagobert Duck versinnbildlicht – die reichste Ente der Welt ist geizig und dreht jeden Cent zwei Mal um, ehe sie ihn ausgibt. Außerhalb von Comics lieferte beispielsweise eine großangelegte Studie eines Forschungsteams um Robert Levine[70] zu Hilfeverhalten in 23 Großstädten unterschiedlicher Länder einen Beleg für den Zusammenhang zwischen mehr Geld und weniger Hilfsbereitschaft: In dieser Studie konnten Unterschiede im Hilfeverhalten (einen Fußgänger auf den Verlust eines Füllers aufmerksam machen, einer Person mit einem verletzten Bein beim Aufsammeln von heruntergefallenen Dokumenten zur Hand gehen, einer blinden Person über die Straße helfen) von jeweiligen Stadtbewohnern und -bewohnerinnen am besten durch den wirtschaftlichen Reichtum des Landes erklärt werden – je höher der allgemeine Wohlstand war, desto weniger Hilfeverhalten zeigte sich. Auch auf individueller Ebene scheinen sich solche Zusammenhänge zu finden. Erinnern Sie sich an das chinesische Mädchen, das überfahren wurde, ohne dass Hilfe geholt wurde? Schließlich war es eine Müllsammlerin, die half. Was unterscheidet nun einen Dagobert Duck von der Müllsammlerin oder auch dem barmherzigen Samariter? Während sich letztere der Bedeutung gegenseitiger Unterstützung mutmaßlich sehr bewusst sind, wird ein Dagobert Duck wohl eher glauben, dass er alleine zurechtkommt und nicht auf die Hilfe anderer angewiesen ist. Allein schon der Gedanke an Geld vermag solch eine Zuversicht auszulösen, wie folgende Studienreihe zeigt.

### Geld als Quelle der Stärke und Zuversicht[71] (Rainer Greifeneder)

Während man früher ein Schwein gegen ein Wagenrad oder Kohl gegen Kräuter tauschte, bekommt man heute für das Schwein und den Kohl Geld, und mit dem Geld kann man das Wagenrad und die Kräuter kaufen. Geld ist eine universelle Austauschwährung, die aus unserem Alltag nicht mehr wegzudenken ist. Doch Geld hat offensichtlich nicht nur eine ökonomische Funktion, sondern ist auch eine Quelle von Stärke und Zuversicht. Dafür muss man das Geld nicht einmal besitzen – allein der Gedanke daran genügt. Ein Forschungsteam um Xinyue Zhou erklärt dies damit, dass Geld unser Vertrauen darin bestärkt, Probleme seien grundsätzlich lösbar.

In einer Studie mussten die Teilnehmenden entweder 80 Papierstreifen oder 80 Einhundert-Dollar-Noten zählen. Das Zählen der Geldnoten sollte Gedanken an Geld auslösen, das Zählen der Papierstreifen nicht. Anschließend wurde den Teilnehmenden entweder das Gefühl vermittelt, Teil einer Gruppe zu sein, oder aber von einer Gruppe ausgegrenzt zu werden. Für die meisten Menschen ist es wichtig, Teil einer Gruppe zu sein, so dass es schmerzt, wenn man nicht dabei ist. Dieser Schmerz war jedoch weniger stark ausgeprägt, wenn die Teilnehmenden zuvor Geld gezählt hatten. Gleiches fand sich auch für den Schmerz, den Teilnehmende berichteten, als sie eine Hand in 50-Grad heißes Wasser tauchten. Nachdem Geld gezählt worden war, wurde das heiße Wasser als weniger schmerzhaft erlebt als nach dem Zählen von Papier.

In den Studien der Forschungsgruppe minderten Gedanken an Geld den Schmerz. Doch wie sieht es aus, wenn die Gedanken an Geld nichts mit Besitz, sondern vielmehr mit Verlust zu tun haben? Verstärken Gedanken an einen monetären Verlust Schmerzen, weil die eigene Zuversicht dann geringer ist? Zur Prüfung dieser Annahme mussten die Teilnehmenden kein Geld zählen, sondern entweder die Ausgaben der letzten 30 Tage auflisten oder aber über das Wetter der letzten 30 Tage schreiben. Die Auflistung der Ausgaben sollte Gedanken an Verlust oder fehlendes Geld hervorrufen, die Beschreibung des Wetters nicht. Tatsächlich empfanden die Teilnehmenden den Gruppenausschluss und das heiße Wasser als schmerzhafter, wenn sie zuvor über ihre Ausgaben geschrieben hatten. Das Forschungsteam argumentiert, dass mit dem Geld auch eine Quelle der Stärke und Zuversicht fehlt und daher Schmerzen aller Art als stärker wahrgenommen werden.

Wegen der besonderen Bedeutung von Geld in unserer Kultur scheint also schon mit dem Gedanken an Geld eine innerliche Zuversicht verbunden zu sein, aufgrund der wir physischem Schmerz eher standhalten und selbst soziale Ausgrenzung eher ertragen können – aber ebenso mehr darunter leiden, wenn diese Zuversicht fehlt. Auch wenn Geld allein sicherlich nicht glücklich macht, vermag es uns doch ein grundlegendes Gefühl der Sicherheit zu geben.

Dieser Artikel liefert erste Hinweise darauf, dass Geld auch das unmittelbare Bedürfnis nach Zugehörigkeit beeinflusst. Ohne Geld kann vielleicht nur durch gegenseitige Hilfe ein „soziales Netz" entstehen, das uns auffängt, wenn wir selbst in Not sind. Der Besitz von Geld kann hingegen sogar Ausgrenzung erträglicher machen, da man sich in der Sicherheit wiegt, selbst alles lösen zu können. Somit könnte der Gedanke an Geld auch unser Sozialverhalten beeinflussen. Dass wir mit Dagobert-Duck-Augen tatsächlich die Gesellschaft von anderen weniger aufsuchen und weniger Hilfe leisten, zeigt der folgende Artikel.

### Wer Geld hat, braucht keine Freunde?[72] (Ulrike Rangel)

Stellen Sie sich vor, Sie kämen unerwartet – durch einen Lotteriegewinn oder durch einen reichen, aber bis dato unbekannten Erbonkel – zu sehr viel Geld. Wie würde dies Ihr Leben ändern? Würde der plötzliche Reichtum Sie und Ihr Verhalten Ihren Mitmenschen gegenüber beeinflussen? Und könnte auch allein schon der bloße Gedanke an Geld Ihr Verhalten verändern?

Dieser Frage gingen Kathleen Vohs, Nicole Mead und Miranda Goode in einer Reihe von Studien nach. Die Forscherinnen brachten jeweils eine Gruppe von Teilnehmenden dazu, unbewusst an Geld zu denken – zum Beispiel, indem ein Stapel Spielgeld im Blickfeld der Teilnehmenden platziert wurde. Eine zweite Gruppe war diesen subtilen Geldreizen nicht ausgesetzt. Anschließend beobachteten die Forscherinnen das Verhalten der Teilnehmenden in sozialen Situationen.

Die Ergebnisse dieser Studien lassen darauf schließen, dass sich Personen, die an Geld denken, weniger hilfsbereit verhalten: Sie verwendeten zum Beispiel nur halb so viel Zeit darauf, einer Kommilitonin eine Aufgabe zu erklären oder spendeten einen geringeren Prozentsatz ihres Teilnahmehonorars für gemeinnützige Zwecke. Gleichzeitig sank jedoch auch die Bereitschaft, selbst Hilfe von anderen anzunehmen: Personen, die unbewusst an Geld dachten, arbeiteten beispielsweise deutlich länger allein an schwierigen Denksportaufgaben, bevor sie jemanden um Hilfe baten – obwohl dies ausdrücklich erlaubt war.

Worauf lassen sich diese Unterschiede im Verhalten zurückführen? Die Forscherinnen vermuteten, dass Geld mit einem Gefühl der Unabhängigkeit verknüpft ist: Wer Geld besitzt, kann meist seine persönlichen Ziele verwirklichen – auch ohne die Hilfe von anderen in Anspruch zu nehmen. Personen, bei denen das Konzept „Geld" unbewusst aktiviert wurde, sollten in ihrem Verhalten also nach Unabhängigkeit streben. Dies könnte sowohl die geringere Bereitschaft, anderen zu helfen, als auch selbst Hilfe anzunehmen, erklären.

Vor allem jedoch sollte sich der Wunsch nach Unabhängigkeit in einem geringeren Bedürfnis nach Gesellschaft widerspiegeln. Dieser Hypothese gingen die Forscherinnen in weiteren Studien nach. Hier sollten die Teilnehmenden beispielsweise Freizeitaktivitäten auswählen, die sie gerne unternehmen würden. Personen, die an Geld dachten, wählten häufiger Aktivitäten, welche die Gesellschaft von anderen Personen ausschlossen (zum Beispiel individuelle Kochstunden statt eines Abendessens zu viert; an einer kreativen Aufgabe allein arbeiten anstatt mit einer Partnerin oder einem Partner) – sie zogen es also tatsächlich vor, für sich zu sein.

Insgesamt deuten die Ergebnisse darauf hin, dass allein der Gedanke an Geld unser soziales Verhalten bedeutsam beeinflussen kann: Wer Geld im Kopf hat, meidet seine Mitmenschen eher. Dabei zeigen zahlreiche Studien, dass die Tendenz, sich von anderen Personen abzugrenzen, negative Folgen haben kann. Wer hingegen einen großen Freundeskreis hat und sozialen Aktivitäten nachgeht, ist im Schnitt zufriedener mit seinem Leben. Es scheint, dass Geld, beziehungsweise der Gedanke daran, wirklich nicht glücklich macht.

Anstatt über Lotteriegewinne nachzugrübeln, sollten Sie also lieber einen entspannten Abend mit Ihren Mitmenschen genießen. Vielleicht ist es für Ihre Freundschaften und Sie selbst gut, wenn Ihre Lottozahlen nicht gezogen werden.

Wie die Studie abschließend andeutet, macht Geld allein eben doch nicht glücklich. Und selbst wenn man Geld hat, mag sich der Spruch bewahrheiten: „Geben ist seeliger denn Nehmen". Tatsächlich sind Personen oft zufriedener, wenn sie Geld für andere ausgeben, als wenn sie etwas für sich selbst kaufen. Kann das erklären, warum nicht alle „Dagobert Ducks" dieser Welt ihr Geld horten? Nehmen wir beispielsweise Bill Gates, der zusammen mit Warren Buffett eine Spendeninitiative gründete, bei der sich die „Superreichen" verpflichten sollen, mindestens die Hälfte ihres Vermögens zu spenden. Allerdings liegt in diesem Fall auch das Motiv der Imagepflege als Erklärung für die Spendenaktivitäten sehr nahe – denken Sie nur an die Erwartungshaltung „Wer hat, der gebe". Wird nur geholfen, um nach außen moralisch zu erscheinen, bezeichnet man das auch als „moralische Heuchelei" – von Empathie und Zufriedenheit, jemandem geholfen zu haben, kann hier keine Rede sein. Aber auch die Angst vor Neid kann Hilfeverhalten motivieren, wie der folgende Artikel darlegt.

**Wer hat Angst vorm bösen Blick?[73] (Katharina Zimmer)**
Die Furcht vor dem Bösen Blick – also davor, dass andere einem aus Neid Böses wünschen und vielleicht sogar herbeiführen – gehört zu den ältesten und weltweit am weitesten verbreiteten Aberglauben. Diese Furcht hat in verschiedenen Kulturen, in denen sie zu finden ist, ganz unterschiedliche Schutzmaßnahmen entstehen lassen, die den Bösen Blick abwenden sollen. Hier lassen sich beispielsweise Abwehrgesten, Schutzverse und Amulette wie das Blaue Auge, das viele aus dem Türkeiurlaub kennen, aufzählen. Mögen diese Mittel auch

sonderbar anmuten, so steckt hinter ihrem Gebrauch doch eine reelle und nicht unbegründete Furcht davor, dass andere, die neidisch auf uns sind, uns Schaden zufügen könnten.

Eine Reihe von Experimenten eines Forschungsteams um Niels van de Ven zeigt nun, dass wir offenbar auch andere, ganz un-magische Mittel einsetzen, um mögliche negative Folgen von Neid abzuwenden. Die Forscher nahmen an, dass wir uns gegenüber Personen, deren Neid wir fürchten, hilfsbereiter verhalten.

Um diese Annahme zu testen, ließen die Forscher Personen Aufgaben an Computern bearbeiten. Die Teilnehmenden glaubten dabei, dass sie die Aufgaben gleichzeitig mit einer anderen Person im Raum bearbeiten würden, ihrem „Partner". Nachdem die Teilnehmenden zunächst eine Reihe von Multiple-Choice-Fragen bearbeitet hatten, wurde ihnen ihr dabei erzielter Punktestand mitgeteilt und sie wurden informiert, dass sie und ihr Partner gleich gut abgeschnitten haben. Danach erfuhren sie, dass einige ausgewählte Personen für die nächste Aufgabe als Anreiz fünf Dollar erhalten würden während den anderen kein zusätzliches Geld zugestattet würde. Einer Hälfte der Teilnehmenden wurde hierbei gesagt, dass sie selbst die fünf Dollar erhalten würden, ihr Partner jedoch nicht. Damit hatten sie ihrem Partner gegenüber einen unverdienten Vorteil, weshalb dieser einen Grund hätte, neidisch auf sie zu sein. Der anderen Hälfte der Teilnehmenden wurde dagegen mitgeteilt, dass auch ihr Partner das zusätzliche Geld bekommen würde. Als die Teilnehmenden nach Erhalt der Entlohnung den Raum verließen, stand auch ihr angeblicher Partner auf (der tatsächlich eine von der Versuchsleitung eingeweihte Person war) und stieß scheinbar aus Versehen einen Stapel Radiergummis um. Wie verhielten sich die Teilnehmenden? Jene, die fürchteten, ihr Partner könnte neidisch sein, halfen deutlich öfter dabei, die Radiergummis aufzusammeln als Teilnehmende, die sich keines Vorteils bewusst waren.

In weiteren Experimenten fand das Forschungsteam um van de Ven, dass die Teilnehmenden nur dann zusätzliches Hilfeverhalten zeigten, wenn sie eine missgünstige, böswillige Form des Neids erwarteten – nämlich dann, wenn ihr Vorteil unverdient war. Waren sie jedoch der Ansicht, sie hätten ihn verdient (weil sie besser als ihr Gegenüber abgeschnitten hatten), erwarteten sie eher eine bewundernde Art von Neid, die sie weniger fürchteten.

Die Furcht vor Neid erleichtert laut van de Ven und Kollegen unser soziales Zusammenleben: Das Hilfeverhalten, das sie auslöst, verbessert die Situation der benachteiligten Personen und kann gleichzeitig mögliche schädigende Folgen ihres Neids dämpfen.

Ein unverhoffter Geldsegen könnte also auch zu mehr Hilfeverhalten führen. Jedoch werden diejenigen Reichen, die ihren Verdienst als gerechtfertigt ansehen, sich wohl eher wie Dagobert Duck verhalten und das Geld wie auch ihre sozialen Bedürfnisse im stillen Kämmerlein behalten. So müssen wir letztendlich alle für uns selbst entscheiden, wo die Prioritäten liegen. Um glücklich zu sein, wäre es aber sicher förderlich, weniger auf das Geld als auf unsere Mitmenschen zu achten.

## Die süße Natur des Helfens

Wie viele Beispiele von Hilfeverhalten verdeutlichen, erfordert Helfen oft einiges von uns – sei es der zusätzliche Zeitaufwand, um jemandem über die Straße zu helfen, die Überwindung von Unsicherheit, um in einem Notfall aktiv zu werden, oder gar das Ändern des kompletten Tagesablaufs, um für pflegebedürftige Angehörige zu sorgen. Die eigenen Gewohnheiten und Bedürfnisse zu übergehen und sich zum Helfen „aufzuraffen" kann uns somit einiges an Energie abverlangen. Die wohl süßeste Forschung zum Thema Hilfeverhalten wirft ein neues Licht auf diese Anstrengungen und zeigt, dass ein Zuckerschub den nötigen Antrieb zum Helfen verleihen kann.

**Wie Süßes selbstlos werden lässt[74,75] (Bianca von Wurzbach & Kerstin Zimmermann)**
Sie hören die Geschichte einer jungen Frau, Katie B. Ihre Eltern wurden Opfer eines Gewaltdelikts, das sie nicht überlebten. Dadurch bleibt Katie allein mit der Aufgabe zurück, ihre kleinen Geschwister großzuziehen. Sie müsste ihre universitäre Ausbildung abbrechen, falls sie niemanden findet, der sie bei der Kinderbetreuung unterstützt. Würden Sie helfen?

Vielleicht empfinden auch Sie hier einen Konflikt zwischen dem Mitgefühl mit der sich in Not befindenden Person und eigenen moralischen Standards einerseits und dem Bedürfnis nach Selbstschutz im Angesicht der Kosten des Hilfeverhaltens andererseits. Um zu helfen, müssten Sie Ihre eigenen Bedürfnisse übergehen, und das kostet Energie. Tatsächlich benötigen wir für jegliche Selbstregulation – also für die Kontrolle unserer Gedanken, Gefühle und Handlungen – Energie. Ist diese erschöpft, setzen sich unsere Bedürfnisse und Gewohnheiten durch. Bedeutet dies nun aber, dass wir nur dann helfen, wenn wir über genügend Energie zur Selbstregulation verfügen?

Um auf diese Frage eine Antwort zu finden, führte ein Forschungsteam um Nathan DeWall verschiedene Studien durch. Hierbei erhielt die Hälfte der Teilnehmenden zunächst eine Aufgabe, die Energie kostete: Sie mussten ihre spontanen Reaktionen, wie die Aufmerksamkeit auf blinkende Reize in einem Video zu richten, unterdrücken. Die anderen Teilnehmenden konnten das Video ansehen, ohne dass sie ihr Verhalten kontrollieren mussten. Zudem bekamen alle Teilnehmenden eine Limonade zu trinken. Das Besondere war, dass dieses Getränk entweder zuckerhaltig oder zuckerfrei war. In einem zweiten Teil der Studie wurden die Teilnehmenden mit der anfangs geschilderten Geschichte von Katie B. konfrontiert und abschließend gefragt, wie viele Stunden sie investieren würden, um ihr zu helfen.

Die Ergebnisse sind erstaunlich. Die Hilfsbereitschaft der Personen, deren Energie zunächst beansprucht worden war, war deutlich geringer als die derjenigen, die ihr Verhalten nicht hatten kontrollieren müssen. Dieser Effekt konnte jedoch durch zuckerhaltige Limonade beseitigt werden: Teilnehmende, die den Abfall der Energie durch die Einnahme von Zucker ausgleichen konnten, unterschieden sich in ihrer Hilfsbereitschaft nicht von Personen, die einfach nur das Video angesehen hatten. Der Wille zu helfen scheint also tatsächlich auch von vorhandener Energie abhängig zu sein.

Müssten Menschen, die besonders hilfsbereit sind, folglich allgemein mehr Energie für ihre Selbstregulation benötigen? Da Süßes (wie die obige Limonade) die nötige Energie für Hilfeleistungen liefern kann, sollten hilfsbereite Menschen so vielleicht sprichwörtlich einen „süßen Zahn" haben. Dieser Annahme ging ein Forschungsteam um Brian Meier nach.

In einer Studie sollten die Teilnehmenden zunächst ihre Vorlieben für süße Nahrungsmittel einschätzen. Anschließend wurden sie gefragt, ob sie bereit wären, freiwillig bei den Aufräumarbeiten eines Überschwemmungsunglücks zu helfen, das sich vor Kurzem in ihrer Stadt ereignet hatte. Nach Abschluss der Studie wurden die Teilnehmenden ferner gefragt, ob sie einen weiteren Fragebogen für einen Kollegen ausfüllen könnten. Diesen müssten sie allerdings vier Stockwerke weiter oben in einen Briefkasten werfen. So wurde zum einen die grundsätzliche Bereitschaft zu helfen, zum anderen auch eine tatsächliche hilfsbereite Tat in Form der Ablieferung des zweiten Fragebogens erfasst.

Die Ergebnisse zeigen, dass diejenigen, die eine größere Vorliebe für Süßes angaben, tatsächlich eher bereit waren, sich sowohl bei den Aufräumarbeiten zu engagieren als auch den Umweg auf sich zu nehmen, um den Fragebogen in den Briefkasten zu werfen. Weitere Studien des Forschungsteams untermauerten den Zusammenhang zwischen der Vorliebe für Süßes, erhöhter Hilfsbereitschaft und einer freundlichen Persönlichkeit.

Menschen, die eine größere Schwäche für Süßes haben, sind also tatsächlich „süßer" und hilfsbereiter. Ob hilfsbereite Menschen wirklich allgemein mehr Energie für ihre täglichen Akte des Helfens benötigen, bleibt allerdings eine offene Frage. So wie diese Menschen vermutlich ein höheres Ausmaß an Empathie haben, können sie vielleicht auch kleine und große Freuden – wie Süßes – mehr genießen. Da sich in unterschiedlichen Studien aber auch mehr Hilfsbereitschaft nach Zuckerkonsum zeigte, muss Süßes doch etwas an sich haben, das uns „süßer" werden lässt.

## „Aber ich konnte doch nicht ..." –
## Helfen und die Macht der Situation

Mit Einfühlungsvermögen, verinnerlichten sozialen Normen wie die der Nächstenliebe und ausreichend Energie, um unsere Gewohnheiten oder Bedürfnisse hinten anzustellen, sollten wir doch allseits bereit sein, zu helfen – oder doch nicht? Tatsächlich können Einflüsse der Situation einen dominanten Einfluss auf unser Hilfeverhalten haben. Eindrucksvoll zeigt dies eine Studie von John Darley und Daniel Batson[76], die auf der Parabel des Barmherzigen Samariters aufbaut:

Teilnehmende waren Theologie-Studierende, die von der Versuchsleitung darüber informiert wurden, dass sie einen Vortrag halten sollten. Die Hälfte der Teilnehmenden sollte ihren Vortrag auf der Parabel des Barmherzigen Samariters aufbauen. Die andere Hälfte sollte einen Vortrag zu Jobperspektiven nach dem Theologie-Studium vorbereiten. Weiterhin wurde ein in unserer Gesellschaft zentraler Faktor variiert – Zeitdruck: Die Teilnehmenden sollten den Vortrag in einem anderen Gebäude halten. Einige erfuhren nun, dass sie reichlich Zeit hätten, um zu diesem Gebäude zu laufen; anderen wurde gesagt, dass man sie dort erwarten würde; während die restlichen Teilnehmenden dachten, dass sie bereits zu spät dran seien. Auf dem Weg zu dem anderen Gebäude lag eine regungslose Person, der es sichtlich nicht gut ging. Wer würde Hilfe anbieten? Der Zeitdruck hatte den entscheidenden Einfluss: Ohne Zeitdruck halfen 63 Prozent der teilnehmenden Theologiestudierenden. Bei mittlerem Zeitdruck waren es 45 Prozent. Und bei hohem Zeitdruck halfen nur noch 10 Prozent! Ob die Teilnehmenden direkt zuvor von dem barmherzigen Samariter gelesen hatten, hatte erstaunlicher Weise keinen Einfluss. Eine situative Variable wie Zeitdruck scheint andere Einflüsse von Normen oder Empathie einfach aushebeln zu können.

Auch die Anwesenheit anderer hat sich in vielen Forschungsarbeiten als entscheidend für das Ausmaß und die Schnelligkeit des Hilfeverhaltens herauskristallisiert. „Klar!" – denken Sie jetzt vielleicht. Sind andere Personen anwesend, hilft man bestimmt eher und umfassender. Tatsächlich scheint jedoch genau das Gegenteil der Fall zu sein. Oft hemmt die Anwesenheit anderer Zeugen und Zeuginnen Hilfeverhalten, was in der Sozialpsychologie als „Bystander"-Effekt bezeichnet wird (engl. Bystander = Zuschauende/umstehende Personen). Diese Forschung wurde durch das, in der Einleitung beschriebene, Schicksal von Kitty Genovese angestoßen – die Frau, die mit einem Messer attackiert wurde, wobei erst nach ca. 45 Minuten jemand die Polizei rief, obwohl zahlreiche Nachbarn von ihren Fenstern aus zuschauten. Wäre der Griff zum Telefon nicht ein Leichtes gewesen? Hätten Sie sich an Stelle der Zuschauenden nicht verantwortlich gefühlt, etwas zu unternehmen?

John Darley und Bibb Latané[77] nahmen an, dass die Tatenlosigkeit im Beisein anderer oft auf die unklare Verantwortung jeder einzelnen Person zurückzuführen ist – ein Phänomen, das sich Verantwortungsdiffusion nennt. Die Nachbarn von Kitty Genovese müssen beispielsweise gesehen haben, dass in vielen anderen Fenstern Licht war. „Sicher hat schon jemand anderes die Polizei gerufen" werden sich viele gedacht haben. Anders formuliert: Sind wir allein Zeuge oder Zeugin eines Notfalls, ist klar, dass die Verantwortung allein bei uns liegt, sind jedoch andere anwesend, verteilt sich diese Verantwortung – je mehr andere anwesend sind, desto weniger ist man selbst in der Pflicht; man mutmaßt, dass jemand anderes schon die Initiative ergriffen hat oder andere sicher besser helfen können.

Um diese Annahme untersuchen zu können, brachten die Forscher einen Notfall ins Labor. Studierende nahmen hierbei an einer Diskussion zu Problemen im Studium teil. Sie erfuhren, dass sie in unterschiedlichen Räumen sitzen und nur über eine Sprechanlage kommunizieren würden, um die Anonymität zu wahren. Einige der Teilnehmenden dachten, dass nur eine weitere Person an der Diskussion teilnähme, andere glaubten, dass die Gruppe aus zwei oder aus fünf weiteren Teilnehmenden bestünde. Nach einem ersten Sich-Vorstellen über die Sprechanlage, hörten die Teilnehmenden wie eine Person der Gruppe (die ein Verbündeter der Versuchsleitung war) einen epileptischen Anfall erlitt und gerade noch Hilferufe hervor bekam. Würde hier nicht jeder sofort aufspringen, um zu helfen? Tatsächlich zeigte sich solch umfassende Hilfsbereitschaft nur für Teilnehmende, die dachten, sie seien die einzigen, die die Hilferufe gehört hatten; sie holten allesamt Hilfe – und das relativ schnell. Je mehr Personen jedoch vorgeblich anwesend waren, und je unklarer damit die eigene Verantwortung wurde, desto weniger Teilnehmende halfen und desto mehr Zeit verstrich, wenn sie halfen. Aufgrund solcher und weiterer Befunde haben Latané und Darley ein Modell des Hilfeverhaltens erstellt, welches in folgendem Artikel dargestellt wird.

**Hilfe! – Wo weniger mehr sein könnte[78] (Anne Landhäußer)**
Es ist ein Paradoxon: Auf der einen Seite meiden wir im Dunkeln ängstlich einsame Gegenden und fühlen uns sicher in Menschenmengen, wo wir Tausende von helfenden Händen vermuten, sollte uns denn einmal das Unglück heimsuchen. Auf der anderen Seite aber erzählt die Welt andere Geschichten als unser Sicherheitsempfinden. Denn dass uns in einer misslichen Lage geholfen wird, ist innerhalb einer Menschenmenge weniger wahrscheinlich, als wenn nur ein einziger Zeuge oder eine einzige Zeugin anwesend ist.

Wie es kommt, dass in Notsituationen oft niemand hilft, fragten sich die Sozialpsychologen Bibb Latané und John Darley. Sie entwickelten einen Fünf-Stufen-Prozess, den Zeugen und Zeuginnen eines Notfalls in der Regel durchschreiten müssen, bevor sie tatsächlich Hilfe leisten. Auf jeder einzelnen Stufe stellt sich die Anwesenheit anderer Menschen als Hindernisfaktor heraus.

1. Den Notfall bemerken
Ein Samstagnachmittag in der Innenstadt. Eltern bugsieren Kinderwägen und quengelnde Kleinkinder durch überfüllte Einkaufspassagen. Der Mensch weiß nicht, wohin mit Augen und Ohren – Reizüberflutung. Bestenfalls Scheuklappen aufgesetzt, denn die Zeit ist ohnehin knapp und man hat ja noch viel zu erledigen. Wenn da ein Unglück geschieht, fällt das entweder gar nicht auf oder die Aufmerksamkeit wird so schnell in eine andere Richtung gelenkt, dass der oder die Einzelne überhaupt nicht registriert: Da braucht jemand Hilfe! *Wer einen Notfall gar nicht bemerkt, der kann auch nicht helfend eingreifen.*

2. Das Ereignis als Notfall interpretieren
Wir kennen diese Situation: Ein Obdachloser liegt am Boden, regungslos. Unsicherheit greift um sich: Schläft er nur seinen Rausch aus oder ist es vielleicht doch etwas Ernsteres? Nun ist der Mensch ein soziales Wesen, und auf Unsicherheit erfolgt automatisch der soziale

Vergleich. Hier hat nun das Phänomen der pluralistischen Ignoranz seinen Auftritt. Nehmen wir an, fünfzig Menschen sehen einen regungslosen Obdachlosen am Boden liegen, fünfzig Menschen sind sich nicht sicher, was hier vor sich geht, fünfzig Menschen gucken sich also zunächst einmal um: Was tun die anderen 49? Da die anderen 49 Menschen offensichtlich keinen Bedarf sehen zu handeln – so der mutmaßliche Gedankengang – kann die Situation nicht so ernst sein. Der Gedanke, dass auch andere Leute eventuell unsicher sein könnten, wird übertrumpft von der willkommeneren Erkenntnis: Wenn sich hier niemand erkennbare Sorgen macht, muss ich das auch nicht tun! *Auch wenn also ein Notfall bemerkt wird, muss er erst noch als solcher interpretiert werden, damit es einen ersichtlichen Grund gibt, zur Tat zu schreiten.*

## 3. Verantwortung übernehmen

Nehmen wir an, die Situation ist eindeutig. Die gestürzte Fahrradfahrerin liegt in einer Blutlache – da gibt es nicht viel zu interpretieren, Hilfe muss her. Die Anwesenheit vieler Zeugen und Zeuginnen erzeugt aber das, was in der Psychologie Verantwortungsdiffusion genannt wird. Warum soll ich 112 anrufen, wenn die ganze Straße voller Menschen ist, die ein Handy besitzen und von denen womöglich schon jemand die Rettungssanitäter alarmiert hat? Zahlreiche Studien haben gezeigt, dass Menschen durchaus gewillt sind, in Notfällen zu helfen, wenn sie glauben, dass niemand außer ihnen dafür in Frage käme. Wenn es andere Menschen gibt, die ebenso gut oder vielleicht besser helfen könnten, kann es gut sein, dass sich niemand verantwortlich fühlt, tatsächlich zu handeln. Einen Notfall als solchen zu registrieren, genügt also nicht. *Wir müssen auch bereit sein, selbst die Dinge in die Hand zu nehmen.*

## 4. Entscheiden, wie man hilft

Da ist man plötzlich Zeuge oder Zeugin eines Unfalls und einem wird schmerzlich bewusst, dass der Erste-Hilfe-Kurs gefühlte Jahrzehnte zurückliegt und man nicht mehr den blassesten Schimmer davon hat, wie die stabile Seitenlage aussehen sollte. Ist man in einer solchen Situation alleine am Unfallort, wird man irgendetwas tun und sich dabei die größte Mühe geben. Sind andere Menschen zugegen, hat man die Hoffnung, dass unter jenen sicherlich jemand die stabile Seitenlage besser beherrscht. So lässt sich die eigene Passivität rechtfertigen. *Die Bereitschaft zum Helfen kommt oft erst dann, wenn Menschen die Sicherheit besitzen, dass sie genauso gut oder besser in der Lage sind zu helfen, als andere anwesende Personen.*

## 5. Helfen

Auch wenn man weiß, wie man helfen muss, ist die Angst vor dem Eingreifen oft groß. Vielleicht macht man in der Aufregung ja doch etwas falsch und muss später die Konsequenzen dafür tragen. *Die Anwesenheit anderer erschwert die Entscheidung zu helfen, denn wie ein unfähiger Idiot dastehen will keiner.*

Wie also sollte man handeln, wenn man sich selbst als Opfer in einer solchen Situation wieder findet? Sofern man noch dazu in der Lage ist, besteht die beste Strategie darin, die Umstehenden direkt anzusprechen und um Hilfe zu bitten. Es ist notwendig, ihnen zu signalisieren, dass es sich tatsächlich um einen Notfall handelt, gegebenenfalls mit dem Finger auf einzelne Personen zu zeigen und zu fragen: „Können Sie bitte den Rettungsdienst rufen?"

Für Zeugen und Zeuginnen einer Notfallsituation gilt: Am Sichersten ist es, zunächst einmal mit anderen Menschen zu kommunizieren. So werden Unsicherheiten und Ängste reduziert. Und zu zweit oder zu dritt hilft es sich eben doch besser als alleine.

Auch wenn sich der geschilderte Prozess auf Notfälle bezieht, sind die Erkenntnisse auf alltägliches Hilfeverhalten übertragbar: Sie sitzen in der Bahn, eine Person mit Krücken kommt herein – Wer bietet einen Platz an? *Mmh, Hilfe wäre hier nicht schlecht, aber Sie sitzen schließlich zwei Plätze entfernt und die anderen Sitzenden hatten sicher nicht so einen harten Tag wie Sie, oder?* Eine Mail geht an 10 Leute heraus – Wer hilft Tim beim Umzug? *Samstag beim Umzug helfen passt Ihnen nicht so richtig, Sie stehen ja auch unter Stress. Außerdem haben Sie auch nicht die stärksten Arme und sind handwerklich nicht extrem begabt. Und viele Köche verderben schließlich den Brei – da können die anderen sicher besser helfen.* Würde es Sie wundern, wenn es für Tim keine positive Antwort gäbe? Seien Sie sich bewusst, dass andere Personen in ihren Reaktionen Ihnen oft ähnlicher sind als Sie vermuten. Und wenn Sie im Alltag selbst Hilfe suchen, sprechen Sie also auch hier lieber einzelne Personen direkt an.

## Helfen hilft den Helfenden!

Vielleicht fasst man sich auch eher ein Herz zu helfen, wenn man sich vor Augen führt, dass Helfen gut tut. Solch eine Einsicht wollen nicht nur Sendungen wie „Vera – Helfen mit Herz" und Co. vermitteln, sondern sie entspricht auch wissenschaftlichen Befunden. Schon in unserem Gehirn regt Helfen eine Art Belohnungszentrum an – wenn wir anderen helfen, fühlen wir uns gut. Auch kann Hilfeverhalten Schuldgefühle reduzieren. So zeigen Studien, die Menschen über einen längeren Zeitraum untersuchten, dass Personen, die sich für andere engagieren und eine höhere Hilfsbereitschaft berichten, auf Dauer selbstsicherer sind, ein höheres Wohlbefinden haben und mit ihrem Leben zufriedener sind. Tatsächlich scheint Hilfeverhalten sogar einen positiven Einfluss auf die Gesundheit zu haben, wie die folgende Studie exemplarisch aufzeigt.

### Helfen macht gesund[79] (Kira Bisping)

Heinz Müller ist seit 45 Jahren verheiratet. Mittlerweile sind er und seine Frau in die Jahre gekommen. Maria Müller ist ein „Pflegefall" und kann Alltagsaufgaben nicht mehr alleine meistern. Natürlich ist sie ihrem Mann sehr dankbar, dass er sie dabei unterstützt. Herr Müller hat jedoch gelesen, dass es sehr ungesund sein kann, sich so aufopfernd um andere zu kümmern und hat nun Angst vor einem Burnout. Vielleicht wäre eine professionelle Betreuung im Pflegeheim für beide Seiten doch das Beste? Nicht unbedingt!

Bisher wurde angenommen, dass sich die Bereitstellung von Pflegeleistungen ausschließlich für Empfangende dieser Leistungen positiv auswirkt. Die fürsorgende Person aber sollte sogar ein höheres Krankheitsrisiko davon tragen. Hierbei spielen neben Schlafmangel und einem anspruchsvollen körperlichen Arbeitspensum vor allem psychische Faktoren wie Stress oder Angst eine Rolle. Die Angst vor dem Tod des Partners oder der Partnerin, vor Ansteckung und vor Versagen sind dabei sehr starke Stressoren.

Eine Studie des Forschungsteams um Stephanie Brown belegte allerdings eindrucksvoll, dass der bisher vermutete Zusammenhang zwischen Fürsorglichkeit und Gesundheitsgefährdung nicht so selbstverständlich ist wie allgemein vermutet. Es wurde untersucht, ob die Anzahl der Stunden, die eine Person in der Woche für die Pflege des Partners oder der Partnerin aufbringt, sich auf das Krankheits- und Mortalitätsrisiko, also das Risiko zu sterben, dieser Person auswirkt. Die Studie arbeitete mit Daten aus einer großen amerikanischen Gesundheits- und Pensionierungsstudie, bei der 4 298 verheiratete Personen, die in einem Zwei-Personen-Haushalt lebten, befragt wurden.

Tatsächlich zeigte sich, dass ein höherer Pflegeaufwand mit einem geringeren Mortalitätsrisiko einherging, selbst wenn man den Krankheitsgrad der Pflegebedürftigen mitbetrachtete. Insbesondere wenn pro Woche mehr als 14 Stunden für die Pflege des Ehepartners beziehungsweise der Ehepartnerin geleistet wurden, fand man bei den befragten Personen ein reduziertes Mortalitätsrisiko im Vergleich zu Personen, die keine Pflegeleistungen erbrachten.

Die Autorinnen und Autoren nahmen an, dass die Stressregulierung in diesem Zusammenhang eine wichtige Rolle spielt. Während die Angst vor Verlust negative Gesundheitskonsequenzen nach sich ziehen kann, können Hormone, die mit „Hilfeverhalten" in Verbindung stehen, stress-senkend wirken. Die Studie belegt also, dass Herr Müller von dem Pflegeaufwand, den er für seine Frau betreibt, eventuell sogar profitiert.

Interessant wäre es, mittels weiterer Studien herauszufinden, ab welcher Stundenanzahl pro Woche sich das Bild umkehrt, denn es kann sicher nicht gesund sein, den Partner oder die Partnerin über einen längeren Zeitraum hinweg 24 Stunden am Tag zu versorgen.

Tatsächlich zeigt Forschung, dass es so etwas wie „Überinvolviertheit" geben kann. Wenn die Bedürfnisse anderer immer über die eigenen Bedürfnisse gestellt werden, erhält man selbst nämlich auch tatsächlich weniger Unterstützung von anderen und trägt zudem ein höheres Risiko für depressive Verstimmungen. Wie so oft im Leben ist es die Balance, die zählt. Es gilt also, ein ausgewogenes Verhältnis zwischen der Hilfe für andere und eigener Selbstfürsorge zu finden.

## Zum Schluss

Der letzte Abschnitt konnte aufzeigen, dass Helfen uns und unserer Gesundheit oftmals selbst hilft – Es helfe also, wer kann! Jedoch wurde zuvor dargelegt, dass Hilfe leisten nicht immer einfach ist und von vielen äußeren Einflüssen bedingt wird.

Allgemein lernen wir in unserem näheren Umfeld, uns in andere Menschen hineinzuversetzen, wobei dieses Einfühlungsvermögen von besonderer Bedeutung für unser Hilfeverhalten ist. Auch die Gesellschaft bringt uns bei, was zu tun ist, und kann Werte sozialer Verantwortung stärken. Insbesondere können hierbei Medien, die zu hilfsbereitem Verhalten aufrufen, Hilfeverhalten fördern. Nicht ganz entsprechend geltender Normen im Sinne von „Wer hat, der gebe" mögen sich hingegen Menschen verhalten, die an Geld denken – sie sind offenbar lieber auf sich allein gestellt, wenn sie nicht doch erkennen, dass Geld allein nicht glücklich macht. Wobei auch die Furcht vor Neid Menschen zu Hilfeleistungen treiben könnte. Ob reich, ob arm – wer Hilfe leistet, muss sich dazu überwinden und die nötige Energie hierfür kann doch tatsächlich etwas Süßes liefern.

Aber selbst, wenn wir grundsätzlich bereit sind zu helfen, kann uns die Situation immer noch übertrumpfen: Im Alltag mögen wir zum Beispiel zu gestresst sein, um Handlungsbedarf zu erkennen – und wenn andere da sind, schieben wir unsere Unsicherheit, ob wir helfen sollten, beiseite, da jemand doch sicher schon geholfen hat oder sich andere nicht so ungeschickt anstellen würden wie wir. Hier ist jedoch Vorsicht geboten, denn oft stellen auch unsere Mitmenschen die gleichen Mutmaßungen an und die Gefahr besteht, dass keiner eingreift oder zu viel Zeit verstreicht, bis Hilfe geleistet wird.

So soll am Schluss ein Appell stehen: Helfen Sie, wie und wo Sie können. Es geht nicht darum, sich unentwegt aufzuopfern oder blind in Gefahren zu stürzen. Aber in einem Notfall zum Telefon greifen, können wir beispielsweise alle. Selbst wenn beim Notruf der fünfte Anruf eingeht, ist das doch allemal besser, als wenn es keiner tut. Fassen Sie sich also ein Herz – bei Hilfe gilt, mehr ist eben doch besser als weniger, und das nicht nur für die Hilfsbedürftigen, sondern auch für uns selbst als Helfende.

Die in diesem Kapitel enthaltenen Informationen beruhen auf den folgenden Quellen, die auch zur weiterführenden Lektüre zu empfehlen ist:

Bierhoff, H.-W. (2010). *Psychologie prosozialen Verhaltens. Warum wir anderen helfen* (2. vollst. überarb. Auflage). Stuttgart: Kohlhammer.
Kassin, S., Fein, S., & Markus, H. R. (Eds.) (2011). Helping others. In: *Social Psychology* (8th ed., pp. 389–433). Belmont, CA: Wadsworth.

# Kapitel 7
# Alles Lug und Trug?
Jennifer Eck

Das Erkennen von Lüge und Wahrheit spielt im alltäglichen Leben eine große Rolle. Potenzielle Lügen wie „Das war ich nicht", „Ich kann heute leider nicht kommen, weil ich krank bin" und „Dein Essen schmeckt ganz ausgezeichnet, Schatz" begegnen uns im Alltag immer wieder. Häufig sind wir uns jedoch nicht sicher, ob jemand die Wahrheit sagt oder versucht uns an der Nase herumzuführen. In vielen Situationen gibt es auch keine Anhaltspunkte, die eindeutig Lüge oder Wahrheit belegen. Dann sind wir darauf angewiesen, anderen Personen zu vertrauen und uns auf ihre Aussagen zu verlassen, auch wenn dies unter Umständen zu Nachteilen für uns führen kann. Vielleicht haben Sie selbst schon einmal einen gebrauchten Gegenstand gekauft, dessen einwandfreier Zustand Ihnen vom Verkäufer zugesichert wurde, und im Nachhinein traten doch Probleme auf. Laut Definition handelt es sich in diesem Fall aber nur dann um eine Täuschung, wenn der

Verkäufer Ihnen bewusst die Mängel verschwiegen hat. Von einer Täuschung oder Lüge spricht man nämlich genau dann, wenn eine Person absichtlich andere etwas wissen beziehungsweise glauben lässt, wovon sie selbst aber weiß, dass es falsch beziehungsweise unwahr ist. Eine Augenzeugin, die sich nicht mehr richtig an die Jackenfarbe des Täters erinnern kann und der Polizei deshalb fälschlicherweise von einer schwarzen statt einer blauen Jacke berichtet, ist demzufolge keine Lügnerin.

Täuschung ist aber nicht nur Teil des menschlichen Miteinanders, sondern ein universelles Phänomen, das auch in der Tierwelt strategisch eingesetzt wird. So tarnen sich schwächere Tiere beispielsweise als Pflanzen oder ahmen das Aussehen anderer Arten nach, um sich vor Feinden zu schützen. Während es in der Tierwelt also primär darum geht, das eigene Überleben zu sichern, täuschen wir Menschen andere aus ganz verschiedenen Gründen.

*Eigennützige Lügen* können uns einerseits einen monetären oder psychologischen Vorteil verschaffen, zum Beispiel wenn wir beim Verkauf unseres alten Autos dessen Mängel nicht erwähnen, um einen höheren Preis zu erzielen, oder wenn wir in einem Bewerbungsgespräch mit Kenntnissen glänzen, die wir gar nicht besitzen, um unsere Einstellungschancen zu verbessern. Andererseits können sie eingesetzt werden, um Verlust und Bestrafung zu verhindern, zum Beispiel wenn ein Angeklagter abstreitet einen Mord begangen zu haben, um nicht ins Gefängnis zu kommen, oder um sogenannte „psychologische Kosten" zu vermeiden. Letzteres trifft beispielsweise zu, wenn ein Mobbingopfer aufgrund von Schamgefühlen abstreitet, am Arbeitsplatz schikaniert zu werden.

*Altruistische Lügen,* das heißt Lügen, die dem Wohl einer anderen Person dienen, können dieser Person Vorteile bringen und ihr ein gutes Gefühl vermitteln. Beispiele sind die Übertreibung der Arbeitsleistung eines Kollegen, um ihm bei einer Beförderung zu helfen, oder ein nicht ganz ernstgemeintes Kompliment für den neuen ausgefallenen Haarschnitt einer guten Freundin, um ihr Selbstbewusstsein zu steigern. Gelogen wird aber auch, um andere vor Verlust, Bestrafung oder negativen psychologischen Folgen zu bewahren. Beispielhafte Situationen sind ein unschuldiger Junge, der gesteht etwas gestohlen zu haben, um seine kleine Schwester zu schützen, oder die vorgetäuschte Freude über das teure Geschenk der Oma, um ihre Gefühle nicht zu verletzen.

Eine Lüge ist also nicht immer nur eine unmoralische Handlung, sondern kann auch Ausdruck von Menschlichkeit und Rücksichtnahme sein. Lügen kommt somit eine wichtige soziale Funktion bei der Regulierung zwischenmenschlicher Beziehungen zu. Ausgehend von diesem Hintergrund scheint es nicht mehr allzu erstaunlich, dass Lügen Teil unseres alltäglichen Miteinanders sind.

Wie oft im Alltag tatsächlich gelogen wird, untersuchte ein Forschungsteam um Bella DePaulo[80]. Dieses ließ Studienteilnehmende eine Woche lang über alle sozialen Interaktionen, die mindestens zehn Minuten andauerten, und die dabei erzählten Lügen Tagebuch führen. Die Ergebnisse zeigten, dass die Teilnehmenden innerhalb dieser Woche im Durchschnitt ein- bis zweimal pro Tag beziehungsweise bei jeder vierten Interaktion nicht ganz ehrlich waren. Insgesamt logen sie in dieser Woche durchschnittlich in 34% der erfassten Interaktionen.

Auf der anderen Seite ist unsere Fähigkeit Lügen zu erkennen allerdings sehr begrenzt. Wenn wir zwischen Lüge und Wahrheit unterscheiden sollen, liegen wir im Durchschnitt gerade einmal in 54% der Fälle richtig und somit nur knapp über dem Zufall. Wir könnten daher ebenso gut eine Münze werfen, um zu entscheiden, ob uns jemand belügt oder die Wahrheit spricht. Selbst Personen, die beruflich ständig mit dem Erkennen von Lüge und Wahrheit konfrontiert werden, wie zum Beispiel bei Gericht oder der Polizei, erzielen keine bessere Leistung. Aber warum sind wir nicht besser im Erkennen von Lüge und Wahrheit?

Eine mögliche Erklärung hierfür liegt in der fehlenden Motivation die Lüge erkennen zu wollen – sei es, weil die Lüge manchmal angenehmer ist als die Wahrheit oder weil man sich vor den Konsequenzen bei Aufdeckung der Lüge fürchtet. Zum Beispiel könnte ein Mann alle Hinweise verdrängen wollen, die auf eine Affäre seiner Ehefrau hindeuten, aus Angst, dass sie ihn verlassen könnte, wenn er sie damit konfrontiert. Sind wir allerdings motiviert, die Lüge zu erkennen, gibt es immer noch zwei Probleme, die uns am Erfolg hindern können. Zum einen sind die Unterschiede im Verhalten sehr klein zwischen Personen, die lügen und Personen, die die Wahrheit sagen. Mit anderen Worten, es gibt keinen eindeutigen Hinweis, der immer mit einer Lüge einhergeht, wie die wachsende Nase von Pinocchio. Zum anderen besitzen wir falsche Vorstellungen darüber, woran man eine Lüge erkennen kann. Weit verbreitet ist zum Beispiel die Annahme, dass Personen, wenn sie lügen, Blickkontakt vermeiden, beim Sprechen mehr Fehler machen und durch auffällige Körperbewegungen wie „Herumzappeln" Nervosität zum Ausdruck bringen. Tatsächlich ist aber keines von diesen Signalen ein verlässlicher Hinweis auf eine Lüge.

Bleibt also festzuhalten, dass hin und wieder mal gelogen wird. Gibt es nun aber Situationen, die besonders stark zum Lügen verleiten? Auf der anderen Seite stellt sich die Frage, von wem wir eher erwarten sollten belogen zu werden. Wem können wir vertrauen und wem besser nicht? Grundsätzlich sind wir nicht gut darin zu entscheiden, ob jemand lügt oder die Wahrheit spricht. Was verbessert aber unsere Fähigkeit, Lügen zu erkennen? Mit diesen Fragen beschäftigen sich die im Folgenden vorgestellten Studien.

# Achtung, unehrliches Verhalten!

Nicht immer ist unser Verhalten tadellos. So wird doch mal auf die ein oder andere (kleine) Lüge zurückgegriffen, wenn es die Situation der eigenen Meinung nach erfordert. Dabei wird leicht vergessen, welche Konsequenzen folgen können, falls die Lüge ans Licht kommt. Das Sprichwort „Wer einmal lügt, dem glaubt man nicht, auch wenn er dann die Wahrheit spricht" bewahrheitet sich oftmals. Andere zweifeln fortan an der Glaubwürdigkeit der Person, die gelogen hat, denn sie schreiben den Grund für die Lüge allein ihrem Charakter zu. Allerdings wird hierbei ein immer wiederkehrender Fehler begangen – der Einfluss der Situation wird vernachlässigt. Wie die folgenden beiden Studien zeigen, können nämlich bestimmte situative Umstände die Wahrscheinlichkeit unehrlichen Verhaltens erhöhen.

### Helle Lampen sind die beste Polizei[81] (Birgit Gutzer)

Die meisten Verbrechen geschehen bei Nacht. Aber warum ist das so? Eine naheliegende Erklärung scheint zu sein, dass Straftäter im Dunkeln schlechter erkennbar sind und sich Straftaten dadurch besser verschleiern lassen. Ein Forschungsteam um Chen-Bo Zhong nahm darüber hinaus an, dass Dunkelheit das subjektive Gefühl vermittelt, anonym zu sein, und dies unmoralisches Handeln und im Extremfall sogar Verbrechen begünstigt.

Den Beleg lieferte das Forschungsteam in einer Reihe von Studien, in denen sie die wahrgenommene Dunkelheit variierten. In der ersten Studie sollten Studierende, die zufällig zu einem hell erleuchteten oder abgedunkelten Raum zugewiesen wurden, Rechenaufgaben lösen. Für jede richtige Lösung durften sie sich 50 Cent aus einem Umschlag nehmen. Am Ende des Versuchs sollten sie das übrig gebliebene Geld zusammen mit den Unterlagen anonym zurückgeben. Obwohl also alle objektiv nicht erwischt werden konnten, nahmen Teilnehmende im abgedunkelten Raum mehr Geld aus dem Umschlag und schummelten damit mehr als jene im hell erleuchteten Raum.

In einer weiteren Studie spielten Studierende ein PC-Spiel, in dem sie sechs Dollar zwischen sich und einem angeblichen Mitspielenden aufteilen sollten. Ein Teil der Studierenden trug dabei Sonnenbrillen, ein anderer Teil Brillen mit klarem Glas. Nach dem Spiel füllten die Studierenden einen Fragebogen aus, in dem sie ihre wahrgenommene Anonymität einschätzen sollten. Die Studie zeigte, dass Befragte, die eine Sonnenbrille trugen, den Geldbetrag viel unfairer aufteilten als diejenigen mit klarer Sicht. Beide Gruppen waren zwar objektiv gleich anonym, allerdings berichteten die Teilnehmenden mit Sonnenbrille ein stärkeres Gefühl von Anonymität als die Vergleichsgruppe. Weitere Analysen ergaben, dass genau diese wahrgenommene Anonymität für das eigennützige Verhalten ausschlaggebend war.

Das Gefühl stärkerer Anonymität kann damit erklärt werden, dass Menschen annehmen, bei wahrgenommener Dunkelheit für andere schlechter erkennbar zu sein. Die eigene Perspektive (zum Beispiel: es ist dunkel, auch wenn es nur durch die Sonnenbrille verursacht wird) ist für uns meist dominierend und wir übertragen sie auf andere. Dies ist ähnlich wie bei einem Kind das Verstecken spielt: Es hält sich die Hände vor die Augen, sieht selbst nichts mehr und meint deshalb, es sei auch für den Rest der Welt unsichtbar.

Das Tragen einer Sonnenbrille kann durch die wahrgenommene Dunkelheit und das damit einhergehende Gefühl von Anonymität die Wahrscheinlichkeit unehrlichen Verhaltens steigern. Ob es sich bei der Sonnenbrille um die

Originalmarke oder eine Fälschung handelt, kann jedoch unabhängig davon ebenfalls unser Verhalten beeinflussen, wie die nächste Studie zeigt.

### Fälschung tragen = falsch verhalten?[82] (Katharina Zimmer)

Wir werden täglich mit einer Vielzahl an Markenprodukten konfrontiert – so trinken wir Coca Cola, tragen Adidas-Schuhe oder telefonieren mit unserem iPhone. Markenprodukte signalisieren positive Eigenschaften und vermitteln uns ein Gefühl von Zugehörigkeit und Akzeptanz. Aber nicht immer kann man sich Markenprodukte leisten und so greifen manche von uns zu gefälschten Produkten. Aber auch wenn man anderen damit etwas vormachen kann – sich selbst täuscht man meist nicht. Dass dieses Wissen darum, dass man „nur so tut als ob", kann jedoch das eigene Verhalten beeinfluss, wie eine Reihe von Experimenten des Forschungsteams um Francesca Gino zeigt.

Studentinnen wurden gebeten an einer Studie teilzunehmen, bei der es angeblich um die Bewertung von Sonnenbrillen ging. Nachdem die jungen Frauen zunächst eine Reihe von Produkten am Computer beurteilt hatten, wurde der Hälfte von ihnen mitgeteilt, dass sie laut ihrer Antworten eine Präferenz für gefälschte Produkte hätten. Sie wurden dann gebeten weitere Aufgaben zu bearbeiten und währenddessen eine Sonnenbrille zu tragen, die ihnen als „gefälschtes Markenprodukt" präsentiert wurde. Der anderen Hälfte der Studentinnen wurde zurückgemeldet, dass aus ihren Antworten eine Präferenz für authentische Waren hervorginge. Sie sollten daher bei der Bearbeitung der weiteren Aufgaben eine „echte" Marken-Sonnenbrille tragen. Tatsächlich erfolgte diese Rückmeldung unabhängig von den Antworten der Frauen. Zudem handelte es sich in beiden Fällen um Brillen eines Luxusherstellers im Wert von je ca. 300 Dollar.

Die Teilnehmerinnen trugen die Sonnenbrillen unter anderem während sie eine Reihe von Mathematikaufgaben lösten. Im Anschluss sollten sie selbst die Richtigkeit ihrer Lösungen überprüfen. Für jede richtige Antwort wurden ihnen 50 Cent angekündigt, so dass es verlockend war, bei der eigenen Leistung zu schwindeln. Ohne dass dies den Frauen bewusst war, konnte das Forschungsteam jedoch überprüfen, wer bei der Angabe seiner Lösungen schummelte. In beiden Gruppen wurden etwa gleich viele Aufgaben tatsächlich richtig gelöst. Während jedoch nur 30 % der Teilnehmerinnen, die die „echten" Sonnenbrillen trugen, ihre Leistung „aufbesserten", waren es in der Gruppe mit den „gefälschten" Sonnenbrillen 71 %, also mehr als doppelt so viele Teilnehmerinnen.

Wie können diese Unterschiede erklärt werden? Das Forschungsteam zeigte in weiteren Experimenten, dass sich Teilnehmerinnen durch das Tragen gefälschter Ware nicht länger authentisch fühlten. Dieses Gefühl, selbst nicht wahrhaftig zu sein, führte wiederum dazu, dass sich die Frauen allgemein eher unehrlich verhielten.

Da diese Experimente allerdings nur mit jungen Frauen durchgeführt wurden, bleibt zu untersuchen, ob das Tragen von Fälschungen bei Männern und älteren Menschen denselben Effekt hat. Es wäre zum Beispiel denkbar, dass gerade letztere sich weniger stark über Marken definieren und ein geringeres Bedürfnis danach haben, aufgrund von Markenprodukten akzeptiert zu werden als junge Frauen. Fälschungen sind somit zwar billiger als das Original, können aber ungeahnte Kosten für unsere Ehrlichkeit und unser ethisches Verhalten mit sich bringen.

Wir sollten also Personen, die eine Sonnenbrille tragen, vielleicht nicht alles glauben, was sie erzählen – vor allem dann nicht, wenn es sich bei der Sonnenbrille um eine Fälschung handelt.

# Lügen im Alltag

Wie die eben beschriebenen Studien zeigen, gibt es Situationen, die uns eher zum Täuschen und Lügen verleiten als andere, ohne dass uns dies notwendigerweise bewusst sein muss. Dies soll jedoch nicht den Eindruck erwecken, dass es ganz einfach ist zu lügen. Lügen will geübt sein, denn es ist ein komplexer Prozess, bei dem gleichzeitig mehrere Hirnareale aktiviert werden müssen. Während in einem Hirnareal die Wahrheit gedacht und zur gleichen Zeit in einem anderen unterdrückt wird, muss im nächsten Hirnareal die Unwahrheit kreiert und schließlich mit Hilfe eines weiteren ausgesprochen werden. Um andere zu täuschen, muss man sich in diese hineinversetzen und deren Perspektive einnehmen können. Man muss erkennen, welches Wissen das Gegenüber besitzt und ausgehend davon eine Geschichte erfinden. Deshalb beginnen Kinder meist erst im Alter von vier Jahren bewusst zu lügen. Zuvor fehlt ihnen die Fähigkeit, sich in andere Menschen einzufühlen, und sie wissen nicht, dass andere nicht unbedingt den gleichen Kenntnisstand besitzen müssen wie sie selbst. Dass sich dieser Vorteil für eine Lüge ausnutzen lässt, wird dann erst durch Erfahrungen gelernt.

Im Kindergartenalter besteht das Schwindeln größtenteils aus maßlosen Übertreibungen und nach eigenen Wünschen und Fantasien veränderten oder neu erfundenen Erzählungen. Ein Grund dafür ist, dass Kindern in diesem Alter der Unterschied zwischen Realität und Fantasie häufig noch nicht vollständig klar ist. Kinder lernen außerdem schon relativ früh, dass der Besitz von bestimmten Gegenständen und Fähigkeiten Anerkennung schafft und erzählen daher gerne, was sie alles besitzen und können, auch wenn das in manchen Fällen gar nicht stimmt. Auch bei Fehlverhalten wird bereits gelogen, um einer möglichen Strafe zu entgehen. Lügen aus Höflichkeit und Rücksichtnahme, wie beispielsweise „Oma, der selbst gestrickte Pullover ist wirklich schön", äußern Kinder aber erst später, ungefähr ab zehn Jahren, denn diese Art von Lügen lernen sie erst nach und nach von Erwachsenen. Von da an sind Lügen zum Wohle anderer ein wichtiges Instrument zur Regulierung des zwischenmenschlichen Zusammenlebens. Zu diesem Zeitpunkt kommen dann auch verstärkt Lügen hinzu, mit denen man sich einen Vorteil verschaffen kann, wie zum Beispiel „Ich habe meine Hausaufgaben schon fertig. Darf ich heute Nachmittag doch ins Kino?".

Mit zunehmenden Erfahrungen werden wir geübter darin, die eine oder andere Lüge zu erzählen. Es fällt uns auch leichter zu erkennen, in welchen Situationen es vielleicht besser wäre nicht ganz bei der Wahrheit zu bleiben, sei es, um einer anderen Person einen positiveren Eindruck von uns zu vermitteln oder um unsere Beziehung zu einer bestimmten Person nicht zu gefährden. Wie oft wir welche Art von Lügen erzählen und inwieweit dies davon abhängt, in welchem Verhältnis wir zu unserem Gegenüber stehen, wurde in der folgenden Studie untersucht.

**Lügner ist nicht gleich Lügner**[83] (Martin Scharmach)

In Interaktionen mit Fremden, im Freundeskreis und auch in der Partnerschaft, gelegentlich werden wir alle mal angelogen, wenn es die Situation (in den Augen der Lügenden) erfordert. Aber gibt es Unterschiede in der Art und Anzahl der Lügen, die wir gegenüber unterschiedlichen Personen äußern? Belügen wir Fremde häufiger als unsere engen Vertrauten? Erzählen wir gleich viele eigennützige Lügen und Lügen zum Wohle anderer, unabhängig davon, wen wir belügen?

Edel Ennis, Aldert Vrij und Claire Chance gingen diesen Fragen nach. Sie wollten herausfinden, ob es Unterschiede in der Art und Anzahl der Lügen gibt, die wir gegenüber Fremden, im Freundeskreis und in Partnerschaften äußern. Dafür fragten sie Studierende, wie häufig sie diese Personengruppen in der Regel anlügen und um welche Arten von Lügen es sich dabei handelt.

Wer dachte, dass Lügner eben Lügner sind, wird nun erstaunt sein: Die Befragten gaben an, Fremden gegenüber mehr Lügen zu erzählen als in ihrem Freundeskreis oder ihrer Partnerschaft. Darüber hinaus unterschied sich die Art der Lügen, welche die Befragten den Personengruppen auftischten: Sie berichteten, dass sie Fremden gegenüber mehr eigennützige Lügen (zum Beispiel „Ich habe das Geld nicht genommen") erzählten als engen Vertrauten. Im Freundeskreis und in der Partnerschaft wurde hingegen eher auf Lügen zurückgegriffen, um andere nicht zu verletzen und die Beziehung zu schützen (zum Beispiel „Deine neue Frisur steht dir wirklich gut").

Das Forschungsteam konnte darüber hinaus zeigen, dass der Grad an Bindungsvermeidung einer Person das Lügenverhalten in der Partnerschaft beeinflusste. Personen mit hoher Bindungsvermeidung empfinden in Situationen emotionaler Nähe Unbehagen und versuchen diese daher zu vermeiden. Im Vergleich zu Personen mit geringer Bindungsvermeidung erzählten sie in ihrer Partnerschaft häufiger eigennützige Lügen. Diese können helfen die eigene Privatsphäre aufrecht zu erhalten und somit anderen gegenüber auf Distanz zu bleiben, indem sie Fehlinformationen über die eigene Person kommunizieren, wie zum Beispiel „Ich mag keine Horrorfilme… (wenn ich sie mit dir schauen muss)".

Insgesamt lässt die Studie von Ennis, Vrij und Chance den Schluss zu, dass wir uns nahestehende Personen weniger häufig anlügen als Fremde und dass es sich dabei größtenteils um Lügen handelt, die „einem guten Zweck" dienen, nämlich den Selbstwert des Gegenübers und die Beziehung zu schützen. Wir machen also Unterschiede beim Lügen und setzen Lügen strategisch ein.

In diesem Zusammenhang stellt sich nun auch die Frage, wie wir uns im Allgemeinen nach außen hin präsentieren. Ist es uns wichtig, dass andere unser wahres Ich kennenlernen oder möchten wir in erster Linie ein ideales Bild von uns vermitteln? In bestimmten Situationen, wie beispielsweise in Bewerbungsgesprächen, scheint das übergeordnete Ziel darin zu liegen, einen bestmöglichen Eindruck zu hinterlassen. Schließlich hängt eine Anstellung auch von unserer Selbstdarstellung ab. Wie sieht es aber in Situationen aus, in denen es nicht explizit um die Bewertung unserer Person geht und wir eigentlich so sein könnten wie wir tatsächlich sind? Zum Beispiel besitzen heutzutage viele Menschen ein Online-Profil in einem sozialen Netzwerk wie Facebook. Darin können sie beliebig viele Informationen über ihre Person preisgeben ohne damit andere von sich überzeugen zu müssen. Inwieweit dabei trotzdem geschwindelt wird, war die Ausgangsfrage der folgenden Untersuchung.

### Sind Online-Profile nur Fassade?[84] (Katharina Zimmer)

Facebook, MySpace, Twitter, StudiVZ, Wer-kennt-wen, … Soziale Netzwerke erfreuen sich großer Beliebtheit. Anfang 2012 konnten weltweit mehr als 800 Millionen registrierte Mitglieder verzeichnet werden. Aus dem Alltag vieler Jugendlicher und junger Erwachsener sind Online-Netzwerke nicht mehr wegzudenken. Täglich werden unzählige Fotos hochgeladen, Kommentare auf Pinnwände „gepostet", Nachrichten geschrieben, Freunde hinzugefügt und neue Profile angelegt. Aber wie glaubwürdig sind diese Profile? Können wir uns darauf verlassen, dass die gemachten Angaben der Wahrheit entsprechen oder wird hier und da geflunkert, um sich in einem möglichst guten Licht zu präsentieren?

Ein Forschungsteam um Mitja Back hat sich mit dieser Frage beschäftigt. Insgesamt wurden 236 Nutzerprofile in deutschen (StudiVZ/SchülerVZ) und amerikanischen (Facebook) Online-Netzwerken untersucht. Mithilfe von Persönlichkeitsfragebögen wurden die tatsächlichen Persönlichkeitseigenschaften der Profilbesitzer und -besitzerinnen sowie ihre idealisierten Selbstbilder – also ihre Vorstellungen davon, wie sie gerne wären – erfasst. Die Befragten gaben beispielsweise an, wie offen oder gewissenhaft sie (tatsächlich) seien, und wie offen oder gewissenhaft sie (idealerweise) gerne wären. Anschließend hatten unabhängige Beurteilende die Aufgabe, die Online-Profile zu betrachten und anhand derselben Persönlichkeitsfragebögen ihren Eindruck von den Personen anzugeben. Das Forschungsteam verglich diese Fremdurteile mit den Angaben der Befragten und fand hohe Übereinstimmungen.

Offenbar nutzen die meisten Personen ihre Online-Profile also nur, um ihre Persönlichkeit zum Ausdruck zu bringen – und nicht um sich so darzustellen, wie sie gerne wären. Das mag ein Grund für die große Popularität von sozialen Online-Netzwerken sein: „Hier bin ich so, wie ich bin". Hinzu kommt, dass sich Gleichgesinnte dann am besten finden können, wenn die eigene „Gesinnung" ehrlich wiedergegeben wird.

## Lügen erkennen

Erstaunlicherweise präsentiert man sich zumindest in sozialen Online-Netzwerken eher so, wie man tatsächlich ist und weniger, wie man gerne wäre. Dennoch sind Lüge und Täuschung in unserem Alltag äußerst präsent. Es wäre daher ein großer Vorteil erkennen zu können, ob jemand ehrlich zu uns ist oder uns belügt. Allerdings sind wir im Allgemeinen nicht gut darin, Lügen zu erkennen. Es gibt jedoch Situationen, in denen uns das Lügen erkennen leichter fällt als in anderen. So spielt zum Beispiel auch hier unsere aktuelle Stimmung eine gewisse Rolle (siehe Kapitel 2 „Die Macht der Gefühle"). Wie sich unsere momentane Gefühlslage konkret auf unsere Fähigkeit zur Lügenerkennung auswirkt, steht im Fokus der folgenden Studie.

### Glücklich und leichtgläubig?[85] (Ulrike Rangel)

Stellen Sie sich bitte vor, dass Ihr guter Freund Tom ein lang geplantes Treffen mit Ihnen absagt, mit der Begründung, dass es ihm nicht gut ginge. Nun stellen Sie sich bitte weiter vor, dass Sie ihn am selben Tag zufällig in einem Café sitzen sehen. Darauf angesprochen erklärt

Tom Ihnen, dass ein Kumpel von ihm dringend einen Rat benötigen würde und er sich deshalb zusammengerissen und trotz allem das Haus verlassen habe. Lügt Tom Sie an oder spricht er die Wahrheit? Und wollen Sie die Wahrheit wirklich wissen?

Für die Wahrheitsfindung wäre es nach einer Studie von Joseph Forgas und Rebekah East von Vorteil, wenn Sie in der besagten Situation schlechte Laune hätten. Ihre Freundschaft würde jedoch eher davon profitieren, wenn Sie gut gelaunt wären.

Das Forschungsteam untersuchte, welchen Einfluss die aktuelle Stimmung einer Person auf ihre Fähigkeit hat, Lüge und Wahrheit zu unterscheiden. Dafür wurde eine Gruppe von Teilnehmenden in gute Stimmung und eine andere Gruppe in schlechte Stimmung versetzt. Anschließend zeigten Forgas und East den Studienteilnehmenden Videoaufnahmen von verschiedenen Personen, die bestritten, einen Diebstahl begangen zu haben. Einige der gefilmten Personen waren diesbezüglich aufrichtig, andere hingegen logen. Die Studienteilnehmenden sollten nun für jedes Video entscheiden, ob es sich um eine Lüge oder die Wahrheit handelt. Dabei zeigte sich, dass schlecht gestimmte Teilnehmende deutlich besser bei der Erkennung von Lügen waren als Teilnehmende in guter Stimmung – sie erzielten eine überzufällige Trefferquote von 81 %. Die Wahrheit wurde hingegen von allen Befragten unabhängig von ihrer Stimmung gleich häufig richtig erkannt, wobei die Trefferquoten auf Zufallsniveau (um die 50 %) lagen.

Woran liegt das? Forgas und East nehmen an, dass die Stimmungslage die Fähigkeit zum Erkennen von Lügen auf zwei Wegen beeinflusst. Zum einen führt schlechte Laune dazu, dass wir anderen Personen generell mit mehr Misstrauen begegnen. Zum anderen haben frühere Forschungsarbeiten gezeigt, dass schlecht gestimmte Personen intensiver und genauer über Gesagtes nachdenken als Personen in guter Stimmung. Sowohl das generelle Misstrauen als auch das intensivere Nachdenken führten dazu, dass schlecht gestimmte Personen besser in der Lage waren, Lügen zu identifizieren. Die misstrauische Grundhaltung der schlechtgelaunten Teilnehmenden wirkte jedoch hinderlich bei der Erkennung von aufrichtigen Personen. Deshalb hatten sie hier keinen Vorteil gegenüber Teilnehmenden in guter Stimmung.

Wenn unser Gegenüber schwindelt, kann schlechte Stimmung also tatsächlich dazu führen, dass wir Lügen besser erkennen. Die Mehrheit wird aber wohl dennoch lieber gut gelaunt und ein wenig leichtgläubig und nicht als schlechtgelaunter Lügendetektor durchs Leben gehen wollen.

Nun wissen wir zwar, dass uns schlechte Stimmung zu einer besseren Einschätzung von Lüge und Wahrheit verhilft, allerdings werden sich die wenigsten freiwillig in schlechte Laune versetzen wollen. Zumal wir unsere Gefühlslage nicht immer beeinflussen können. Häufig bedingen nämlich nicht kontrollierbare Ereignisse, wie wir uns fühlen. Was wir jedoch unabhängig davon tun können, um die Wahrscheinlichkeit korrekter Urteile zu steigern, zeigt der folgende Artikel.

### Der Vorteil mit vielen Situationen vertraut zu sein[86] (Jennifer Eck)

In Bewerbungsgesprächen wird gern einmal hier und dort ein wenig geflunkert. Schließlich möchten wir uns alle in einem bestmöglichen Licht präsentieren, wenn davon ein lukrativer Job für uns abhängt. Personaler haben nun die schwierige Aufgabe die Eignung der Bewerbenden festzustellen, ohne genau wissen zu können, welche Aussagen der Wahrheit entsprechen und welche nicht. Die eine oder andere Schwindelei kann vielleicht relativ einfach anhand der Bewerbungsunterlagen erkannt werden, aber eine Aussage darüber, wie gewissenhaft sich eine Person beispielsweise bei der Erledigung von Aufgaben an Vorgaben hält, ist nicht so einfach auf ihren Wahrheitsgehalt hin zu prüfen. Gleichzeitig liegen wir beim Erkennen von Lüge und Wahrheit im Durchschnitt nur genauso häufig richtig als würden wir bloß raten. Neuen Forschungsergebnissen zufolge können wir unsere Einschätzung jedoch gezielt verbessern.

Das Forschungsteam um Marc-André Reinhard von der Universität Mannheim untersuchte in einer Reihe von Studien, wie sich die Vertrautheit mit einem geschilderten Sachverhalt auf die Fähigkeit zur Lügenerkennung auswirkte. In einer Studie des Forschungsteams sahen die Studienteilnehmenden aufgezeichnete Bewerbungsgespräche, in denen Personen zu einer früheren Tätigkeit befragt wurden. Die Hälfte der gezeigten Personen hatte die Tätigkeit tatsächlich schon einmal ausgeführt und sagte somit die Wahrheit; die andere Hälfte war dieser Tätigkeit noch nicht nachgegangen und erzählte daher eine Lüge. Zusätzlich wurde die Vertrautheit der Studienteilnehmenden mit den gezeigten Tätigkeiten experimentell variiert. Während ein Teil der Teilnehmenden im Vorfeld eine kurze Beschreibung der fünf meistgenannten Tätigkeiten (unter anderem als studentische Hilfskraft oder Bedienung) lesen sollte, schaute ein anderer Teil die Videos an ohne zuvor etwas gelesen zu haben.

Es zeigte sich, dass Personen, die zuvor mit den Tätigkeiten vertraut gemacht worden waren, Lüge und Wahrheit deutlich besser voneinander unterscheiden konnten als Personen, die im Vorfeld keine Informationen erhalten hatten. Weitere Analysen ergaben, dass dieser Befund darauf zurückzuführen ist, dass Personen, die mit dem Inhalt einer Äußerung vertraut waren, ihr Urteil auch stärker auf inhaltliche Hinweise, wie zum Beispiel auf die Logik des Gesagten, stützten. Verschiedene Forschungsarbeiten konnten darüber hinaus demonstrieren, dass inhaltliche Hinweise objektiv bessere Signale für eine Lüge darstellen als bestimmte Verhaltensweisen, wie beispielsweise die Vermeidung von Blickkontakt.

Vermuten wir also, dass uns jemand bezüglich einer bestimmten Situation belügen könnte, kann es von Vorteil sein, sich vorher über diese Situation zu informieren. Denn die dadurch gewonnene höhere Vertrautheit mit der geschilderten Situation kann uns dabei helfen, auf die richtigen Signale zu achten und es unserem Gegenüber schwerer machen, uns hinters Licht zu führen.

Im Einklang mit dem Befund, dass Personen in schlechter Stimmung intensiver über Gesagtes nachdenken und daher eine bessere Leistung bei der Erkennung von Lügen erzielen, zeigt diese Studie, dass eine höhere Vertrautheit mit der in Frage stehenden Situation ebenfalls die Fähigkeit zur Lügenerkennung verbessert, indem sie die Aufmerksamkeit auf das Gesagte lenkt. In der Tat wurde über viele Studien hinweg gefunden, dass es inhaltliche Hinweise gibt, die mit hoher Wahrscheinlichkeit auf eine Lüge hindeuten. So sind Lügen beispielsweise kürzer, beinhalten weniger Details und klingen weniger plausibel als wahre Aussagen.

Eine Studie von Charles Bond, Jr. und Bella DePaulo[87] ergab darüber hinaus, dass wir bei unserem Urteil, ob eine Person lügt oder die Wahrheit sagt, häufiger richtig liegen, wenn wir die Person lediglich hören und gar nicht sehen können. Es ist also weniger wichtig genau das Verhalten zu beobachten, um eine Lüge zu entlarven. Relevant ist der Inhalt des Gesagten.

Unsere Aufmerksamkeit auf inhaltliche Hinweise zu richten, ist allerdings nicht die einzige Möglichkeit, wie wir Lügen besser erkennen können. Ein Forschungsteam um Mariëlle Stel[88] fand heraus, dass Personen, die explizit darum gebeten wurden, den Gesichtsausdruck und die Gesten ihres Gegenübers nicht zu imitieren, besser in der Lage waren Lüge und Wahrheit zu unterscheiden als Personen, die ausdrücklich angewiesen wurden, Gesichtsausdruck und Gesten ihres Gegenübers nachzuahmen, oder Personen, denen zuvor keine Instruktion diesbezüglich gegeben wurde. Das Forschungsteam erklärt die Befunde damit, dass wir in Interaktionen mit anderen automatisch eine Tendenz dazu haben, deren Mimik und Gestik zu imitieren. Dies erleichtert es uns Gefühle anderer nachzuempfinden und zu verstehen. Lügende Personen verspüren nun Gefühle von Angst und Schuld in einem höheren Ausmaß als aufrichtige Personen. Imitieren wir aber eine vorgetäuschte Mimik und Gestik, so vermittelt uns dies einen falschen Eindruck bezüglich der wahren Gefühle unseres Gegenübers (hier spezifisch von Angst und Schuld), und hindert uns folglich an einer akkuraten Lügenerkennung.

Wer sich in einer Situation befindet, in der es wichtig ist, Gewissheit darüber zu erlangen, ob ein Gegenüber ehrlich ist oder gerade lügt, sollte am besten versuchen dessen Mimik und Gesten nicht zu imitieren und die Aufmerksamkeit auf das Gesagte richten.

## Zum Schluss

„Ich sage immer die Wahrheit" ist eine Aussage, die mit allergrößter Wahrscheinlichkeit selbst eine Lüge ist. Nur die wenigsten von uns können nämlich behaupten, in ihrem Leben noch kein einziges Mal gelogen zu haben. In bestimmten Situationen tendieren wir jedoch eher zu einem Schwindel als in anderen. So kann allein Dunkelheit oder das Tragen einer Sonnenbrille die Wahrscheinlichkeit von unehrlichem und eigennützigem Verhalten erhöhen.

Gleichzeitig sind wir im Allgemeinen sehr schlecht darin, Lügen bei anderen zu erkennen – vor allem, wenn wir in guter Stimmung sind. Es gibt allerdings auch Möglichkeiten, wie wir unsere Leistung verbessern können. So sollten wir zum Beispiel weniger genau hinschauen und stattdessen besser zuhören. Denn es gibt bestimmte inhaltliche Hinweise bei der Schilderung von Unwahrheiten, die relativ verlässliche Signale für eine Lüge darstellen.

Gerade bei fremden Personen sollten wir aber besonders gut hinhören, denn sie sind es, die uns häufiger belügen als unsere Freunde oder Partner. Außerdem wollen letztere in den meisten Fällen nur unser Bestes, wenn sie uns doch mal belügen. Wir können und sollen ihnen also ruhig Vertrauen schenken.

Die in diesem Kapitel enthaltenen Informationen beruhen auf folgender Quelle, die auch als weiterführende Lektüre zu empfehlen ist:

Vrij, A. (2008). *Detecting lies and deceit: Pitfalls and opportunities* (2nd ed.). New York, NY: Wiley.

# Ich innerhalb und außerhalb von Gruppen

Im ersten Themenblock *Ich und meine Welt* wurde der Mensch als Individuum in seiner Wahrnehmung, seinem Denken und Fühlen in den Fokus genommen. Der Themenblock *Ich und meine Nächsten* beschäftigte sich demgegenüber mit dem Menschen in seinen Beziehungen zu anderen Individuen. Im dritten und letzten Themenblock erweitern wir die Perspektive zusätzlich und betrachten den Menschen als Mitglied diverser Gruppen und als Teil der gesamten Gesellschaft.

Was wir denken, fühlen und tun, aber auch, wie andere Menschen uns (vielleicht fälschlicherweise) wahrnehmen, wird zu einem erheblichen Teil dadurch beeinflusst, mit welchen Menschen wir uns umgeben und welchen Gruppen wir angehören. Wir alle sind in verschiedene Gruppen eingebunden, beispielsweise in die Familie, die Gewerkschaft oder den Fußballverein. Diese verschiedenen Gruppen prägen uns unterschiedlich in unserer Wahrnehmung der Welt. Und die Erwartungen, die an uns gerichtet werden, hängen auch davon ab, welche der zahlreichen Rollen, die wir in den verschiedenen Gruppen erfüllen, gerade im Vordergrund steht. Lisa Müller beispielsweise ist nicht einfach nur „Mensch", sondern auch Frau, Lehrerin, Mutter, Ehegattin, Freundin, Briefmarken-Sammlerin, Fußballerin und vieles mehr. Von Lisa Müller wird ein anderes Verhalten und zum Teil gar ein „anderer Charakter" verlangt, wenn sie vor ihrer Klasse an der Tafel, als wenn sie abends mit ihren Mannschaftskolleginnen auf dem Fußballplatz steht. Aber nicht nur die persönlichen Beziehungen zu anderen und die Zugehörigkeiten zu verschiedenen Gruppen prägen uns auf unterschiedliche Art und Weise. Selbst die Gesellschaft als Ganzes wirkt auf vielen Wegen (zum Beispiel über Medien wie Zeitungen oder Fernsehen) auf unser Denken, Fühlen und Handeln.

Der Themenabschnitt *Ich innerhalb und außerhalb von Gruppen* nimmt positive und negative Aspekte von Gruppenzugehörigkeiten in den Blick: Kapitel 8 erläutert, welche Funktionen die Gruppen, in denen wir uns bewegen, für uns erfüllen, welchen Einfluss sie auf unser Leben nehmen können und was passiert, wenn Menschen aus ihren Gruppen herausfallen und sozial isoliert werden. Kapitel 9 wirft einen intensiven Blick in die Welt der Stereotype, zeigt auf, wie und warum sie entstehen, unter welchen Umständen sie bleiben, aber auch, wie sie sich überwinden lassen. Abschließend wird in Kapitel 10 aufgezeigt, wie der Kontakt zu anderen Menschen auch über Medien wie das Internet unser Leben beeinflussen kann und welche Wirkung gesellschaftliche Normen – insbesondere transportiert über Medien – auf unser Denken, Handeln und Fühlen zu haben vermögen.

136

# Kapitel 8
# Homo sapiens – Herdentier?!

Bianca von Wurzbach

Natascha Kampusch wurde als 10-jähriges Mädchen auf ihrem Schulweg in der Nähe von Wien entführt. Ihr Peiniger, Wolfgang Priklopil, hielt sie mehr als 8 Jahre in einem Kellerverlies gefangen, die meiste Zeit davon in Isolation. Während dieser Zeit erlebte Natascha Erniedrigungen, körperliche und seelische Misshandlungen, tagelangen Essensentzug und Schlimmeres. Doch trotz dieser Umstände bezeichnete sie als eine der schlimmsten Qualen in ihrer Gefangenschaft das Abgeschnitten-Sein von ihrer Familie. Mehr als unter den körperlichen Leiden litt sie oftmals unter der seelischen Peinigung, welche die Trennung von ihrem sozialen, liebenden Umfeld hervorrief. Dies ist nur ein Beispiel unter vielen, welches eine Tatsache ganz klar macht: Der Mensch ist nicht gerne allein. Fast jeder und jede von uns möchte zumindest hin und wieder unter anderen Menschen sein. Familie, der Freundeskreis, Mitmenschen an unserem Arbeitsplatz oder auch unsere Nachbarschaft – ganz allgemein gesprochen Gruppen, die uns wichtig sind – erfüllen lebenswichtige Funktionen wie Geborgenheit, Unterstützung und Zuneigung. Sie haben dabei auch einen bedeutenden Einfluss auf unser Denken, Fühlen und Handeln. Doch was ist überhaupt eine Gruppe? Auf welche Art und Weise können Gruppen unser Leben beeinflussen? Und sind mit Gruppen nur Chancen oder auch Risiken verbunden? Auf diese und andere Fragen versucht das folgende Kapitel Antworten zu geben.

## Zusammen lebt es sich viel schöner!

In der Sozialpsychologie gibt es verschiedene Auffassungen darüber, was eine Gruppe ist. Nach einer geläufigen Ansicht ist eine Gruppe gegeben, wenn zwei oder mehr Menschen in Bezug zueinander stehen, sich austauschen und in dem Sinne voneinander abhängig sind, dass sie sich in ihren Bedürfnissen und Zielen wechselseitig beeinflussen. Beispielsweise treffen sich in einem Freundeskreis Menschen, um ihre Gedanken und Gefühle auszutauschen und etwas zusammen zu unternehmen. Durch diesen Austausch beeinflussen sie sich – ob gewollt oder ungewollt – gegenseitig. So wird zum Beispiel die Playstation viel attraktiver, wenn die beste Freundin diese auch besitzt. Ein Freundeskreis stellt demnach also eine Gruppe dar.

Doch warum schließen wir Menschen uns überhaupt zu Gruppen zusammen? Was ist also deren Funktion? Vermutlich war es in unserer menschlichen Entwicklungsgeschichte ein evolutionärer Vorteil, sich mit anderen Menschen zusammenzutun. So konnten unsere Vorfahren leichter jagen, Nahrung anbauen, Familien gründen und schützen. Das Bedürfnis nach menschlicher Nähe und Gruppenzugehörigkeit gilt demnach als angeboren und ist unabhängig von kultureller oder gesellschaftlicher Zugehörigkeit gegeben (siehe auch Einleitung zu *Ich und meine Nächsten*). Eine bedeutende Funktion von Gruppen ist also das Spenden von Schutz, Stabilität, Nähe und Geborgenheit, wie auch schon an dem anfänglichen Beispiel von Natascha Kampusch deutlich wurde. Gruppen sind aber auch identitätsstiftend. Das heißt, wir definieren uns oftmals ein Stück weit über unsere Gruppenzugehörigkeit und die damit verbundenen Eigenschaften oder Einstellungen. Auf diese Art schaffen wir einen Teil unseres Selbstverständnisses. So ist es für viele von uns wichtig, beispielsweise Bayern München-Fan, Mitglied der Gewerkschaft oder des Kunst- und Musikvereins zu sein und auch von anderen in diesem Licht gesehen zu werden. Nicht umsonst tragen wir oftmals ein entsprechendes T-Shirt, bringen einen Aufkleber der für uns bedeutsamen Gruppe am Auto oder auch einen Anstecker an der Tasche an. Wir möchten unsere Gruppenzugehörigkeit nach außen sichtbar machen, uns sozusagen „bekennen". Darüber hinaus bieten Gruppen auch die Möglichkeit zum Informationsaustausch. In Gruppen können wir uns einfach und zügig Wissen verschiedener Art aneignen. Und wir erhalten Rückmeldungen über eigene Ansichten, was uns Sicherheit darüber bietet, ob wir mit unseren Einstellungen „richtig liegen". So tauschen wir auch persönliche Gedanken und Gefühle aus. Dies hilft uns, die Welt besser zu verstehen. Gruppen bieten also Sicherheit und menschliche Nähe, sind identitätsstiftend und ermöglichen den Austausch mit anderen. Insgesamt fördern sie so unser Wohlbefinden.

Manchmal kommt es allerdings vor, dass Gruppen ihre Funktionen nicht mehr reibungslos erfüllen können. So kann es beispielsweise sein, dass wir in der Gruppe zu scheu sind, unsere wahren Gedanken und Gefühle zu zeigen. Schließlich wollen wir doch nicht unser Gesicht verlieren! Ohne unsere Gedanken und Gefühle preiszugeben, können wir allerdings auch keine Rückmeldung mehr über eigene Ansichten oder emotionale Unterstützung erhalten. Dass dies weitreichende Folgen haben kann, ist Thema des folgenden Artikels.

### Trübsal, du bist nicht allein[89] (Jana Janssen)

Bei Anna läuft es im Moment nicht gut bei der Arbeit. Martin plagen finanzielle Probleme. Lisa streitet sich ständig mit ihrem Freund. Doch beim gemeinsamen Feierabendbier scheinen alle in guter Stimmung zu sein. Auf die gegenseitige Frage, wie es denn so ginge, folgt die unverbindliche Antwort: „Gut soweit". Auf dem Heimweg dann gehen alle ihren Gedanken nach, fragen sich, warum es nur ihnen selbst so schlecht geht – und sind schließlich betrübter als zuvor.

Das amerikanische Forschungsteam um Alexander Jordan nennt zwei mögliche Gründe, warum wir das Auftreten negativer Gefühle bei anderen häufig unterschätzen. Zum einen geht es Personen meist besser, wenn sie nicht allein, sondern mit anderen zusammen sind. Da wir andere aber nur beobachten können, wenn wir mit ihnen zusammen sind, nehmen wir bei diesen demnach viel seltener negative Gefühle, wie zum Beispiel Traurigkeit, wahr, als diese Gefühle tatsächlich bei ihnen auftreten. Zum anderen ist es Personen oft unangenehm öffentlich zuzugeben, dass es ihnen nicht gut geht. Sie unterdrücken deshalb häufig ihre negativen Gefühle, wenn andere dabei sind. Dies führt zu dem trügerischen Eindruck, dass es den Menschen um uns herum besser geht, als das tatsächlich der Fall ist. Welche Konsequenzen hat das für uns als Beobachtende? Ein Vergleich mit Personen, denen es (vermeintlich) besser geht als uns selbst, kann bewirken, dass es uns dadurch schlechter geht.

Diese Überlegungen werden durch eine Reihe von Studien des Forschungsteams gestützt, in denen Teilnehmende ihre negativen Gefühle eher vor anderen verbargen als ihre positiven Gefühle. Außerdem wurde das Auftreten negativer Gefühle bei anderen (wie Freunden und Freundinnen) eher unterschätzt, während die Häufigkeit positiver Gefühle eher überschätzt wurde. Des Weiteren ging die Unterschätzung negativer und die Überschätzung positiver Gefühle anderer oftmals mit einem schlechteren eigenen Wohlbefinden einher: Die Personen fühlten sich einsamer, grübelt mehr und waren unzufriedener mit dem eigenen Leben.

Damit ist die (chronische) Unterdrückung negativer Gefühle nicht nur schädlich für das eigene Wohlbefinden, wie frühere Forschung wiederholt gezeigt hat. Sie führt auch bei unseren Mitmenschen zu dem Eindruck, sie seien mit ihren Sorgen allein. Und dies wirkt sich wiederum negativ auf deren Befinden aus. Negative Gefühle zu verbergen ist also doppelt schlecht: für uns selbst und auch für andere.

Heißt das nun, dass wir immer gleich jedem x-beliebigen Menschen unsere Seelenwelt anvertrauen müssen? Sicher nicht. Aber wenn wir nach einem harten Arbeitstag beim nächsten Feierabendbier gefragt werden, wie es uns geht, dürfen wir ruhig ehrlich antworten – und uns dabei gewiss sein: Mit unserem Trübsal sind wir meist gar nicht so allein, wie wir vielleicht denken.

Die Studie zeigt auf, wie bedeutend der Austausch von Gedanken und Gefühlen mit uns wichtigen Personen für unser Wohlbefinden ist. Doch nur wenn gegenseitiges Vertrauen und Einfühlungsvermögen zwischen den Gruppenmitgliedern gegeben ist, kann die Gruppe diese und andere Funktionen erfüllen und unser Wohlergehen unterstützen.

## Durch die Gruppe leicht gemacht – oder doch nicht?

Wir haben nun gesehen, was eine Gruppe ausmacht und welche Funktionen sie erfüllen kann. Wie aber beeinflussen Gruppen unser Denken, Fühlen und Handeln? Überlegen Sie sich hierzu bitte einmal Folgendes: Sie haben eine wichtige mündliche Prüfung. Dabei befinden Sie sich entweder mit den Prüfenden allein im Raum oder die Prüfung ist öffentlich, weswegen eine ganze Reihe an zuschauenden Personen anwesend ist. Was denken Sie, in welcher Situation schneiden Sie besser ab?

Die sozialpsychologische Forschung zeigt, dass in manchen Situationen die Anwesenheit weiterer Personen hilfreich, in anderen Situationen jedoch auch hinderlich sein kann. Heute gilt als gesichert, dass die Gegenwart anderer Personen in der Regel das Ausmaß unseres körperlichen und geistigen Wach- und Aktiviert-Seins, unseren sogenannten Erregungszustand, steigert. Dies kann aus verschiedenen Gründen der Fall sein, zum Beispiel weil wir befürchten, von den anderen bewertet zu werden oder weil wir im Konflikt stehen, ob wir unsere Aufmerksamkeit auf die Zuschauenden oder die Aufgabe richten sollen. Die Folgen von erhöhter Erregung sind nach Robert Zajonc[90], einem der führenden Forscher zu diesem Thema, grundsätzlich dieselben: Unsere sogenannte dominante Reaktion in einer Situation wird aktiviert beziehungsweise verstärkt. Die dominante Reaktion ist das, was wir in einer bestimmten Situation besonders gut und dadurch auch automatisch ausführen können. Sie ist die Reaktion, die in jeder einzelnen Situation am wahrscheinlichsten ist. Stellen Sie sich beispielsweise vor, Sie sollen einen Brief am Computer tippen. Sie haben schon häufig Dokumente am Computer geschrieben, weswegen das für Sie keine Schwierigkeit darstellt. Zielsicher und flink treffen Sie beispielsweise das Z, wenn Sie diesen Buchstaben tippen möchten. Das klappt ganz automatisch. Das Treffen der richtigen Taste ist wahrscheinlicher als ein Vertippen und ist somit Ihre dominante Reaktion. Wenn Sie den Brief nun vor Publikum schreiben müssen, steigert das Ihre Erregung, was diese dominante Verhaltensweise verstärkt. Sie schreiben den Brief also noch schneller als üblich, ohne Fehler zu machen. Bei leichten Aufgaben wie dieser führt die gesteigerte Erregung also in der Regel zu dem „richtigen" Ergebnis. Stellen Sie sich nun demgegenüber vor, dass sie den Brief an einem Computer mit englischer Tastatur schreiben sollen. Der Unterschied ist hierbei, dass das Z und das Y im Vergleich zu der deutschen Tastatur vertauscht sind. Wenn Sie also nun ein Z tippen möchten, müssen Sie sich stark konzentrieren, um Ihren Finger entgegen der Gewohnheit zu einer anderen Taste zu führen. Wird Ihnen nun bei dieser Tätigkeit zugesehen, steigt Ihre Erregung, was wiederum zu der Aktivierung der dominanten Reaktion führt. Diese ist nun aber nicht mehr die richtige: Automatisch gleitet Ihr Finger auf die Taste, die auf der deutschen Tastatur für das Z, auf der englischen aber für das Y steht. Das heißt, Sie vertippen sich voraussichtlich mehrere Male. Bei einer schwierigen Aufgabe führt also die durch die Anwesenheit anderer gesteigerte Erregung in der Regel zu einem „falschen" Ergebnis.

Aber was bedeutet das nun für die Prüfungssituation? Haben Sie den Stoff für die Prüfung sehr gut gelernt und sich stark mit der Thematik auseinandergesetzt, führt die angestiegene Erregung und die dadurch ausgelöste dominante Reaktion dazu, dass Sie diese Inhalte sehr schnell und automatisch aus dem Gedächtnis abrufen können. Es fällt Ihnen somit auch relativ leicht, das Gelernte miteinander zu verbinden und auf andere Problemfelder zu übertragen. Haben Sie die relevanten Unterlagen allerdings nur überflogen und somit deren Inhalte auch nicht richtig in Ihrem Gedächtnis sortiert und gespeichert, können Sie den Prüfungsstoff nicht automatisch abrufen. Die gesteigerte Erregung und die aktivierte dominante Reaktion verwirren Sie nur. Sie rufen verschiedene Wissensfetzen auf und vermögen diese kaum in einen klaren Zusammenhang zu bringen. Vor einem Publikum geprüft zu werden ist demnach hilfreich, wenn wir uns gut vorbereitet haben, die Prüfung für uns also eine einfache Aufgabe darstellt und wir somit durch die gesteigerte Erregung das Gelernte noch leichter abrufen können als üblich. Falls wir uns jedoch schlecht vorbereitet haben, die Prüfung für uns also eine Schwierigkeit darstellt, wird die durch die Anwesenheit anderer gesteigerte Erregung unsere Leistung eher beeinträchtigen. Hier wäre also die Prüfung unter Ausschluss der Öffentlichkeit leistungsförderlicher. Diese Ergebnisse lassen sich auch auf andere Bereiche, wie zum Beispiel sportliche Wettkämpfe, übertragen. Hier zeigen gut trainierte Sportler und Sportlerinnen unter Beobachtung der Öffentlichkeit im Wettkampf oftmals ihre beste Leistung. Schlechter vorbereitete Teilnehmende fallen auf der anderen Seite häufig hinter ihr im Training erreichtes Leistungsniveau zurück. Die Tatsache, dass die Anwesenheit anderer bei leichten Aufgaben zu einer gesteigerten Leistung führen kann, wird in der Sozialpsychologie „soziale Erleichterung" genannt.

Wenn Sie in einer Prüfung sitzen oder einen Einzelwettkampf bestreiten, kann Ihnen Ihre Leistung individuell zugeschrieben werden, das heißt, es ist eindeutig, wie viel Sie zur Bewältigung der Aufgabe leisten und wie gut Sie persönlich sind. Manchmal befinden wir uns aber in Situationen, in denen wir in einer Gruppe an einer Aufgabe arbeiten und deshalb nicht nachvollziehbar ist, wie viel wir selbst zur Lösung der Aufgabe beitragen. Zum Beispiel ist beim Mannschaftstauziehen nicht klar, wie viel Kraft wir tatsächlich aufbringen, unsere individuelle Leistung ist also nicht feststellbar. Welche Folgen das haben kann, konnte Max Ringelmann 1913[91] erstmals zeigen. Er ließ Studierende an einem Seil ziehen – entweder allein oder in der Gruppe. Dabei stellte er fest, dass die Kraft, mit der die Gruppe zog, geringer war als die Summe der Kräfte, welche die Studierenden jeweils beim Einzelziehen ausübten. Ringelmann schloss daraus, dass wir Menschen uns bei der Bewältigung von Aufgaben in der Gruppe „zurücklehnen" und nicht mehr ganz so anstrengen, wie wenn wir die Aufgabe allein bewältigen müssen und das Ergebnis ausschließlich auf uns zurückgeführt werden kann. Dieser Effekt konnte in späterer Forschung auch bei anderen Verhaltensweisen gefunden werden. In einer Studie von Bibb Latané und Kollegen[92] beispielsweise sollten Versuchsteilnehmende so laut klatschen und jubeln, wie es ihnen möglich war. Es zeigte sich, dass die Personen, welche in 6er-Gruppen die Aufgabe ausführten, nur ein Drittel so laut klatschten und jubelten wie die Personen, welche die Aufgabe allein ausführten. In der Gruppe zeigten die Teilnehmenden demnach auch hier nicht ihre Höchstleistung. Aber wieso ist das so? Und gilt dies für alle Arten von Aufgaben?

Die Antwort der Sozialpsychologie ist aufschlussreich: In Situationen, in denen die individuelle Leistung nicht beurteilt werden kann, wie zum Beispiel beim Gruppentauziehen, kommt es zu einer körperlichen und geistigen Entspannung. Diese zieht eine geringere Leistungsbereitschaft und damit auch eine geringere Leistung nach sich. Allerdings ist dieser Zusammenhang nur bei einfachen Aufgaben gegeben. Bei schwierigen, anspruchsvollen Aufgaben kann sich der Effekt sogar umkehren. Hier führt die Entspannung, die durch die mangelnde Identifizierbarkeit des eigenen Beitrags entsteht, oftmals zu einer gesteigerten Leistungsbereitschaft und damit gesteigerten Leistung. Wie aber lassen sich diese unterschiedlichen Ergebnisse erklären? Als Ursache dafür lässt sich wieder die geistige und körperliche Erregung anführen: Bei leichten Aufgaben ist eine Erregung, wie oben beschrieben, förderlich, da die ausgelöste dominante Reaktion hier meist die „richtige" ist. Das bedeutet im Umkehrschluss, dass eine Entspannung, also eine Erregungsabnahme, die Leistung bei leichten Aufgaben in der Regel hemmt. Der zusätzliche „Motor" der Erregung fehlt, die Leistung wird also heruntergefahren. Da die Erregung für die Bewältigung von schwierigen Aufgaben auf der anderen Seite eher hinderlich ist – die dominante Reaktion ist hier oftmals die „falsche" – führt bei diesen Aufgaben die Entspannung, also die Abnahme der Erregung, meist zu einer Leistungssteigerung. Eine schwierige Aufgabe kann in Ruhe besser angegangen und gemeistert werden als in angeregtem Zustand. Die Tendenz, bei der Bewältigung von einfachen Aufgaben in der Gruppe schlechtere Leistungen zu zeigen als bei alleiniger Bewältigung, sich hier also „zurückzulehnen", wird in der Sozialpsychologie „soziales Faulenzen" genannt. Die Wirkungsweisen der Erregung sind bei der sozialen Erleichterung und dem sozialen Faulenzen also entgegengesetzt.

## Dazugehören ist alles!

Wir haben gesehen, dass Gruppen lebenswichtige Funktionen erfüllen und uns durch ihre Anwesenheit als Zuschauende oder durch das gemeinsame Arbeiten an einer Gruppenaufgaben in unserem Denken, Fühlen und auch Handeln beeinflussen können. Nun stellt sich aber noch eine wichtige Frage: Wie entsteht ein Gefühl der Zugehörigkeit zu einer Gruppe überhaupt oder wodurch wird es verstärkt, so dass die Gruppe ihre Funktionen erfüllen und auch Einfluss auf uns nehmen kann? Eine erste interessante Antwort gibt der folgende Artikel.

**Geteilte Meinung ist doppelte Freude[93] (Bianca von Wurzbach & Johanna Hoffmann)**
Stellen Sie sich bitte folgende Situation vor: Sie besuchen ein Theaterstück mit einer Freundin. Die Qualität der Vorführung lässt Ihrer Meinung nach allerdings zu wünschen übrig. Nun flüstert Ihnen Ihre Freundin zu ihrem Erstaunen ins Ohr: „Ist das Stück nicht fantastisch?!" Nun stellen Sie sich andererseits vor, Ihre Freundin teilt Ihre Meinung und sagt: „Meine Güte, diese Vorstellung ist ja grottenschlecht!" In welcher der beiden Situationen würde Ihnen die mit ihrer Freundin geteilte Erfahrung des Theaterbesuchs mehr Vergnügen bereiten?
Das amerikanische Forschungsteam Rajagopal Raghunathan und Kim Corfman geht davon aus, dass das bloße Teilen einer Meinung zu gesteigerter Freude führen kann – und zwar unabhängig davon, ob die geteilte Meinung positiv oder negativ ausfällt. Die Forschenden nehmen an, dass das Übereinstimmen in einer Ansicht ein Zugehörigkeitsgefühl hervorruft und somit dem menschlichen Bedürfnis nach Gruppenzugehörigkeit nachkommt. Dies führt zu einer gesteigerten Freude an der gemeinsamen Erfahrung. Wenn jedoch die eigene Meinung von der anderen deutlich abweicht, führt dies zu dem Gefühl, nicht eingebunden zu

sein. Folge davon sind Stress, Nervosität oder gar Angst, was eine verringerte Freude am geteilten Erlebnis mit sich bringt.

Zur Überprüfung dieser Hypothesen ließ das Forschungsteam ihre Studienteilnehmenden zusammen mit einer vermeintlichen weiteren Versuchsperson – in Wirklichkeit ein Verbündeter oder eine Verbündete der Versuchsleitung – Werbespots anschauen. Die eine Hälfte der Teilnehmenden sah amüsante, die andere Hälfte sah nicht amüsante Clips. Während die Spots abgespielt wurden, kommentierte die vertraute Person der Versuchsleitung selbige laut. Die Kommentare stimmten entweder mit dem Typ der Clips überein (bei amüsanten Spots teilte die vertraute Person mit, dass ihr diese gefielen, bei nicht amüsanten, dass sie diese nicht mochte). Oder die Kommentare standen dem Typ der Clips entgegen (bei amüsanten Spots gab die vertraute Person an, dass ihr diese nicht gefielen und umgekehrt). Zusätzlich brachte der oder die Vertraute bei einem Teil der Versuchspersonen eine starke Verbundenheit zur Universität zum Ausdruck, was bei diesen das Bedürfnis nach Gruppenzugehörigkeit verstärken sollte. Bei dem anderen Teil wurde dieses Bedürfnis nicht beeinflusst. Anschließend sollten die Teilnehmenden angeben, wie ihnen die Spots gefielen, wie viel Freude ihnen das Sehen und Bewerten der Clips bereitet hatte und wie nah sie sich der anderen Person fühlten.

Die Ergebnisse bekräftigen die Annahmen der Forschenden: Zwar wurden die amüsanten beziehungsweise nicht amüsanten Spots von den Teilnehmenden jeweils auch als solche bewertet. Die Freude an der Bewertungssituation war jedoch höher, wenn die Kommentare der verbündeten Person mit dem Typ der Werbeclips und somit auch mit der Meinung der Teilnehmenden übereinstimmten, als wenn sie dies nicht taten. Und das unabhängig davon, ob die Clips amüsant waren oder nicht. Darüber hinaus fühlten sich die Teilnehmenden der anderen Person näher, wenn diese die eigene Meinung teilte. Diese Effekte waren insbesondere bei denjenigen zu finden, bei denen das Bedürfnis nach Gruppenzugehörigkeit verstärkt worden war.

Die Studie weist darauf hin, dass es uns wichtig ist, in unserer Meinung mit anderen übereinzustimmen. Das Teilen von Ansichten vermittelt uns das Gefühl menschlicher Nähe, stillt das Bedürfnis nach Gruppenzugehörigkeit und bereitet uns somit Freude. Wenn Sie also das nächste Mal mit einem Freund oder einer Freundin im Theater sitzen und Ihnen das Stück missfällt, können Sie dennoch Gefallen an der gemeinsamen Erfahrung finden, solange Ihr Gegenüber Ihre Meinung teilt.

Das Teilen einer Ansicht kann also das Gefühl der Gruppenzugehörigkeit hervorrufen beziehungsweise verstärken. Durch diese Verbindung kann die Gruppe ihre verschiedenen Funktionen einfacher erfüllen und uns leichter beeinflussen. Ein in der Sozialpsychologie viel diskutiertes Phänomen, welches ebenfalls das Gefühl der Gruppenzugehörigkeit hervorzurufen beziehungsweise zu verstärken vermag, ist *Konformität*. Aber was genau ist Konformität? Und unter welchen Umständen verhalten wir uns besonders konform?

Konformität ist das Anpassen des eigenen Verhaltens oder der eigenen Einstellung an das Verhalten oder die Einstellung anderer Menschen aufgrund des realen oder vorgestellten Einflusses dieser Menschen. Das klingt kompliziert, meint aber einfach, dass wir unser Handeln und unsere Meinungen an anderen Personen ausrichten, da diese tatsächlich Einfluss auf uns ausüben oder wir zumindest davon ausgehen, dass dies der Fall ist.

Häufig spielt dabei *expliziter*, also direkter und offensiver *sozialer Druck* eine entscheidende Rolle. Stellen Sie sich beispielsweise vor, Sie sind ein junger Mann, der gerade einen neuen Job in einem Großunternehmen angenommen hat. Sie gehen zum ersten Mal nach der Arbeit mit Ihren Kollegen aus, um mit diesen noch einen Drink zu nehmen und sich stärker in die Gruppe zu integrieren. Nun eröffnen Ihnen Ihre Kollegen, dass in dieser Runde nur Getränke für „richtige Männer" getrunken würden – nämlich Bier oder harte Sachen. Sie werden explizit, also ausdrücklich ermutigt und sogar aufgefordert, ihre Getränkewahl an dieser Vorgabe auszurichten. Welches Getränk würden Sie an diesem Abend bestellen? Mit Sicherheit würden einige von uns in dieser oder einer ähnlichen Situation ein Glas Bier oder einen Schnaps trinken, auch wenn uns Sekt eigentlich besser schmeckt oder wir schlichtweg Lust auf ein alkoholfreies Getränk gehabt hätten. Um uns als Teil der Gruppe zu fühlen und auch von den anderen Personen so wahrgenommen zu werden, würden wir also unser Verhalten an das der Gruppe anpassen. Dies ist nur ein Beispiel dafür, wie expliziter sozialer Druck zu konformem Verhalten führen kann.

Aber auch *impliziter*, also unterschwelliger *sozialer Druck*, den wir oft gar nicht als solchen wahrnehmen, kann uns zu Konformität bewegen. So wechseln wir oft unseren Kleidungsstil, einfach weil andere das auch tun und wir uns diesen zugehörig fühlen möchten. Das reicht vom Anpassen an generelle Modetrends bis hin zur Übernahme speziellerer Outfits. So lässt sich beispielsweise ein Rocker, Punker oder Hippie oftmals schon am Äußeren erkennen, und auch viele Banker „bekennen" sich durch ihre konforme Kleidung zu Ihrer Berufsgruppe – auch wenn sie nicht ausdrücklich auf die vorherrschende Kleidernorm hingewiesen wurden. Die Grenzen zwischen explizitem und implizitem sozialen Druck sind dabei oft fließend.

Aber nicht nur die mehr oder weniger offensichtliche Ausübung von sozialem Druck zur Konformität kann sich unterscheiden. Auch die Gründe, warum wir uns in einer Situation anderen anpassen, können variieren. Deswegen wird in der Sozialpsychologie zwischen zwei idealtypischen Varianten von sozialem Einfluss unterschieden, mittels derer uns Gruppen – explizit oder implizit – zur Konformität bewegen können: informativer und normativer sozialer Einfluss.

*Informativer sozialer Einfluss* ist gegeben, wenn wir uns in unklaren, mehrdeutigen Situationen befinden und wir somit nicht wissen, was richtig oder falsch ist. Unter solchen Umständen orientieren wir uns am Verhalten anderer Personen, da wir erwarten, dass sich diese schon richtig verhalten werden oder zumindest besser als wir wissen, was in der Situation zu tun ist (siehe auch Kapitel 6 „Helfe wer kann, oder will?"). Stellen Sie sich beispielsweise vor, Sie sind in einem fremden Land zum Essen eingeladen. Sie wissen nichts über die Essgewohnheiten in dieser Region der Erde, möchten selbigen aber gerne entsprechen. Was werden Sie tun? Höchstwahrscheinlich werden Sie sich an dem Verhalten von Personen orientieren, die dieser Kultur angehörig oder zumindest mit ihr vertraut sind. Falls Sie in der Situation keine Menschen beobachten können, die der Kultur nahestehen, werden Sie Ihr Verhalten vermutlich an anderen anwesenden Personen ausrichten, zum Beispiel den Mitgliedern Ihrer Reisegruppe. Kurzum: Sie nutzen das Verhalten anderer als Informationsquelle.

Ein Experiment, welches den Effekt des informativen sozialen Einflusses in einem anderen Zusammenhang eindrucksvoll unter Beweis stellen konnte, wurde von Muzafer Sherif[94] in den 1930er Jahren durchgeführt. Den Versuchspersonen dieser Studie wurde mitgeteilt, dass sie an einem Wahrnehmungsexperiment teilnehmen würden. Sie saßen hierzu in einem dunklen Raum, in dem ein Lichtpunkt auf eine Leinwand projiziert wurde. Die Aufgabe der Teilnehmenden war es nun, einzuschätzen, wie sehr sich der Lichtpunkt bewegt. Tatsächlich stand der Punkt still. Aufgrund der vollkommenen Dunkelheit in dem Raum unterlagen die Versuchspersonen jedoch einer optischen Täuschung – der Punkt schien zu rotieren. Nun sollten die Teilnehmenden zunächst mehrere Einschätzungen abgeben, während sie sich allein in einem Raum befanden. Anschließend saßen sie mit den anderen Gruppenmitgliedern gemeinsam in einem Raum und sollten vor diesen ihre Schätzungen mitteilen. Die Ergebnisse waren aufschlussreich: Bei der Schätzung ohne Anwesenheit der anderen Gruppenmitglieder waren die Urteile stark unterschiedlich – einige schätzten, dass sich der Punkt kaum, andere, dass sich der Punkt sehr stark bewege. Die Situation war also nicht eindeutig und klar. Sobald die Schätzungen aber innerhalb der Gruppe abgegeben wurden, näherten sich die Urteile einander an, bis schließlich alle ähnliche Schätzungen abgaben. Hier entstand also aufgrund des informativen sozialen Einflusses eine Gruppennorm, an die sich alle mit der Zeit anpassten.

Dieses Beispiel zeigt auf, dass wir uns in unklaren Situationen an anderen Personen orientieren, um Informationen über das richtige Verhalten oder die richtige Einstellung einzuholen. Wir passen uns also an, weil wir davon ausgehen, dass die anderen „richtig" denken oder handeln. Auf diese Art möchten wir unserem Bedürfnis, uns angemessen zu verhalten, gerecht werden. So führt informativer Einfluss zu Konformität. Übrigens kann der informative soziale Einfluss unterschiedlich stark ausfallen sein, je nachdem ob wir den Gruppenmitglieder einen Expertenstatus zuschreiben oder nicht, wie auch schon in dem Beispiel mit der unbekannten Esskultur angedeutet wurde: Nehmen wir die anderen als Personen mit hoher Expertise wahr, schätzen wir die Wahrscheinlichkeit, dass diese mit ihrer Aussage oder ihrem Verhalten richtig liegen, höher ein als bei Personen ohne Expertenstatus. Folglich passen wir die eigenen Urteile oder unser Verhalten stärker an das von Experten und Expertinnen an als an das von Laien. So würden Sie sich als teilnehmende Person in dem Wahrnehmungsexperiment von Sherif vermutlich stärker auf die Augen von Scharfschützen verlassen als auf diejenigen von durchschnittlich gut sehenden Menschen oder gar halbblinden Brillenschlangen.

*Normativer sozialer Einfluss* auf der anderen Seite ist gegeben, wenn wir unser Verhalten allein deshalb an andere Personen anpassen, um von ihnen akzeptiert zu werden. Es kann also sein, dass wir uns in einer eindeutigen Situation befinden, in der uns eigentlich klar ist, was zumindest für uns die „richtige" Verhaltensweise ist. Wenn nun aber alle übrigen Anwesenden anders handeln, befürchten wir, mit einem von dieser scheinbaren Norm abweichenden Verhalten, negativ aufzufallen und nicht „dazuzugehören". Folglich handeln wir oftmals gegen unsere Überzeugung. Wir beugen uns also wider besseren Wissens oder entgegen unserer Einstellung der Gruppennorm oder einer Mehrheitsmeinung, um von den anderen gemocht zu werden oder zumindest nicht auf ihre Ablehnung zu stoßen. Das obige Beispiel des jungen Mannes, der sich bei der abendlichen Getränkewahl seinen neuen Kollegen anpasst und somit konform verhält, ist also ein klarer Fall des normativen sozialen Einflusses (durch expliziten sozialen Druck). Aber beispielsweise auch viele Jugendliche zeigen manche Verhaltensweisen ausschließlich deshalb, um zu der „coolen Clique" dazuzugehören. So rauchen viele als Teenager auch gegen ihre eigentliche Einstellung so manche Zigarette oder gar einen Joint, nur um den Erwartungen der Peergroup zu entsprechen (siehe auch Kapitel 10 „Ich als Teil der (Informations-)Gesellschaft").

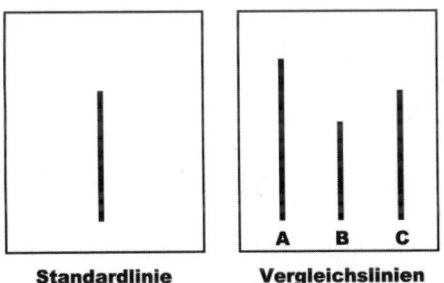

**Standardlinie**          **Vergleichslinien**

Wie stark der normative soziale Einfluss wirken kann, zeigte Solomon Asch[95,96] bereits in den 1950er Jahren in mehreren Experimenten. Auch hier nahmen Versuchspersonen an einem vermeintlichen Wahrnehmungsexperiment teil. Die Aufgabe bestand darin, in mehreren Runden zu erkennen, welche von drei Vergleichslinien in ihrer Länge mit einer Standardlinie übereinstimmt. Wenn die Teilnehmenden allein im Raum saßen, gaben fast 100% über sämtliche Runden hinweg die jeweils richtige Antwort. Die Situation war also eindeutig. Nun mussten aber manche Versuchspersonen ihre Urteile in der Gruppe fällen. Die Gruppe bestand aus acht Teilnehmenden. Von diesen war allerdings nur eine Person eine Versuchsperson, die restlichen Anwesenden waren Vertraute der Versuchsleitung. Diese Vertrauten gaben nach einigen Runden einheitlich falsche Antworten, sprich sie nannten alle jeweils eine bestimmte falsche Linie als diejenige mit dem gesuchten Merkmal. Interessanterweise stieg nun die Fehlerquote der Versuchspersonen auf durchschnittlich 37%. Insgesamt passten sich sogar 76% der Teilnehmenden zumindest in einem Durchgang an die Urteile der anderen an. Obwohl die Situation klar und eindeutig war, ließen sich die Teilnehmenden also durch die falschen Schätzungen der anderen Gruppenmitglieder beeinflussen. Der normative soziale Druck wurde demnach als so stark empfunden, dass der Wunsch, nicht durch abweichendes Verhalten negativ aufzufallen, das Bedürfnis, die eigene Meinung kundzutun, ausstach.

Dieser Befund konnte in zahlreichen anderen Studien wiederholt gezeigt werden. Hierbei wurde auch deutlich, wann der Effekt verstärkt oder in abgeschwächter Form vorkommen kann. Beispielsweise ist die Tendenz, konformes Verhalten aufgrund von normativem sozialem Einfluss zu zeigen, stärker gegeben, wenn die Gruppe sehr wichtig für uns ist. Das lässt sich gut nachvollziehen: Dem normativen sozialen Druck, der vom eigenen Freundeskreis ausgeht, werden die meisten von uns wahrscheinlich eher nachgeben als demjenigen des Gesangsvereins, bei dem die eigene Mitgliedschaft sowieso nur noch auf dem Papier besteht. Auch neigen wir verstärkt dazu, normativen sozialen Einfluss zuzulassen, wenn dieser von einer statushöheren im Gegensatz zu einer statusniedrigeren oder gleichgestellten Person ausgeht. Von Vorgesetzten können wir also beispielsweise leichter normativ beeinflusst werden als von Mitarbeitern, Mitarbeiterinnen oder Angestellten. Normativer sozialer Druck ist zudem dann besonders wirksam, wenn uns die Norm durch die Umstände in der Situation verstärkt ins Bewusstsein gerufen wird.[97] So werden wir nach einem Grillfest auf einer öffentlichen Grünanlage unseren Müll eher beseitigen, wenn wir durch aufgestellte Hinweisschilder der Stadt an die im Freundeskreis etablierte Norm des Umweltschutzes erinnert werden, als wenn diese Richtlinie im Hintergrund bleibt. Dieses Beispiel deutet auch darauf hin, dass normativer sozialer Einfluss nicht immer problematisch oder gar gefährdend sein muss, wie es das beispielsweise im Fall der rauchenden Jugendlichen ist. Je nach Gruppennorm können so auch umweltbewusstes Verhalten, Gesundheitsförderung oder Hilfeverhalten unterstützt werden (siehe auch Kapitel 6 „Helfe wer kann, oder will?").

Abschwächen lässt sich normativer sozialer Einfluss auf der anderen Seite, sobald auch nur eine Person in der Gruppe von der Norm abweicht. So ließen sich in der Studie von Asch die Teilnehmenden kaum noch beeinflussen, sobald eine der vertrauten Personen der Versuchsleitung eine andere Linie nannte als der Rest der Gruppe – und das unabhängig davon, ob die abweichende Person die korrekte Antwort gab oder nicht. Allein die Beobachtung, dass eine andere Person dem normativen sozialen Druck widerstand, ermutigte die Teilnehmenden, dies ebenfalls zu tun. Auch wenn Personen sich in einem anderen Bereich Normen widersetzen, kann solch ein Verhalten als eine Art Modell dienen. So verhielten sich Teilnehmende in einer Studie von Charlan Nemeth und Cynthia Chiles[98], die an das Linien-Experiment von Asch angelehnt war, weniger konform, wenn sie vor der eigentlichen Testsituation eine Person beobachten konnten, die sich normativem Gruppendruck widersetzte, als wenn eine solchen Beobachtung nicht stattfand.

Konformität durch informativen oder normativen sozialen Einfluss kann also entstehen, wenn wir davon ausgehen, uns durch das Anpassen an andere in der Situation angemessen zu verhalten oder akzeptiert zu werden. Auf diese Art kann das Gefühl der Gruppenzugehörigkeit hervorgerufen beziehungsweise gesteigert werden. Dass durch Konformität darüber hinaus auch unsere Kooperationsbereitschaft und unser Vertrauen in die anderen Mitglieder gestärkt werden kann, ist Inhalt des nächsten Artikels.

**Im Gleichschritt, Marsch![99] (Stephan Bedenk)**

Denken wir über uniformes Verhalten nach, haben wir vermutlich zunächst negative Assoziationen. Wir erinnern uns an Bilder aus der deutschen Geschichte von militärischen Aufmärschen und aufgeputschten Massen, die im Gleichklang nationalistische Parolen rufen. Tatsächlich aber machen nach wie vor viele (und nicht unbedingt negative) soziale Rituale Gebrauch vom Prinzip der Synchronität: Protagonisten in Karnevalsumzügen bewegen sich sprichwörtlich im Gleichschritt, und Gebete in Kirchen und Gesänge in Fußballstadien werden meist synchron vorgetragen.

Doch welche Auswirkungen hat Synchronität auf unser Verhalten in der Gemeinschaft? Gleichzeitige Handlungen, so die Meinung vieler Forschenden, betonen Gemeinsamkeiten und verstärken somit die Verbundenheit innerhalb einer Gruppe. Die amerikanischen Wissenschaftler Scott Wiltermuth und Chip Heath schlossen aus diesen Überlegungen, dass synchrone Handlungen auch tatsächliches kooperatives Verhalten in Gruppen positiv beeinflussen könnten.

Um ihre Annahme zu testen, führten Wiltermuth und Heath ein Experiment in zwei Phasen durch: Zunächst baten sie die Teilnehmenden unter einem Vorwand, in Dreiergruppen das Universitätsgelände zu durchqueren. Während ein Teil der Gruppen keine weiteren Anweisungen bekam, sollten einige Gruppen im Gleichschritt, also synchron, über das Gelände laufen. In der darauffolgenden zweiten Phase des Experiments nahmen die Versuchspersonen an einem Gemeinschaftsspiel teil, bei dem sie Geld verdienen konnten. Das Besondere an diesem Spiel: Strebte einer oder eine der Spielenden nur für sich einen hohen Gewinn an, so reduzierte sich automatisch die Auszahlung für alle Spielenden. Die Auszahlung für diejenigen, welche einen hohen Gewinn für alle anstrebten, reduzierte sich dabei jedoch am meisten. Vermutete eine Versuchsperson zudem, dass einer oder eine der anderen Teilnehmenden nur auf den eigenen Gewinn aus sein könnte, so konnte sie sich vorsorglich dagegen absichern. Doch auch diese Form des Misstrauens gegenüber den Mitspielenden führte automatisch zu einer geringeren Auszahlung für sich selbst und alle übrigen Personen. Mit anderen Worten: Die Höhe des Gewinns richtete sich nicht nur nach dem Kooperationsverhalten der einzelnen Spielenden, sondern auch nach dem Vertrauen in die Kooperationsbereitschaft der anderen Teilnehmenden. Den höchstmöglichen Gewinn konnten die Versuchspersonen nur dann erzielen, wenn sie einen hohen Gewinn für alle anstrebten, dieses Ziel auch bei ihren Mitspielern vermuteten und dadurch kooperierten.

Die Spielergebnisse bestätigten die Annahmen der Forscher: Teilnehmende, die zuvor den Campus im Gleichschritt überquert hatten, fühlten sich nicht nur während des Marschierens den Gruppenmitgliedern näher als Teilnehmende ohne vorherige „Marschinstruktion". Auch zeigten sie sich im anschließenden Spiel vertrauensvoller, kooperativer und kassierten dadurch höhere Gewinne. Für Wiltermuth und Heath stellen diese Ergebnisse einen weiteren Beleg dafür dar, dass Synchronität tatsächlich nicht nur eine ästhetische Funktion auf Paraden erfüllt. Vielmehr können synchrone Handlungen in Gruppen dafür sorgen, dass einzelne Personen die Interessen anderer Gruppenmitglieder in ihre Entscheidungen mit einbeziehen anstatt nur eigene Interessen zu verfolgen und somit – im wahrsten Sinne des Wortes – aus der Reihe zu tanzen.

Diese Studie legt dar, dass Synchronität, eine Form der Konformität, die Verbundenheit innerhalb einer Gruppe verstärkt und zu mehr Vertrauen und Kooperation führen kann. Jedoch ist dieses synchrone Handeln in der Gruppe nicht nur positiv und förderlich. Es birgt auch Gefahren. So werden impulsive und aggressive Verhaltensweisen wahrscheinlicher, wenn Personen in der Gruppe oder gar in der Masse handeln. Dies ist insbesondere dann der Fall, wenn sich die Gruppenmitglieder „de-individuieren", das heißt ihre Individualität in der Gruppe gewissermaßen ablegen, beispielsweise durch das Tragen einer gemeinsamen Gesichtsbemalung, gemeinsamer Masken, Trikots oder Uniformen. Robert Watson[100] führte hierzu in den 1970er Jahren verschiedene Untersuchungen an 24 unterschiedlichen Kulturen durch. Er stellte fest, dass Kulturen, die bei kriegerischen Auseinandersetzungen gleiche Masken oder Gesichtsbemalungen trugen, mit einer größeren Wahrscheinlichkeit ihre Gefangenen misshandelten als solche ohne entsprechende Maskierung.

Doch warum ist das so? Die Sozialpsychologie erklärt dies folgendermaßen: Zunächst steigt durch die Maskierung oder Uniformierung die Anonymität. Wenn wir anonym sind und unser Verhalten oder unsere Aussagen nicht direkt mit unserer Person in Verbindung gebracht werden können, reduziert sich auch die Möglichkeit, uns für unsere Taten zur Rechenschaft zu ziehen. Durch die Anonymisierung und geringere Verantwortlichkeit bewerten wir unser eigenes Handeln weniger kritisch und erwarten auch, dass uns andere weniger streng beurteilen. So wird auch die innere Selbstkontrolle ausgeschaltet. Wir schämen und fürchten uns weniger und fühlen uns weniger schuldig. In der Gruppe reduziert sich zudem unsere persönliche Identität, wir nehmen die Gruppenidentität viel intensiver wahr und richten deshalb unser Handeln stärker an dieser aus. Zusätzlich werden wir durch das Handeln in der Gruppe energetisiert, also mit zusätzlicher Kraft ausgestattet. Wir handeln verstärkt irrational und impulsiv. Dies alles macht aggressives Verhalten einfacher und wahrscheinlicher.

Diesen Zusammenhang legte beispielsweise Philip Zimbardo[101] Ende der 1960er Jahre dar. In einem Experiment sollten Frauen an einer angeblichen Lernstudie teilnehmen. Hierzu sollten sie einer anderen vermeintlichen Versuchsteilnehmerin – in Wirklichkeit eine Verbündete der Versuchsleitung – Stromstöße verabreichen, sobald diese falsche Antworten im Lernprozess gab. Die Stromstöße wurden jedoch nur vorgetäuscht (siehe auch das Experiment von Stanley Milgram[102] zu Gehorsam, Einleitung „Sozialpsychologie – oder: Vom menschlichen Zusammenleben"). Hierbei wurde jedoch noch Folgendes variiert: Eine Hälfte der Versuchsteilnehmerinnen wurde in einen hellen Raum gebracht und erhielt Namensschilder, wodurch deren Individualität unterstrichen wurde. Die andere Hälfte der Teilnehmerinnen wurde in einen dunklen Raum gebracht und mit Uniformen und Kapuzen versehen. Hier fand also eine De-Individuierung statt, die den Versuchspersonen das Gefühl von Anonymität geben sollte. Es zeigte sich, dass die Frauen, bei denen das Gefühl der Anonymität gefördert worden war, weitaus aggressiveres Verhalten zeigten, also stärkere Stromstöße verabreichten, als die Frauen der „individuierten" Gruppe.

Diese Studien sind Beispiele für die starke Kraft der De-Individuierung als Verstärker der gefährlichen Seite der Konformität. Wir sollten uns stets über diesen Einfluss im Klaren sein und versuchen, wenn möglich und nötig, entsprechend gegenzusteuern.

## Ausgeschlossen und ignoriert

Die bisherigen Beispiele haben verdeutlicht, welche Chancen aber auch welche Risiken mit dem Handeln in der Gruppe verbunden sind. Was passiert aber, wenn wir aus einer Gruppe ausgeschlossen und ignoriert werden (siehe auch Einleitung zu *Ich und meine Nächsten*)? Kipling Williams[103], einer der führenden Forscher auf dem Gebiet des sozialen Ausschlusses, geht von einer Reihe von unterschiedlichen Reaktionen aus: Fühlen wir Menschen uns aus einer Gruppe ausgeschlossen beziehungsweise von ihr ignoriert, reagieren wir unmittelbar und kurzfristig mit Stress und negativen Gefühlen wie Traurigkeit und Angst. Unsere grundlegenden Bedürfnisse nach Zugehörigkeit, Selbstbewusstsein, Kontrolle und einer bedeutsamen Existenz werden bedroht. Wir empfinden sogar Schmerz. Dieser Schmerz ist mit starkem körperlichem Schmerz vergleichbar. Tatsächlich haben Neuropsychologen und -psychologinnen herausgefunden, dass bei sozialem Ausschluss im Gehirn dieselben Bereiche aktiviert werden wie bei körperlichem Schmerz.

Die mittelfristige Reaktion auf sozialen Ausschluss geht über diese erste, emotionale Wirkung hinaus. Hier schätzen wir das Ausgeschlossen-Sein und dessen Ausmaß ab, bewerten selbiges und möchten die Ursache ergründen. Als Folge davon versuchen wir so zu denken, zu fühlen und zu handeln, dass unsere bedrohten Bedürfnisse wieder befriedigt werden. Wir versuchen, die negativen Gefühle zu kontrollieren, und von der Gruppe wieder aufgenommen zu werden. Dabei können sehr unterschiedliche Strategien angewandt werden: Manche von uns verhalten sich unterwürfig und leisten den anderen eher Folge. Andere versuchen verstärkt, durch positives Sozialverhalten eine Beziehung zu den Gruppenmitgliedern herzustellen. Wieder andere reagieren aggressiv, um dem Bedürfnis nach Kontrolle entgegenzukommen. Dass sich unser Verhalten aufgrund von sozialem Ausschluss unseren Mitmenschen gegenüber negativ verändern kann, und welche weiteren Folgen sozialer Ausschluss zu haben vermag, ist Thema des folgenden Artikels.

### Wenn Isolation gefühlstaub macht[104] (Birgit Gutzer)

Von anderen ausgeschlossen zu werden ist eine der denkbar unangenehmsten Erfahrungen, die ein Mensch machen kann. Manch Erwachsener in der zweiten Lebenshälfte hat noch an Hänseleien und Abweisungen aus frühester Kindheit zu knabbern. Es kann tiefe Schmerzen zufügen, von anderen nicht akzeptiert zu werden – und es beeinflusst auch maßgeblich das soziale Verhalten einer Person.

Man könnte meinen, eine Person, die von anderen isoliert wird, bemühe sich besonders im Umgang mit anderen Menschen. Vielleicht könnte eine Extraportion an Freundlichkeit und Hilfsbereitschaft ja dazu führen, endlich einmal akzeptiert zu werden. Die Forscherin Jean Twenge und ihre Kollegen und Kolleginnen zeigten jedoch durch mehrere Untersuchungen an amerikanischen Studierenden, dass es sich auch ganz anders verhalten kann. Ihre Forschungsergebnisse weisen darauf hin, dass sozialer Ausschluss auch zu vermindertem prosozialem Verhalten zu führen vermag.

Generell fußt prosoziales Verhalten, also das Handeln zu Gunsten anderer, auf der Erwartung des Individuums, von der Gesellschaft oder der begünstigten Person im Laufe der Zeit eine Art Rückerstattung zu erhalten. Wer fest in eine Gesellschaft integriert ist, kann sich meist sicher sein, dass uneigennütziges Verhalten Vorteile für das zukünftige Dasein innerhalb dieser Gesellschaft mit sich bringt. Wird eine Person aber sozial isoliert, fehlt der gesellschaftliche Rückhalt, der garantiert, dass sie von eigenem prosozialen Verhalten auf längere Sicht hin profitiert. Dies kann zur Folge haben, dass ein isolierter Mensch weniger motiviert ist, sozial zu handeln, aus der Befürchtung heraus, ansonsten nur ausgenutzt zu werden. Das wiederum kann dazu führen, dass die Mitmenschen ihn weiter ausgrenzen, da sein Handeln als egoistisch angesehen wird, was seinen Weg aus der Isolation sehr schwierig gestalten kann. Ein Teufelskreis.

Überprüft haben die Forschenden um Twenge diesen Zusammenhang anhand experimenteller Manipulationen von sozialem Ausschluss und den Reaktionen der Versuchsteilnehmenden darauf. Die Forschungsgruppe konnten zeigen, dass die (fiktive) Rückmeldung, dass die Teilnehmenden in Zukunft weniger sozialen Rückhalt haben würden oder dass sie von anderen Personen als unbeliebt eingestuft worden waren, zu weniger prosozialem Verhalten auf Seiten der vermeintlich Ausgeschlossenen führte als keine solche Rückmeldung. Dieses Verhalten äußerte sich in geringfügigeren Spenden für einen Studierendenfond, geringerer Bereitschaft für eine unentgeltliche experimentelle Teilnahme, weniger Hilfsbereitschaft bei einem Missgeschick der Versuchsleitung und seltenerem kooperativen Verhalten. Sogar in dem Wissen, dass kompetitives Verhalten zu geringerem Versuchsentgelt führt, wurde es kooperativem Verhalten in einer Computersimulation vorgezogen.

Eine mögliche Erklärung für diesen Effekt – neben der gesunkenen Motivation zu sozialem Handeln – fanden die Forschenden in einer Studie, in der sie überprüften, inwieweit sozial Ausgeschlossene in der Lage sind, für eine andere Person Einfühlungsvermögen aufzubringen. Es zeigte sich, dass soziale Isolation zu einer Art emotionalen Taubheit führte, vermutlich als körpereigener Schutz vor anhaltenden negativen Gefühlen. Einfühlungsvermögen, also emotionales Feingefühl für die Befindlichkeit anderer, ist jedoch eine Voraussetzung für prosoziales Verhalten.

Aus der Isolation herauszutreten und anderen offen und freundlich zu begegnen, ist also alles andere als leicht für jemanden, der sich ausgeschlossen fühlt. Der Teufelskreis könnte durchbrochen werden, wenn andere den ersten Schritt machen und so signalisieren würden: Du kannst anderen Menschen vertrauen, du bekommst zurück, was du gibst.

Falls von den Gruppenmitgliedern jedoch keine Signale des Vertrauens oder der Zugehörigkeit gesendet werden und auch sonst alle Versuche der Betroffenen, wieder dazuzugehören, über einen längeren Zeitraum hinweg nicht fruchten, kann sozialer Ausschluss letztlich zu Depression, Hilflosigkeit, einem Gefühl der Wertlosigkeit oder gar Selbstmord führen. Wir sollten uns also darum bemühen, unsere Mitmenschen in unsere Gruppen einzubinden, um sie so vor diesen Folgen zu schützen.

## Einfach außergewöhnlich!

Nachweislich sind Gruppen und die Zugehörigkeit zu ihnen also überaus bedeutend für unser Wohlbefinden. Der Mensch ist ein Herdentier! Doch ist dies wirklich immer so? Ist es für uns nicht auch von Bedeutung, individuell und etwas ganz Besonderes zu sein? Möchte nicht jeder und jede von uns aus der Menge herausstechen, sich von den anderen abheben? Mit diesen Fragen und der Art und Weise wie sich dies mit den bisherigen Befunden in Einklang bringen lässt, beschäftigt sich der nächste Artikel.

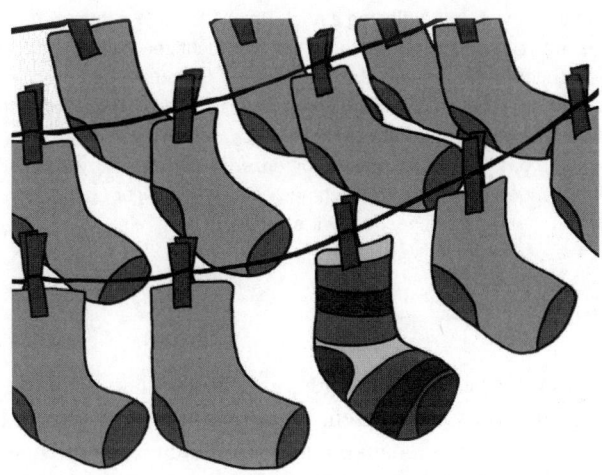

**Mehrheitliche Meinung, aber einzigartiger Geschmack[105] (Rainer Greifeneder)**

Ob Ausstieg aus der Atomenergie, Abtreibung oder Integration von Ausländern: zu vielen Themen haben wir eine Meinung, und die Forschung zeigt, dass wir uns in dieser Meinung gerne durch andere bestätigt sehen. Wer will schon mit der eigenen Meinung allein dastehen?

Gleichzeitig zeigt die Forschung aber auch, dass wir häufig bewusst danach streben, uns von anderen zu unterscheiden. Die meisten Menschen sehen sich selbst gerne im besten Licht, und dieses Selbstbild strahlt umso heller, je mehr die anderen „anders" und am besten „schlechter" sind. Durch einen eigenen Stil setzen wir Akzente, und auf den Einheitslook und das Otto-Normalverbraucher-Handy verzichten wir lieber. Wir mögen es also auch, wenn die anderen uns nicht zustimmen und wir irgendwie einzigartig sind. Wie lassen sich diese beiden widersprüchlichen Tendenzen unter einen Hut bringen?

Das Team um den englischen Sozialpsychologen Russel Spears unterscheidet dafür zwischen Meinung und Geschmack. Während wir uns mit unseren Meinungen gerne in der Mehrheit wägen, bevorzugen wir in Sachen Geschmack den Sonderstatus. Das zumindest zeigen gleich mehrere Studien, in denen die Teilnehmenden entweder über Meinungen oder Geschmäcker nachdachten. In einer Studie wurde beispielsweise die eine Hälfte der Teilnehmenden danach befragt, ob sie die Auseinandersetzung über ein ökonomisches oder ökologisches Thema für bedeutsamer hielten. Bei dieser Frage geht es um das Vertreten einer Meinung und weniger um den persönlichen Geschmack. Die andere Hälfte der Teilnehmenden hingegen wurde gefragt, ob sie lieber Pop- und Rockmusik oder aber House und Dance hörten. Musikalische Vorlieben haben mehr mit Geschmack als mit Meinungen zu tun. Anschließend gaben alle Teilnehmenden die für sie ideale Größe ihrer Teil-Gruppe an, also beispielsweise die gewünschte Größe der Teil-Gruppe, die ebenfalls ökologische im Gegensatz zu ökonomischen Themen für bedeutsamer hält, oder die gewünschte Größe der Teil-Gruppe, die auch lieber Pop- und Rockmusik anstelle von House und Dance hört. Die Ergebnisse zeigen, dass bei den Meinungen große Teil-Gruppen und damit viel Unterstützung bevorzugt wurden. Beim Thema Geschmack hingegen äußerten die Teilnehmenden eine starke Präferenz für kleine Teil-Gruppen und damit möglichst viel Unterschiedlichkeit zu anderen. Das galt auch, wenn über das gleiche inhaltliche Thema geurteilt wurde, aber einmal aus Meinungs- und einmal aus Geschmacksperspektive.

Unter anderem wird dies darauf zurückgeführt, dass es bei Meinungen um Ansehen und Macht geht und daher viel Unterstützung gut ist. Beim Thema Geschmack geht es dagegen um die Abgrenzung von anderen, so dass Exklusivität wichtiger als Unterstützung ist. Diese Befunde mögen erklären, warum sich Geschmäcker für Kleidung und Stil so schnell ändern und die Haute Couture stets darauf bedacht ist, Neues zu präsentieren. Und diese Befunde mögen auch einen Hinweis darauf erlauben, warum junge Leute – die sich in der Pubertät gerne von den dann oft „peinlichen" Eltern abgrenzen – dies laut soziologischer Forschung häufig über einen anderen (cooleren) Geschmack tun und weniger über andere Meinungen (zum Papst, der Bundeskanzlerin oder der Wirtschaftskrise).

# Zum Schluss

Zusammenfassend lässt sich festhalten, dass uns soziale Kontakte stabilisieren, Schutz, Halt und Nähe geben, wichtig für unsere Identität sind und Austausch von Wissen, Gedanken und Gefühlen ermöglichen. Gruppen können uns zu besserer Leistung beflügeln, diese auf der anderen Seite allerdings auch hemmen. Sie können uns sowohl als Informationsquelle als auch als Normgeber beeinflussen, so dass wir konformes Verhalten zeigen. Die Konformität hat gute Seiten, wie das mit ihr verstärkt auftretende Zugehörigkeitsgefühl und die Kooperationsbereitschaft unter Gruppenmitgliedern. Allerdings kann sie auch gefährliche Folgen haben, wie eine gesteigerte Aggressivität und Impulsivität anderen gegenüber, insbesondere wenn die Konformität mit einer De-Individuierung einhergeht. Gruppen stellen insgesamt also eine bedeutende Grundlage für unser Leben dar. Deswegen kann sozialer Ausschluss auch verheerende Konsequenzen wie schwere Depressionen haben. Und doch: Auch wenn wir Menschen danach streben, Teil bestimmter Gruppen zu sein, legen wir gleichzeitig viel Wert auf Individualität und Einzigartigkeit. Konflikten zwischen diesen Bedürfnissen, versuchen wir dadurch zu begegnen, dass wir uns Gruppen anschließen, deren Meinung wir teilen, unseren Geschmack aber individuell bestimmen.

Die in diesem Kapitel enthaltenen Informationen beruhen auf folgenden Quellen, die auch als weiterführende Lektüre zu empfehlen sind:

Aronson, E., Wilson, T.D., & Akert, R.M. (2009). *Sozialpsychologie* (6. überarbeitete Auflage). München: Pearson Studium.
Gilovich, T., Keltner, D., & Nisbett, R.E. (2011). *Social psychology* (2nd edition). New York, NY: W.W. Norton & Company.

# Kapitel 9
# Schubladen auf! –
# Ein Blick in die Welt der Stereotype
Anne Landhäußer

Schubladen auf: Frauen können nicht einparken, alte Menschen keine Handys bedienen, wogegen Geschäftsleute nie von ihren Handys lassen können und sie sogar mit ins Bett nehmen. Mit ins Bett nehmen Männer ansonsten am liebsten Blondinen mit den Maßen 90-60-90 und ihr Lieblingsgetränk ist Bier. Bier trinken auch alle Bayern, selbst die weiblichen, während die Schwaben sogar für einen Vollrausch zu geizig sind. Schwule lieben Musik von Madonna, Vegetarier sehen alle irgendwie so blass aus, und diese Menschen mit den schwarzen Klamotten, die sind doch sicher mit Satan im Bunde. Schubladen zu. Denn ganz so einfach ist es natürlich nicht.

Konfrontieren wir uns zunächst mit der bitteren Wahrheit: Wir alle haben Vorurteile. Doch warum ist das so? Und was ist das eigentlich genau?

# Kognitive Schubladen

Wie wir eine andere Person wahrnehmen, einschätzen oder beurteilen hängt zu einem beachtlichen Teil auch davon ab, welchen Gruppen diese Person angehört. Denn wir haben oft recht spezifische Vorstellungen darüber, welche Eigenschaften Kirchgängerinnen, Muslima, Manta-Fahrer oder Bayern München-Fans im Allgemeinen aufweisen. Diese spezifischen Vorstellungen, diese Bilder, die wir von bestimmten Gruppen im Kopf haben, werden als *Stereotype* bezeichnet. Dabei spielt es keine Rolle, ob diese Vorstellungen positiv oder negativ sind, auch das Bild von der verständnisvollen Frau oder dem gastfreundlichen Griechen ist ein Stereotyp. Ein Stereotyp ist dabei aber immer eine *Verallgemeinerung* über eine Gruppe von Menschen: Allen Gruppenmitgliedern werden identische Eigenschaften zugeschrieben, ohne dass berücksichtigt wird, dass sich die einzelnen Gruppenmitglieder natürlich auch stark voneinander unterscheiden können.

Stereotype sind also zunächst einmal nur das (vermeintliche) Wissen, das wir über bestimmte Personengruppen haben. Um von *Vorurteilen* sprechen zu können, müssen noch Gefühle hinzukommen. Vorurteilsbehaftete Menschen haben anderen Gruppen (zum Beispiel Karrierefrauen, Homosexuellen, politisch Andersdenkenden) gegenüber negative Gefühle. Sie regen sich beispielsweise auf, wenn sie an Angehörige der jeweiligen Gruppe denken, oder fühlen sich gar abgestoßen. Zu dem vermeintlichen Wissen über eine andere Gruppe und den Gefühlen, die dieser Gruppe entgegengebracht werden, kann schließlich auch ein bestimmtes Verhalten gegenüber den Gruppenmitgliedern hinzukommen. Wenn dieses Verhalten ganz spezifisch nur den Mitgliedern der jeweiligen Gruppen entgegengebracht wird, wird es als *Diskriminierung* bezeichnet. Im Extremfall – wenn Stereotype mit starken negativen Gefühlen verbunden sind und eine hohe Gewaltbereitschaft vorliegt – können gar Asylheime brennen. Doch auch ein Wechseln der Straßenseite oder das Unterlassen einer Handlung (zum Beispiel des freundlich Grüßens) kann eine Form der Diskriminierung darstellen.

Aus ethischer Perspektive stellt Diskriminierung immer ein Problem dar, dem Einhalt geboten werden sollte. Die bloße Tatsache jedoch, dass wir alle Stereotype in uns tragen (also ohne gleichzeitig vorliegende negative Gefühle und entsprechendes Verhalten), kann aus psychologischer Sicht sogar hilfreich sein. Denn oft sind die Bilder, die wir von einer bestimmten Gruppe im Kopf haben, gar keine so schlechten Abbilder der Realität. Sie helfen uns, andere Menschen, über die wir nur wenige Informationen besitzen, schnell einzuschätzen. Mit anderen Worten: Auf Stereotype zurückzugreifen ist ein effizienter Weg der Informationsverarbeitung, der uns ein allzu intensives Nachdenken ersparen kann (siehe auch Kapitel 1 „Wahrhaft subjektiv – Über unsere Wahrnehmung der Welt").

Das Einsortieren in kognitive, also geistige Schubladen, das man in der Psychologie als *Kategorisierungsprozess* bezeichnet, ist eine typisch menschliche Eigenschaft. Da unsere kognitiven Kapazitäten begrenzt sind und wir nicht alle Informationen, die permanent auf uns einströmen, umfassend verarbeiten können, erleichtern uns unsere Schubladen das Leben massiv. Dass wir Kategorien bilden und Menschen diesen Kategorien zuordnen, ist also nicht von Vornherein etwas Schlechtes. Es hilft uns, die tägliche Informationsflut zu bewältigen, zu verarbeiten und unsere überaus komplexe Welt ein wenig zu vereinfachen.

## Das Körnchen Wahrheit ist eben nur ein Körnchen

Nichtsdestotrotz: Auch wenn Stereotype ganz natürlich sind und oft durchaus ein Körnchen Wahrheit in ihnen steckt, können wir völlig falsch liegen, wenn wir uns auf sie verlassen. Zwar basieren Stereotype meist auf den Erfahrungen, die wir oder andere mit Angehörigen einer bestimmten Gruppe gemacht haben, und treffen demnach sicherlich auf manche Gruppenmitglieder zu. Doch selbstverständlich entspricht nicht jedes einzelne Gruppenmitglied den Stereotypen, die über die Gruppe kursieren. So mögen die „Häuslebauer" aus dem Süden im Durchschnitt vielleicht wirklich vergleichsweise fleißig sein, aber dennoch gibt es zahlreiche Schwaben beiderlei Geschlechts, die weder besonders sparsam noch übertrieben arbeitseifrig sind. Und bei einigen Stereotypen fehlt sogar das letzte Körnchen Wahrheit – sie sind schlichtweg falsch. Wie der folgende Artikel zeigt, zählt hierzu beispielsweise die Vorstellung, Frauen seien im Allgemeinen redseliger als Männer.

**Ein Mann, ein Wort – eine Frau, ein Wörterbuch. Mythos oder Realität?[106]**
(Mareike Wickop)
Es ist immer das Gleiche: Während sie beide morgens gemütlich am Frühstückstisch sitzen, redet sie wie ein Wasserfall und will gar kein Ende finden. Er sitzt ihr schweigend gegenüber, nickt von Zeit zu Zeit und lässt sich ab und zu ein „hm", „nö" oder sogar ein „ja, Schatz" entlocken. Ganz klar – wenn es darum geht, so viele Wörter in eine Minute zu pressen wie möglich, haben die Frauen die Nase vorn! Oder nicht?
Das Klischee von weiblichen Tratschtanten und eher wortkargen Männern ist so gängig wie wenige andere und wird in den Medien (insbesondere in Comedy-Shows) seit (zumindest gefühlten) Jahrzehnten ausführlich strapaziert. Unter anderem auch deshalb, weil verschiedenste Statistiken und Zahlen dazu geliefert wurden. Wirklich wissenschaftlich untersucht wurde das Phänomen der weiblichen Redseligkeit bisher allerdings nur selten. Umso erstaunlicher ist die Behauptung einer Forschungsgruppe um Matthias Mehl, dass Frauen und Männer eigentlich gleich viel reden. Wer hat nun Recht?
Eine weit verbreitete Annahme war bis dato, dass Frauen etwa 20 000 Wörter am Tag hervorbringen, während Männer sich mit stolzen 7 000 Wörtern pro Tag begnügen. Diese Zahlen, die ursprünglich aus einer 2006 veröffentlichten Publikation der Neuropsychiaterin Louann Brizendine stammen, haben sich so tief eingeprägt, dass man fast von einem kulturellen Mythos sprechen mag, welcher überall als Tatsache hingenommen wird. Das Team um Mehl ging diesem Mythos nun auf den Grund, und zwar mit einer ganz neuen selbst entwi-

ckelten Methode: Einem elektronisch aktivierten Spezialrekorder, welcher sich gänzlich unbemerkt einschaltet und jeden auch nur kleinsten Wortfetzen, den eine Person von sich gibt,
aufzeichnet.

Fast 400 Studierende im Alter von 17 bis 29 Jahren aus den USA und Mexiko nahmen
zwischen 1998 und 2004 an der Studie teil. Der Rekorder wurde mehrere Tage hintereinander in den Morgenstunden getragen, schaltete sich alle zwölfeinhalb Minuten für 30 Sekunden selbsttätig ein und registrierte in dieser Zeit jedes gesprochene Wort. Da dies gänzlich
im Verborgenen geschah, bestand keine Möglichkeit die Wortmenge bewusst zu beeinflussen. Mit diesen aufgenommenen Daten konnte man auf die Anzahl gesprochener Wörter
hochrechnen: Dabei kamen die Frauen auf 16 215 Wörter am Tag, während ihre männlichen
Mitstreiter mit 15 669 Wörtern täglich nicht wesentlich weniger redeten.

Der geringe Unterschied von rund 550 Wörtern ist statistisch nicht bedeutsam und kann
die Frauen kaum als „Sprechsiegerinnen" bestätigen. Beide Geschlechter lassen sich am
Ende bei durchschnittlich 16 000 Wörtern pro Tag ansiedeln und das mit sehr großen inter-
individuellen Unterschieden. Denn wenn man die Tatsache bedenkt, dass es zwar weibliche
Quasselstrippen gibt, durchaus aber auch stillere Frauen existieren, scheint die gefundene
Differenz zwischen den Geschlechtern unbedeutend klein zu sein.

Auch wenn in dieser Studie ausschließlich Studierende aus nur zwei Nationen unter die
Lupe genommen wurden, interpretiert das Forschungsteam seine Ergebnisse als Enttäu-
schung für die Anhänger und Anhängerinnen des beliebten Stereotyps. Denn wenn die Unterschiede zwischen Männern und Frauen bezüglich der täglichen Wortmenge wirklich biolo-
gisch veranlagt wären, dann müssten sie sich in jeder beliebig zusammengestellten Stichprobe finden lassen – ganz egal wie spezifisch die Gruppe auch sein mag.

Vielleicht sollten sich die vielen Talkshows, Frauenzeitschriften und Comedy-Stars also
endlich einmal umorientieren und den Männern nicht mehr die angenehme Ausrede anbieten, dass sie von Natur aus einfach weniger sprechen als die Damen.

## Positive Stereotype

Wenn Männer Frauen als „geschwätzig" bezeichnen, ist das im Regelfall
nicht unbedingt nett gemeint. Generell denken wir bei den Begriffen „Stereotype" und „Vorurteile" eher an negative Eigenschaften. Allerdings sind
positive Stereotype ebenso verbreitet. Frauen wird beispielsweise nicht nur
ihre angebliche Schwatzhaftigkeit nachgesagt, sondern auch, dass sie im
Vergleich zu Männern sozial kompetenter und warmherziger seien. Aber
positive Stereotype können ja nicht so schlimm sein, denken Sie? Ist doch
nett, wenn man asiatischen Menschen nachsagt, sie seien besonders intelligent, oder Dunkelhäutigen, sie seien besonders sportlich. Immerhin drückt
das eine positive Einstellung gegenüber diesen Gruppen aus. Aber ganz so
einfach ist das nicht: Auch positive Stereotype bleiben Stereotype und kommen darum bei der vor-beurteilten Gruppe nicht besonders gut an, wie Sie
im folgenden Artikel lesen können.

**Nett gemeint, aber ...[107]** (Anne Landhäußer)

Es gibt Komplimente, die von der sie empfangenden Person nicht als solche verstanden werden. Mancher Mann fing sich schon eine Ohrfeige ein, weil er meinte, den Brustumfang seines weiblichen Gegenübers loben zu müssen. Obwohl wir uns im Allgemeinen natürlich über Lobeshymnen freuen, gibt es Ausnahmen, bei denen Komplimente genau das Gegenteil dessen bewirken, was eigentlich bezweckt war. Positive Stereotype könnten zu diesen Ausnahmen zählen.

Wer auf positive Stereotype setzt, der mag sich selbst für offen und vorurteilsfrei halten. Frei nach dem Motto: „Ich habe keine Vorurteile gegenüber Schwarzen. Sie sind unheimlich sportlich und dazu noch musikalisch!" Die stereotypisierte Gruppe jedoch fühlt sich in solchen Fällen nicht zwangsläufig geschmeichelt, sondern weiterhin mit Stereotypen konfrontiert.

Der Sozialpsychologe Alexander Czopp konnte zeigen, dass Afroamerikaner und Afroamerikanerinnen auf als Kompliment verpackte positive Stereotype tatsächlich sogar mit Ablehnung reagierten. Das zeigte sich, als schwarze Studienteilnehmende eine weiße Studentin beurteilen sollten, die sich angeblich um eine Stelle in einem Komitee für ethnische Vielfältigkeit beworben hatte. Wenn der gezeigte Videoausschnitt eine Szene enthielt, in der die Anwärterin Schwarze für ihr athletisches Können lobte, beurteilten die schwarzen Teilnehmenden die Studentin als weniger sympathisch als dies diejenigen taten, bei denen die gezeigten Videoausschnitte keine Stereotype enthielten. Außerdem wurde sie als vorurteilsbehafteter bewertet und als für die Stelle weniger geeignet befunden.

Wer alle dunkelhäutigen Menschen in einen Topf wirft, wird dem Individuum nicht gerecht. Afroamerikanische Menschen im Allgemeinen für Sportlichkeit und Musikalität zu loben, mag nett gemeint sein – den beabsichtigten Zweck erfüllt es jedoch nicht. Viele Weiße sind in Interaktionen mit Schwarzen sehr bemüht darum, nicht vorurteilsbehaftet zu erscheinen. Versuchen sie, ihrem Gegenüber näher zu kommen, indem sie die Schwarzen als Gesamtheit loben, kann gerade das dazu führen, dass das Gegenüber den Eindruck gewinnt, nun doch wieder mit Vorurteilen konfrontiert zu werden – und deswegen den Rückzug antritt. Denn die Vermutung liegt nahe: Wer sich auf positive Stereotype verlässt, wird auch schnell ein paar negative parat haben. Und was für Afroamerikaner und Afroamerikanerinnen gilt, gilt letztlich für uns alle: Wir möchten gerne so wahrgenommen werden, wie wir tatsächlich sind – als Individuum mit unserer eigenen Persönlichkeit und nicht als Klischee.

# Vorurteile und Diskriminierung

Sind Stereotype jedoch negativ gefärbt, können sie auch noch deutlich negativere Effekte haben als positive Stereotype. Negative Stereotype bilden die Basis für Vorurteile und Diskriminierung. Die Tatsache, dass vorurteilsbehaftetes Verhalten in unserer Gesellschaft nicht besonders hoch angesehen ist und eher auf Missbilligung stößt, kann nicht verhindern, dass negative Stereotype unter bestimmten Bedingungen doch zum Vorschein kommen.

Toleranz gegenüber allen Menschen – egal, welchen Geschlechts, welcher Nationalität, Religion oder sexuellen Orientierung sie auch sein mögen – ist heutzutage in unserer westlichen Gesellschaft eine weitestgehend anerkannte Norm, die beispielsweise durch die Anti-Diskriminierungsgesetze gestützt wird und deren Nichtbefolgung einem zumindest böse Blicke eintragen kann. Nichtsdestotrotz fühlen sich beispielsweise viele Homosexuelle auch hierzulande diskriminiert. Und sexistischer Humor sorgt im Fernsehen für hohe Einschaltquoten und garantiert nicht nur am Stammtisch, sondern auch beim Business-Lunch laute Lachsalven.

Doch sind frauenfeindliche Witze nicht nur harmloser Humor und Diskriminierungen von Homosexuellen der Ausnahmefall? Schließlich verhält sich die große Mehrheit hierzulande doch tolerant gegenüber ihren Mitmenschen, oder? Mag sein, doch dass sich ein Großteil der Menschen der gesellschaftlichen Norm entsprechend nach außen hin tolerant gebärdet, bedeutet noch lange nicht, dass Einzelne in ihrem Innersten tatsächlich auch tolerant sind!

Schon lange wird in der Sozialpsychologie die Ansicht vertreten, dass Menschen, die sich nach außen hin gerne vorurteilsfrei geben, in Wahrheit aber voller Vorurteile sind, ihren Gefühlen und Gedanken dann freien Lauf lassen, wenn sie glauben, entsprechende Vorurteile würden in der gegebenen Situation toleriert oder gar honoriert. Im folgenden Artikel sollen zwei Untersuchungen von amerikanischen Forschungsgruppen anhand von Homophobie (also Feindseligkeit gegenüber Homosexuellen) und Sexismus exemplarisch darstellen, dass an dieser Annahme durchaus etwas dran ist.

### Diskriminierung auf Abruf[108,109] (Anne Landhäußer & Ulrike Rangel)

Dass Vorurteile gegenüber Homosexuellen gerade dann zum Vorschein kommen, wenn erst einmal jemand den Anfang macht, zeigte eine Forschungsgruppe um Jeffrey Goodman mit Hilfe eines Experiments. Darin sollten kleine Gruppen von Studierenden gemeinsam eine Aufgabe lösen. Scheinbar per Zufall wurde ein Teilnehmer zum Gruppenleiter bestimmt, der in Wahrheit jedoch ein Verbündeter der Versuchsleitung war. Bei einem Teil der Gruppen trug er gut sichtbare Buttons der Schwulenbewegung am Rucksack, zeigte stereotyp homosexuelle Gesten und erwähnte seinen Partner. Beim anderen Teil der Gruppen kam er ohne Buttons, verhielt sich neutral und erwähnte im Gespräch seine Partnerin. Abgesehen davon legte er in allen Gruppen das gleiche Verhalten an den Tag. Bei der Hälfte derjenigen Gruppen, in denen der Gruppenleiter den Homosexuellen mimte, äußerte die Versuchsleiterin während dessen kurzzeitiger Abwesenheit den Satz: „Er ist sooo schwuuul!". Bei der anderen Hälfte und auch in den Fällen, in denen sich der Verbündete heterosexuell gab, verhielt sie sich dagegen gänzlich neutral.

Eine Videoaufnahme des Verhaltens der Teilnehmenden zeigte, dass die Mitglieder der Gruppen, in denen die Versuchsleiterin den angeblich Homosexuellen zuvor verhöhnt hatte, diesem gegenüber im Durchschnitt ein negativeres nonverbales Verhalten an den Tag legten, als das in den anderen Gruppen der Fall war. Das heißt, sie lachten ihn häufiger aus, starrten ihn häufiger unfreundlich an oder schüttelten häufiger ablehnend den Kopf. Die Gruppen, bei denen der Gruppenleiter angeblich homosexuell, aber nicht von der Versuchsleiterin verhöhnt worden war, unterschieden sich hingegen in ihrem nonverbalen Verhalten nicht von den Gruppen, in denen sich der Verbündete heterosexuell gab – obwohl auch ihnen die vermeintliche sexuelle Orientierung des Gruppenleiters durchaus aufgefallen war. Vorurteilsbehaftete Teilnehmende schienen die verächtliche Bemerkung der Versuchsleiterin also als Freischein für diskriminierendes Verhalten zu interpretieren.

Eine andere Forschungsgruppe um Thomas Ford testete die Idee, dass auch sexistischer Humor einen solchen Freischein für diskriminierendes Verhalten darstellen könnte. Dazu wurden Studenten entweder mit deutlich sexistischen Frauenwitzen oder mit neutralen Witzen konfrontiert und anschließend wurde die Tendenz dieser Männer zu frauenfeindlichem Verhalten erfasst. Beispielsweise wurden die Studenten gebeten, Empfehlungen für die Höhe der Jahresbudgets verschiedener studentischer Einrichtungen abzugeben, darunter eine Organisation, die für die Förderung von Frauen eintrat. Als diskriminierendes Verhalten wurde gewertet, wenn die Teilnehmer dieser Organisation relativ zu den anderen Einrichtungen ein geringeres Budget zusprachen.

Es zeigte sich, dass insbesondere Männer, die allgemein eher negativ gegenüber Frauen eingestellt waren, ihr Verhalten nach den Frauenwitzen drastisch änderten: Während sie nach dem Hören der neutralen Witze keinen Unterschied zwischen der Frauenorganisation und den anderen Einrichtungen machten, sprachen sie dieser Organisation nach den Frauenwitzen ein deutlich geringeres Budget zu. Männer, die keine negativen Einstellungen gegenüber Frauen aufwiesen, zeigten hingegen keine Tendenz zur Ungleichbehandlung.

Warum ist das so? Im Allgemeinen ist uns bewusst, dass diskriminierendes Verhalten nicht angemessen ist und auf Ablehnung stößt. Deshalb versuchen wir, Verhaltensweisen, die als Diskriminierung eingestuft werden könnten, zu vermeiden – unabhängig von unserer privaten Meinung. Haben wir jedoch den Eindruck, dass diskriminierendes Verhalten in der Situation, in der wir uns gerade befinden, toleriert wird – weil sich eine andere Person vorurteilsbehaftet äußert oder einen entsprechenden Witz erzählt – verhalten wir uns gemäß unserer tatsächlichen Einstellung. Die gute Nachricht dabei ist: Studien wie die beschriebenen zeigen, dass nur vorurteilsbehaftete Menschen in solchen Situationen diskriminierend agieren, während sich tolerante Menschen von Signalen wie den sexistischen Witzen oder dem homophoben Ausspruch der Versuchsleiterin nicht beeindrucken lassen.

## Wie Stereotype entstehen ...

Um Mittel und Wege finden zu können, wie sich nicht nur offene Diskriminierung verhindern lässt, sondern auch, wie sich die Vorurteile im tiefsten Inneren eines Menschen abbauen lassen, müssen wir zunächst verstehen, wie Stereotype und Vorurteile entstehen und über welche Mechanismen sie aufrechterhalten werden. Diese Fragen werden darum in der Sozialpsychologie als äußerst wichtig angesehen. Das hehre Ziel, Vorurteilen an den Kragen zu gehen, wird jedoch dadurch erschwert, dass sie zahlreiche Grundlagen haben – es gibt also viele Baustellen, an denen gearbeitet werden muss, möchte man ihre fatalen Folgen bekämpfen.

Stellen wir uns also zunächst die Frage, wie bestimmte Stereotype überhaupt entstehen: Wie kommen sie zu ihrem konkreten Inhalt? Warum glauben wir, dass Frauen redselig sind und Dunkelhäutige besonders athletisch und nicht beispielsweise, dass Frauen mehr Humor haben und Dunkelhäutige wunderbar kochen können?

Zunächst einmal ist hier das schon bemühte Körnchen Wahrheit zu nennen. Im Mittel können sich die Mitglieder verschiedener Gruppen tatsächlich auf bestimmten Merkmalen unterscheiden. So sind Männer im Durchschnitt wirklich größer als Frauen; nicht jeder einzelne Mann ist allerdings größer als jede einzelne Frau. Unser Erfahrungswissen führt oft dazu, dass wir die Unterschiede *zwischen* Gruppen, beispielsweise zwischen Männern und Frauen, überschätzen und die Unterschiede *innerhalb* der Gruppen unterschätzen.

Ein Stereotyp kann also mit der Beobachtung tatsächlicher Gruppenunterschiede beginnen, übertreibt und akzentuiert sie dann aber. Hinzu kommt, dass wir oft dazu neigen, beobachtetes Verhalten eines Gruppenmitglieds auf seine (angeborenen) Eigenschaften zurückzuführen, ohne zu berücksichtigen, dass es möglicherweise einfach eine Folge eingeschränkter Handlungsmöglichkeiten oder struktureller Umstände sein könnte. Wenn beispielsweise etwas an dem Bild des zerstreuten Professors dran sein sollte, liegt das möglicherweise nicht daran, dass in der Wissenschaft arbeitende Menschen aufgrund ihres Typus geistig in anderen Welten weilen und deswegen einen allzu menschlichen Alltag nicht zu bewältigen in der Lage sind, sondern daran, dass der Alltag zwischen Forschung, Lehre, Publikationen und universitärer Selbstverwaltung eine wahre Herausforderung für gutes Zeitmanagement darstellt.

Darüber hinaus spielen auch rein kognitive Prozesse – also Prozesse, die unser Denken, unsere Wahrnehmung und unsere Informationsverarbeitung betreffen – eine wichtige Rolle bei der Entstehung von Stereotypen. Ein Beispiel hierfür wäre die sogenannte *illusorische Korrelation.* Darunter versteht man, dass die Häufigkeit des gemeinsamen Auftretens sehr auffälliger Merkmale überschätzt und deswegen irrtümlich geschlussfolgert wird, es würde ein Zusammenhang zwischen diesen Merkmalen bestehen. Um ein auffälliges Merkmal handelt es sich beispielsweise bei aggressiv-dominantem Auftreten. Wer andere Menschen herablassend behandelt, fällt uns stärker ins Auge als normal-freundliche Mitmenschen. Ebenso auffällig sind Frauen in Führungspositionen. An männliche Chefs sind wir gewöhnt, auf Frauen in Chefsesseln reagieren wir dagegen mit besonderer Aufmerksamkeit. Treten nun zwei auffällige Merkmale zusammen auf, beobachten wir also beispielsweise eine weibliche Führungskraft dabei, wie sie ihre Mitarbeiter und Mitarbeiterinnen aggressiv herunterputzt, dann fällt uns das ganz besonders auf – einem solchen Vorfall widmen wir mehr Aufmerksamkeit, als wenn sich eine männliche Führungskraft entsprechend verhalten würde. Da solche Ereignisse besonders auffällig sind, wir sie also jedes Mal bewusst wahrnehmen und im Gedächtnis abspeichern, überschätzen wir ihre Häufigkeit und versuchen uns die vermeintliche Häufigkeit des Auftretens nach dem einfachst möglichen Prinzip zu erklären: „Wenn weibliche Führungskräfte ständig aggressiv auftreten, dann muss es wohl so sein, dass weibliche Führungskräfte einfach besonders aggressiv *sind.*" Dabei ist es gut möglich, dass ein Großteil der weiblichen Führungskräfte durchaus freundlich und zuvorkommend ist – nur, die fallen eben nicht so stark auf. Ebenso möglich wäre es, dass männliche Führungskräfte im Durchschnitt viel aggressiver auftreten – aber auch denen widmen wir nicht so viel Aufmerksamkeit. Stereotype können also dadurch entstehen, dass uns manche Verhaltensweisen bestimmter Personen (zum Beispiel auch kriminelles Verhalten von Menschen mit Migrationshintergrund) besonders ins Auge stechen, während wir andere weitestgehend ignorieren (zum Beispiel nichtkriminelles Verhalten von Menschen mit Migrationshintergrund), weil wir sie als normal ansehen.

Zusätzlich sind wir aber auch tatsächlich *motiviert,* Gruppen, denen wir nicht angehören, bestimmte – oft negative – Eigenschaften zuzuschreiben. Eine Frau, die keine Führungsposition inne und auch lebenslang keine in Aussicht hat, wird sich vermutlich besser fühlen, wenn sie diese „aggressiven Karriere-Weiber" abwerten kann – „So eine möchte ich doch gar nicht sein!". Am schönsten ist es schließlich, wenn man genau das sein möchte, was man gerade ist: beispielsweise Haus- statt Karrierefrau.

Wir Menschen definieren uns zu einem großen Teil über die Gruppen, denen wir angehören. Wir betrachten uns nicht einfach global als „Mensch" – unser Selbstbild beruht vor allem auch darauf, welchen Gruppen wir angehören, das heißt beispielsweise welches Geschlecht wir haben, welchen Beruf wir ausüben, welcher (Sub-)Kultur wir uns zugehörig fühlen (siehe auch Kapitel 8 „Homo sapiens – Herdentier?!"). Um uns selbst mögen und ein positives Selbstwertgefühl aufrecht erhalten zu können, ist es deswegen wichtig, dass wir die Gruppen, zu denen wir gehören, positiv bewerten. Ein Handwerker, der der Meinung ist, alle Handwerker seien plump und unpünktlich, wird es schwer haben, sich mit seinem Beruf positiv zu identifizieren.

Nun stehen die eigenen Gruppen besonders gut da, wenn andere Gruppen ein eher klägliches Bild abgeben. Als Frau kann man sich moralisch hochwertig fühlen, wenn alle Männer „Schweine" sind, als Deutsche oder Deutscher ungeheuer fleißig, wenn Ausländer und Ausländerinnen immer nur auf der faulen Haut liegen. Stereotype helfen uns also dabei, uns selbst besser zu fühlen mit dem, was wir sind. Außerdem liefern sie uns oft eine Rechtfertigungsgrundlage für das, was wir tun („Vegetarier und Vegetarierinnen haben alle Mangelerscheinungen, also kann ich guten Gewissens mein Fleisch genießen.") oder die Positionen, die wir verfechten („Es ist völlig gerechtfertigt, dass mein Monatsgehalt bei 5 000 Euro liegt und der Hartz IV-Regelsatz bei 374 Euro. Immerhin sind die Arbeitslosen alle faul und selbst schuld an ihrer Situation!"). Die Welt erscheint weniger ungerecht, wenn sich die ungleiche Verteilung von Privilegien mit vermeintlichen Eigenschaften der Betroffenen rechtfertigen lässt.

## ... und warum Stereotype bleiben

Stereotype, die bereits in der Welt vorhanden sind, lernen wir relativ schnell, als Kinder schon. Figuren wie Pippi Langstrumpf kommen nicht vollends dagegen an, dass die Toms in Kinderbüchern und -serien oft für jeden Streich zu haben, während die Annikas tendenziell eher vorsichtig bis vernünftig sind. Kleine Jungen, die in pinkem Glitzer-Shirt das Klassenzimmer betreten, erleben sehr schnell, dass das nicht unbedingt eine gute Idee ist. Und die Designerin Dominique Esser machte Schlagzeilen damit, dass sie im Rahmen ihrer Diplomarbeit ein Prinzessin Lillifee Softair-Gewehr sowie die Action Schmink- und Frisierpuppe „Thor" entwickelte. Dass Mädchen mit Waffen und Jungen mit Lidschatten hantieren, ist eben doch eher ungewöhnlich.

Durch Eltern, Gleichaltrige und Medien werden Stereotype und Vorurteile weitergegeben und „kulturell vererbt". Als Erwachsene halten wir oft selbst dann noch an ihnen fest, wenn uns die Realität lehrt, dass sie nicht zwangsläufig zutreffend sind. Haben wir beispielsweise Vorurteile gegenüber Roma und begegnen einer Angehörigen dieser Volksgruppe, die uns augenblicklich sympathisch ist, heißt das nicht automatisch, dass wir von nun an alle Roma für sympathisch halten. Ob die Begegnung mit einzelnen Angehörigen einer stereotypisierten Gruppe an unserem Stereotyp rütteln kann, hängt unter anderem davon ab, ob wir diese Einzelnen als typisch für die Gruppe erachten oder nicht. Dies wird im folgenden Artikel anhand einer Studie erläutert.

**Typisch! ... Oder doch nicht?[110] (Ann-Kristin Wagner)**
Rentner und Rentnerinnen sind geizig, stur und verströmen den Duft von 4711. Sie haben viel Freizeit, die sie nicht besser zu nutzen wissen, als in Arztpraxen herumzusitzen. Ihr größtes Problem ist es, die Woche so zu organisieren, dass möglichst alle Rabattaktionen bei Penny, Lidl und Aldi effektiv genutzt werden können. Ob diese negativen Stereotype berechtigt sind, ist mehr als fraglich. Tatsache ist aber, dass vielen von uns diese oder ähnliche Dinge einfallen, wenn wir an pensionierte Menschen denken.

Was aber passiert, wenn wir einem sportlichen, engagierten Menschen im Ruhestand begegnen, der diese gängigen Stereotype widerlegt? Wird unser Urteil über eine negativ bewertete Gruppe tatsächlich positiver, wenn wir auf eine Person treffen, die zwar zu dieser Gruppe gehört, aber – im Gegensatz zu unseren Stereotypen über diese Gruppe – positive Eigenschaften besitzt? Nach Annahme der Kontakthypothese sollte dies der Fall sein: Die Begegnung mit einer sympathischen und aktiven Person im Ruhestand sollte dabei helfen, Stereotype über Rentner und Rentnerinnen abzubauen und diese Gruppe als Ganzes positiver zu beurteilen.

Ein Forschungsteam um den Mannheimer Sozialpsychologen Herbert Bless ging diesen Fragen nach. Hierfür hörten Studierende die Beschreibung einer Person, die den Sinti und Roma angehörte; eine Gruppe, über die viele negative Stereotype bestehen, zum Beispiel dass ihre Mitglieder stehlen und auf Kosten anderer leben. Die Person selbst wurde dabei mit positiven – also den Stereotypen widersprechenden – Eigenschaften beschrieben. Die Information über die Zugehörigkeit der Person zur Gruppe der Sinti und Roma, die die Teilnehmenden erhielten, war dabei allerdings mehrdeutig: Einerseits wurde angedeutet, dass die Person gut in die Kultur der Sinti und Roma integriert sei, andererseits aber auch, dass sie nicht allzu typisch für diese Gruppe sei. Anschließend wurde eine Hälfte der Studierenden noch einmal explizit daran erinnert, dass die Person gut in die Gruppe eingebunden sei, während bei der anderen Hälfte besonders hervorgehoben wurde, dass die Person eher untypisch für die Gruppe sei. Mit anderen Worten: Unterschiedliche Informationen über die Gruppenzugehörigkeit dieser dem Stereotyp widersprechenden Person wurden betont. Schließlich sollten die Studierenden angeben, wie stark sie der beschriebenen Person im Speziellen und der Gruppe der Sinti und Roma im Allgemeinen bestimmte negative stereotype Eigenschaften, wie Kriminalität oder Aberglauben, zuschrieben.

Die Ergebnisse weisen darauf hin, dass der Kontakt zu einem netten und sympathischen Mitglied einer negativ bewerteten Gruppe nicht zwangsläufig dazu führt, dass wir diese Gruppe fortan positiver bewerten: Nur wenn die beschriebene Person als gut in die Gruppe eingebunden wahrgenommen wurde, verbesserte sich die Einstellung gegenüber der Gruppe. Wurde die positiv bewertete Person als für die Gruppe untypisch wahrgenommen, wurde dagegen die Gruppe als Ganzes deutlich stereotyper (also negativer) bewertet, als wenn die Person als gut eingebunden galt.

Für die Person selbst fanden sich interessanterweise die gegenteiligen Effekte: Wenn sie als gut in die Gruppe eingebunden galt, wurde sie negativer bewertet als wenn sie als untypisch wahrgenommen wurde.

Wer also demnächst einem Skateboard fahrenden Rentner begegnet, sollte sich an diese Studie erinnern und nicht zu schlecht über die anderen Rentner und Rentnerinnen dieser Welt denken. Denn möglicherweise ist dieser Rentner typischer für seine Gruppe als wir annehmen.

Wir können unsere Stereotype über eine Gruppe also bequemerweise beibehalten, wenn wir jemanden, der nicht in unsere Schubladen passt, als Ausnahmefall klassifizieren. Eine Türkin mit Einser-Abitur? Muss eine Ausnahme sein!

Selbst wenn uns mehrere solcher Ausnahmefälle begegnen, können wir unser Stereotyp unangetastet lassen, indem wir Unterkategorien bilden. Frauen, die tough und durchsetzungsstark sind, kommen dann eben nicht mehr in die „Frauen"-Schublade, sondern zum Beispiel in die daneben angelegte Schublade für „Karrierefrauen". So müssen wir die Beschriftung der „Frauen"-Schublade nicht ändern, die da aufzählen könnte: „Nett, herzlich, warm, fürsorglich, passiv." Die vermeintlich *typische* Frau behält diese Attribute, „Karrierefrauen" stellen einen gesonderten Fall dar.

## Wie kann man Stereotype und Vorurteile dann überwinden?

Eine solche Subkategorisierung ermöglicht zwar die Aufrechterhaltung von Stereotypen, kann aber letztlich auch dazu führen, dass das ursprüngliche Stereotyp (zum Beispiel das von der „typischen Frau") irgendwann in sich zusammenbricht. Wer merkt, dass er einen Großteil der Frauen, die ihm begegnen, in Subkategorien einsortieren muss, wird irgendwann erkennen, dass es die „typische Frau" vielleicht gar nicht gibt – oder eben nur im eigenen Kopf.

Neben dieser Subkategorisierung wurden innerhalb der Sozialpsychologie zwei weitere Modelle der Veränderung von Stereotypen diskutiert[111], die die Konfrontation mit solchen Informationen thematisieren, die dem Stereotyp widersprechen:

Zum einen ist die Annahme, dass wir innerlich Buch führen über bestimmte Menschengruppen. In diesem Buch notieren wir alle Charaktereigenschaften und Verhaltensweisen, die wir bei Angehörigen der jeweiligen Gruppe wahrnehmen. Wann immer wir nun eine Information eintragen, die dem Stereotyp, das wir von der Gruppe haben, widerspricht, sollte unser Stereotyp ein klein wenig abgeändert werden. Wir passen den Inhalt dieses Buches und damit auch das Bild in unserem Kopf also unseren gemachten Erfahrungen an. Und wenn der Inhalt des Buches so gar nicht mehr unserem ursprünglichen Stereotyp entsprechen will, dann sind wir uns längst darüber im Klaren, dass es sich eben doch nur um eben dies handelte: ein Stereotyp, ein Bild, nicht um die Realität.

Ein anderes Modell besagt, dass Menschen radikal und auf einen Schlag ihre Stereotype und Vorurteile über den Haufen werfen, sobald sie eine einschlägige Erfahrung mit Angehörigen der stereotypisierten Gruppe machen – sozusagen ein Schlüsselerlebnis haben. Eine Reise in die Türkei könnte den Blick auf Türken und Türkinnen grundlegend ändern; ein 1860-Fan, der sich ungünstigerweise in eine Bayern München-Anhängerin verliebt, könnte von einer Sekunde auf die andere alle Vorurteile purzeln lassen. Die Forschung zu eben diesem Thema lässt allerdings vermuten, dass solche Erleuchtungsmomente eher selten auftreten. Der Prozess der Stereotyp-Veränderung ist ein sehr behäbiger: Durch Subkategorisierung und mentale Buchführung können wir unsere Stereotype langsam, aber immerhin doch stetig, verändern.

Eine nicht besonders erfolgsversprechende Strategie jedoch ist die bloße Unterdrückung von Stereotypen. Warum dies der Fall ist, werden Sie sofort selbst nachvollziehen können, wenn Sie versuchen der folgenden Aufforderung nachzukommen: Denken Sie in den nächsten dreißig Sekunden bitte unter keinen Umständen an einen rosaroten Elefanten!

Und? Ist es Ihnen gelungen an keinen rosaroten Elefanten zu denken?

Versuchen wir, einen bestimmten Gedanken zu unterdrücken (wie zum Beispiel den an einen rosaroten Elefanten oder den, dass ein junger Türke ja sicherlich kriminell und gewalttätig sein muss), gewinnt dieser Gedanke automatisch an Präsenz. Das liegt daran, dass wir bewusst oder unbewusst stetig nach Anzeichen des ungewollten Gedankens suchen, um ihn im Zweifelsfall schnell wieder in die Flucht schlagen zu können. Gerade dadurch richten wir aber Aufmerksamkeit auf ihn. Und sollten wir keinen Erfolg damit haben, den Gedanken zurückzudrängen (weil wir zum Beispiel müde oder abgelenkt sind), wird er sich schnell seinen Weg in unser Bewusstsein bahnen.[112]

In einer klassischen Studie zu diesem Thema[113] bekamen Studierende ein Bild eines männlichen Skinheads vorgelegt und die Aufgabe, dessen typischen Tagesablauf zu beschreiben. Dabei wurden sie entweder gebeten Stereotype bewusst zu vermeiden oder sie bekamen keine entsprechende Instruktion. Tatsächlich waren die beschriebenen Tagesabläufe weniger stereotyp, wenn die Versuchsteilnehmenden Stereotype unterdrücken sollten. Jedoch: Als die Studierenden im Anschluss auch noch den typischen Tagesablauf eines anderen männlichen Skinheads beschreiben sollten, ohne dazu aufgefordert zu werden ihre Stereotype zu unterdrücken, kamen eben diese mit voller Kraft zurück. Es scheint gar, als hätten die Personen, die das Stereotyp zuvor unterdrückt hatten, Nachholbedarf gehabt: Sie stereotypisierten nun sogar in stärkerem Maße als die Personen, die auch beim ersten Skinhead schon frei heraus schreiben konnten.

Die Unterdrückung von Stereotypen mag also kurzfristig funktionieren – langfristig ist sie keine Lösung. Zum Abbau von Vorurteilen bedarf es einer *Änderung* der Stereotype, die sich zwar kaum von jetzt auf nachher vollziehen lässt. Da steter Tropfen aber auch hier den Stein höhlt, lassen sich mit Geduld auch Stereotype verändern, wenn wir offen für neue Erfahrungen bleiben und uns regelmäßig bewusst machen, dass die Bilder in unserem Kopf nur in manchen Fällen der Realität entsprechen. Zu diesem Bewusstsein gelangen wir vor allem dann, wenn wir mit der Realität konfrontiert werden, wenn wir also Menschen begegnen, die unseren Stereotypen nicht entsprechen. Dazu bedarf es aber überhaupt erst einmal eines Kontakts zu Mitgliedern der stereotypisierten Gruppen. Allzu viele Menschen haben zum Beispiel Vorurteile gegenüber Homosexuellen oder Personen jüdischen Glaubens, ohne sich jemals mit einem Homosexuellen oder einer jüdischen Person unterhalten zu haben. Ein Erklärungsansatz für die Tatsache, dass Ausländerfeindlichkeit im Osten Deutschlands stärker verbreitet ist als im Westen, besteht darin, dass es im Osten *weniger* Migranten und Migrantinnen gibt – so haben Ostdeutsche weniger Möglichkeiten ihre Vorurteile zu revidieren. Denn Kontakt zwischen Gruppen kann – unter bestimmten Randbedingungen – tatsächlich ein entscheidender Faktor sein, um Vorurteile zu verringern oder gar nicht erst entstehen zu lassen.

**Keine Vorurteile gegen Freunde[114] (Anne Landhäußer)**

Auch wenn wir es ungern zugeben: Das ein oder andere Vorurteil haben wir alle – sei es gegen Türken und Türkinnen, Lesben, Arbeitslose oder Fußballfans. Als Allheilmittel gegen solche Vorurteile galt schon vor über fünfzig Jahren die Förderung häufiger Kontakte zu Mitgliedern der stereotypisierten Gruppe. In den USA führte das zum sogenannten „Busing": Schulkinder wurden mit Bussen an entferntere Schulen transportiert, damit sich weiße und schwarze Kinder täglich begegneten und auf diese Weise Vorurteile abbauen konnten. Von Erfolg war diese Aktion allerdings nicht gekrönt, da die schwarzen und die weißen Schüler und Schülerinnen jeweils weitestgehend unter sich blieben und sich gegenseitig nicht als gleichwertige Spielkameraden akzeptierten. Heute wissen wir, dass Kontakt zwischen Gruppen nur dann zur Reduktion von Vorurteilen führt, wenn dieser Kontakt auf gleicher Augenhöhe stattfindet und gegenseitige Kooperation beinhaltet. Anders ausgedrückt: Wenn es dabei auch zu Freundschaft kommen kann.

Der Zusammenhang ist vielfach belegt: Personen, die in freundschaftlichem Kontakt zu Angehörigen einer bestimmten Gruppe stehen, bringen dieser Gruppe weniger Vorurteile entgegen als solche Menschen, die keinerlei Kontakt zu solchen Gruppenmitgliedern haben. Ungeklärt ist bislang jedoch, ob die Kausalrichtung, die die Kontakthypothese unterstellt, tatsächlich die richtige ist. Angenommen wird, dass freundschaftlicher Kontakt Vorurteile abbaut. Genauso plausibel wäre jedoch auch eine umgekehrte Wirkrichtung: Nur wer wenig Vorurteile gegenüber einer Gruppe hat, knüpft auch eher freundschaftliche Beziehungen mit Mitgliedern dieser Gruppe.

Die Richtung eines Zusammenhangs kann mit Hilfe von Längsschnittstudien analysiert werden. Hierbei werden dieselben Personen zu mehreren Zeitpunkten befragt, so dass im Anschluss Entwicklungen im Verlauf einer gewissen Zeitspanne untersucht werden können. Eine internationale Forschungsgruppe um Jens Binder führte eine solche Studie mit mehreren tausend Schülern und Schülerinnen aus Belgien, England und Deutschland durch. Die Fragen, die den Jugendlichen zu zwei verschiedenen Zeitpunkten gestellt wurden, bezogen sich auf freundschaftliche Beziehungen zu Mitschülern und -schülerinnen mit Migrationshintergrund sowie auf Vorurteile, die bestimmten Migrantengruppen entgegengebracht wurden.

Dabei zeigte sich, dass freundschaftlicher Kontakt zwischen Gruppen zu einer Reduktion von Vorurteilen führt. Umgekehrt zeigte sich aber auch: Wenige Vorurteile einer Gruppe gegenüber machen freundschaftliche Beziehungen zu Mitgliedern dieser Gruppe wahrscheinlicher. Wer also bereits Vorurteile beispielsweise gegenüber Personen muslimischen Glaubens hat, will sich nicht mit selbigen anfreunden – und durch den fehlenden Kontakt verstärken sich die Vorurteile noch. Wer allerdings wenige Vorurteile gegenüber muslimischen Personen hat, knüpft möglicherweise Freundschaft mit Menschen diesen Glaubens, wodurch die wenigen Vorurteile dann noch geringer werden. Es gilt also Teufelskreise zu durchbrechen und Vorurteile bewusst zu hinterfragen. Dann klappt's vielleicht auch mit der türkischen Nachbarin.

Kontakt zu den Mitgliedern stereotypisierter Gruppen kann also zu einem Abbau von Vorurteilen führen. Dazu müssen jedoch sechs Bedingungen erfüllt sein[115]:

1. Der Kontakt muss auf Augenhöhe stattfinden, das heißt: In der jeweiligen Situation sollten alle den gleichen Status besitzen. Vorurteile gegenüber Obdachlosen lassen sich schwer abbauen, während wir im Vorbeigehen auf ein Mitglied dieser Gruppe herabsehen und wohlwollend einen Euro unseres stattlichen Gehalts abgeben.
2. Die Personen sollten erfolgreich gemeinsame Ziele verfolgen und dürfen nicht im Wettbewerb miteinander stehen.
3. Die Erreichung dieser gemeinsamen Ziele sollte nur dann möglich sein, wenn alle an einem Strang ziehen.

4. Hilfreich kann es auch sein, wenn eine anerkannte Autorität diesen Kontakt gut heißt, aktiv fördert und ein vorurteilsfreies Verhalten selbst vorlebt.

5. Die Situation sollte zwanglos und angenehm genug sein, um die Entstehung von Freundschaften zu ermöglichen.

6. Wie oben beschrieben bringen all diese Faktoren jedoch wenig, wenn die Mitglieder der stereotypisierten Gruppe als untypisch wahrgenommen und deswegen einer Subkategorie zugeordnet werden. Wir müssen uns also darüber im Klaren sein, dass die Türkin mit dem Einser-Abitur kein Ausnahmefall ist, sondern vielleicht tatsächlich eine typische Repräsentantin ihrer Landsleute.

Kontakt ist die eine Sache. Doch um unsere eigenen Stereotype und Vorurteile abzubauen, müssen wir auch selbst aktiv werden. Es genügt nicht darauf zu warten, dass Schwule, Muslima und Punker an unsere Tür klopfen, um uns von der mangelnden Qualität der Bilder in unseren Köpfen zu überzeugen. Stereotype werden automatisch aktiviert, bestimmte Bilder drängen sich auf, ohne dass wir das wollen. Nur wenn wir diese Bilder immer wieder bewusst in Frage stellen und auch unsere Schubladen ganz bewusst mit anderen Inhalten füllen („Viele Frauen sind durchsetzungsstark", „viele Türken sind intelligent"), können wir unsere Stereotype aktiv selbst verändern.

## Zum Schluss

Wir alle haben Stereotype. Diese mögen manchmal einen wahren Kern enthalten, oft entstehen sie aber auch, ohne dass es einen solchen gibt. Auf jeden Fall lassen sie aber keinen Schluss auf einzelne Individuen einer Gruppe zu. Dennoch stereotypisieren wir ständig – hinsichtlich negativer wie auch positiver Eigenschaften, manche nur in ihren geheimsten Gedanken, andere sogar offen durch direkte Diskriminierung. Oft ist uns jedoch überhaupt nicht bewusst, inwieweit Stereotype unsere Urteile und unser Verhalten beeinflussen, und das, obgleich Stereotypisierung weitreichende Konsequenzen haben kann. Auch deswegen ist es wichtig, sich diese Problematik bewusst zu machen, sich seine eigenen Stereotype vor Augen zu führen und sie in unvoreingenommenen Begegnungen mit Angehörigen anderer Gruppen einem Praxistest zu unterziehen.

Die in diesem Kapitel enthaltenen Informationen beruhen auf den folgenden Quellen, die auch zur weiterführenden Lektüre zu empfehlen sind:

Aronson, E., Wilson, T.D., & Akert, R.M. (2009). *Sozialpsychologie* (6. überarbeitete Auflage). München: Pearson Studium.
Nelson, T.D. (2006). *The psychology of prejudice.* New Jersey: Pearson.

# Kapitel 10
# Ich als Teil der (Informations-)Gesellschaft

Bianca von Wurzbach & Anne Landhäußer

Gruppen erfüllen für uns Menschen wichtige Funktionen wie das Spenden von Schutz und menschlicher Nähe oder die Möglichkeit zum Gedanken- und Gefühlsaustausch (siehe auch Kapitel 8 *Homo sapiens – Herdentier?!*). Es ist für unser Wohlergehen daher sehr wichtig, zu bestimmten Gruppen dazuzugehören. Im Laufe der Geschichte haben sich jedoch die Gruppen, zu denen wir Menschen uns typischerweise zugehörig fühlen, stark verändert. Noch vor weniger als hundert Jahren stellten Familien, Dorfgemeinschaften, Schulklassen, Vereine oder Betriebsbelegschaften typische Gruppen dar, als deren Teil sich Menschen verstanden. Waltraud Müller stand also vornehmlich mit ihrer Familie und den Personen aus den umliegenden Dörfern in Kontakt. Vor allem Eltern, Lehrkräfte oder Nachbarn und Nachbarinnen nahmen Einfluss auf ihr Denken, Fühlen und Handeln. Nachrichten und andere Informationen über das Zeitgeschehen wurden ihr meist über die Zeitung, per Brief oder im Gespräch vermittelt. Heute, in unserer globalisierten Welt, hat sich die Bandbreite an Kontakt- und Informationsmöglichkeiten demgegenüber massiv vergrößert. Die Einflüsse kommen in größerer Geschwindigkeit scheinbar von überall her – oft transportiert über das Internet und andere Medien, wie beispielsweise das Fernsehen oder Zeitschriften. Waltrauds Enkelin Julia Müller ist also global vernetzt, hat Zugang zu einer fast unbegrenzten Bandbreite an Informationen und ist dadruch weitaus komplexeren Einflussmöglichkeiten ausgesetzt, als ihre Großmutter es in ihrer Jugend war. Doch welche Einflüsse können Medien – als Kommunikationsorgan einer Gesellschaft – denn tatsächlich auf uns ausüben? Wie verändern sie unser Leben? Und wie gestalten sie unser soziales Zusammensein? Diese und weitere Fragen werden in diesem Kapitel beleuchtet.

## Facebook & Co.

Das soziale Beisammensein hat sich in den letzten Jahrzehnten in unserer Gesellschaft radikal verändert. Wie erwähnt spielen hierbei die Kommunikationsmedien, insbesondere das Internet, eine entscheidende Rolle. So nutzten 2011 mehr als 73 Prozent der deutschen Bevölkerung im Alter von über 13 Jahren (ungefähr 51,7 Millionen Menschen), zumindest gelegentlich das Internet.[116] 1997, also nur 14 Jahre zuvor, waren es nicht einmal 7 Prozent (ungefähr 4,11 Millionen Menschen).[117] Viele von uns haben auch ihre sozialen Beziehungen zu weiten Teilen in die digitale Welt verlagert. Plattformen für virtuelle soziale Netzwerke wie Facebook, mein VZ oder Wer-kennt-wen spielen heute eine bedeutende Rolle beim Kennenlernen von neuen Leuten, beim Kontakt halten mit uns wichtigen Menschen und bei verschiedenen Aktivitäten wie der Meinungsbildung oder dem Austausch von Musik. 2010 war Facebook nach der Shopping-Website ebay die von deutschen Internetnutzenden am häufigsten besuchte Website.[118] Hier verweilten die „User", also die Nutzenden des sozialen Netzwerks, im Durchschnitt knapp 3 Stunden pro Monat. Einige von uns, insbesondere die Jüngeren, werden sich in diesen Zahlen wiedererkennen oder sogar denken: „Nur 3 Stunden pro Monat? Das schaffe ich locker an einem Tag!" Der soziale Austausch über das Internet ist also allgegenwärtig, rege und aus dem Alltag von vielen nicht mehr wegzudenken. Doch was genau bedeutet das für den Menschen als soziales Wesen? Heißt das, dass wir heutzutage vermehrt alleine vor dem Computer sitzen und dadurch letztlich den Kontakt zur „realen" Welt, den Freunden, Freundinnen und Bekannten in unserer Umgebung, verlieren? Macht uns das zu einer Gesellschaft einsamer Sonderlinge oder kann die Kontaktpflege über das World Wide Web das soziale Zusammenleben sogar fördern? Diesen Fragen geht der folgende Artikel nach.

**„Im Netz sein": Tor zur Einsamkeit oder Freundschaftsschmiede?**[119] **(Rainer Greifeneder)**
Auf seinem Feldzug durch die Gesellschaft und in die Jugendzimmer wurde (und wird) das Internet oft verteufelt, und das teilweise zu Recht. Studien in den neunziger Jahren zeigten, dass Internetnutzende meist nur oberflächliche Bekanntschaften mit anderen „Usern" schlossen, gleichzeitig aber aufgrund der Stunden, die sie im Netz verbrachten, weniger Zeit für Kontakte „im realen Leben" hatten. Die Folge waren weniger tragfähige soziale Beziehungen und ein geringeres Wohlbefinden.

Doch seit den Neunzigern hat sich einiges getan, gerade im Internet. Während in den Anfängen die eigenen Freunde und Freundinnen nur selten online zu finden waren, sind heute die meisten „im Netz". Wurden damals Netzwerke und Freundschaften hauptsächlich mit Fremden geknüpft und waren daher häufig oberflächlicher Natur, so dient das Internet heute wie Telefon oder Handy (auch) dazu, bestehende Kontakte zu pflegen. Dies wird durch einen Wandel der Softwarewelt unterstützt. Dominierten früher anonyme Chatrooms, die kaum zum Knüpfen und Halten persönlicher Kontakte dienen konnten, nutzen die Massen heute Kommunikationsmittel, die gerade diese Bedürfnisse erfüllen (zum Beispiel Skype oder Facebook). Bei so viel Veränderung lohnt sich ein zweiter Blick, wie Patti Valkenburg und Jochen Peter fanden: Macht das Internet die Jugendlichen immer noch einsam?

Die Antwort des Forschungsteams lautet „Jein": Nutzen die Jugendlichen das Internet vor allem, um existierende Bekannt- und Freundschaften zu pflegen, dann nimmt mit der Höhe der Internetnutzung auch die Stärke der sozialen Einbindung und die Höhe des Wohlbefindens zu.

Wird das Internet dagegen hauptsächlich dafür genutzt, um mit Fremden in Kontakt zu treten, dann sind die Ergebnisse nicht besser als früher.

Es kommt also auf die Nutzung des Internets an. Doch wie kann es sein, dass mehr online-Kontaktpflege zu höherem offline-Wohlbefinden führt? Das Forschungsteam argumentiert, dass die Jugendlichen im Netz mehr über sich preisgeben, als sie es im direkten Kontakt tun würden. Das muss nicht immer gut sein, hat jedoch häufig den positiven Effekt, dass Beziehungen intensiver und von den Beteiligten als belohnender wahrgenommen werden. Tatsächlich messen viele Menschen „Freundschaft" daran, was und wie viel man von der anderen Person weiß. Wenn das Internet für diesen Vorgang förderlich ist, dann sollte mit der Häufigkeit des Aufenthalts im Netz auch die wahrgenommene Qualität und Nähe der Freundschaften steigen. Die Qualität von Freundschaften wiederum beeinflusst das Wohlbefinden, und zwar häufig in beträchtlichem Ausmaß, gerade bei Jugendlichen. Über den Umweg einer größeren Offenheit und dadurch als intensiver erlebten Freundschaften kann die Internetnutzung also auch zu mehr und nicht weniger sozialer Einbindung und Wohlbefinden führen. Studien aus verschiedenen Bereichen stützen diese Annahmen.

Ein Internetzugang ist damit nicht zwangsläufig die Eintrittskarte zum sozialen Ausschluss. Vielmehr scheinen Jugendliche auch im „realen Leben" von den Aufenthalten im Internet zu profitieren, insbesondere wenn sie im Internet ihre bestehenden sozialen Kontakte pflegen und intensivieren. Das gilt übrigens insbesondere für Jungen, die sich offline weniger öffnen als die Angehörigen des anderen Geschlechts.

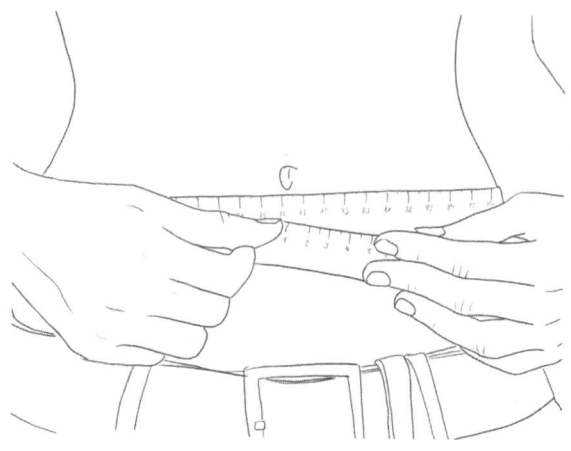

## Sei schön, schlank und cool!

Das Internet kann also nicht nur auf informationstechnischer und ökonomischer Ebene als Chance gesehen werden, sondern tatsächlich auch im sozialen Kontext. Die teilweise in der Gesellschaft vertretene Annahme, dass Internetnutzende vereinsamen und das Netz somit einen schlechten Einfluss auf unser Denken, Fühlen und Handeln hat, muss dementsprechend eingeschränkt werden. Ganz ausgeräumt werden kann die Annahme von negativen Einflüssen des Internets allerdings keineswegs. Nicht nur, dass die Nutzung digitaler Netzwerke zu einem Ausschluss aus der „realen Welt" führen kann, wenn dabei in erster Linie der Kontakt zu Fremden gepflegt wird. Auch andere negative Einflüsse können von Kommunikationsmedien ausgehen. So werden beispielsweise Leitbilder und Rollenmodelle vorgegeben, die insbesondere Kinder und Jugendliche in ihrer Selbstwahrnehmung und ihren Idealen prägen. Denn nicht selten werden in Fernsehen und Internet beispielsweise Schönheitsideale kommuniziert und diktiert, die von Max und Lisa Mustermensch kaum zu erfüllen sind. Das kann zwar auch bei Erwachsenen, insbesondere aber bei Kindern und Jugendlichen dazu führen, dass sie sich im eigenen Körper unwohl fühlen. Gerade Kinder und Jugendliche sind in ihrem Wesen noch nicht gefestigt und somit sehr leicht in ihrer Wahrnehmung und ihren Ansichten zu beeinflussen und zu verunsichern. So kann ihre Entwicklung durch die Schönheitsvorgaben der Medien gefährdet werden. Dies führt unter Umständen zu gefährlichen Folgen wie beispielsweise Essstörungen. Laut einer im Jahr 2007 veröffentlichten Studie des Robert-Koch-Institutes besteht bei fast 30 Prozent der deutschen Mädchen im Alter zwischen 11 und 17 Jahren der Verdacht auf eine Essstörung[120]. In der Altersgruppe der 18- bis 20-Jährigen brachten laut Zahlen des Statistischen Bundesamtes im Jahr 2009 fast 13 Prozent der jungen Frauen in Deutschland nur Untergewicht auf die Waage[121]. Sicherlich gibt es mehrere Faktoren, die an diesem Umstand Schuld tragen. Über den Einfluss der Medien wird allerdings besonders häufig spekuliert. Der folgende Artikel stellt zwei Studien vor, die überprüft haben, welche Folgen die Konfrontation mit besonders dünnen Rollenvorbildern für junge Frauen haben kann.

### Der (Alp-)Traum vom Schlanksein[122,123] (Mareike Wickop & Birgit Gutzer)

Die Medien zeigen sie uns überall: Schöne, schlanke Mädchen mit viel Erfolg. Die Zahl zum Glück ist neuerdings die 34. Doch nur die Wenigsten können diese derzeit angesagte Kleidergröße tragen. Die Medien vermitteln also ein unrealistisches Bild, das trotz seiner Realitätsferne für viele Mädchen und junge Frauen zum Standard geworden ist. Kleidergröße 34 ist damit kein Traum mehr, sondern ein von den Medien diktiertes Muss, das für viele zum Alptraum wird.

Wie ein kanadisch-amerikanisches Forschungsteam um Erin Strah zeigte, können in den Medien verbreitete soziokulturelle Schlankheitsnormen das Selbstwertgefühl junger Frauen und ihre Zufriedenheit mit der eigenen Figur direkt beeinflussen. In ihrer Untersuchung wurden einer Gruppe junger Frauen entweder ausschließlich neutrale Werbespots präsentiert oder zusätzlich solche, in denen sehr schlanke Models zu sehen waren. Bei einer anschließenden Befragung zeigte sich, dass Frauen, die Werbespots mit Models gesehen hatten, ein negativeres Bild ihres eigenen Körpers hatten und dass sich ihr Selbstwertgefühl stärker am eigenen Aussehen orientierte, als das bei den Frauen der Fall war, die nicht mit Bildern schlanker Mannequins konfrontiert worden waren. Darüber hinaus legten erstere nach den Werbespots mehr Wert darauf, wie andere Menschen sie beurteilen.

Dass die mediale Präsenz schlanker Frauen nicht nur dem Selbstwertgefühl der jungen Durchschnittsfrau schadet, sondern tatsächlich auch dazu führen kann, dass diese Durchschnittsfrau das Hungern oder auch das Erbrechen zur Methode macht, darauf weisen die Ergebnisse einer Studie von Louise Shorter und ihren Kolleginnen hin. Sie lassen zudem vermuten, dass die Gefahr einer Essstörung besonders dann besteht, wenn junge Frauen einen weiblichen Star mit entsprechenden Körpermaßen bewundern.

Die Forschungsgruppe führte eine Untersuchung durch, an der 159 junge Frauen zwischen 18 und 27 Jahren teilnahmen. Die Probandinnen gaben zunächst an, welches weibliche Sternchen sie in welchem Ausmaß bewunderten. Dann sollten sie anhand von Abbildungen ihre eigene Figur und die der Berühmtheit einschätzen. Zum Schluss füllten die Probandinnen einen Fragebogen zu Essstörungen aus. Die Ergebnisse zeigten, dass die Wahrscheinlichkeit für eine Essstörung umso größer war, je größer die wahrgenommenen Figur-Unterschiede zwischen dem Star und der eigenen Person ausfielen. Dieser Zusammenhang war dann besonders stark, wenn das Idol in großem Ausmaß bewundert wurde. Es könnte also sein, dass das Idol einen Vergleichsstandard für die jungen Frauen schafft, den es anzustreben gilt – oft mit Hilfe eines „gestörten" Essverhaltens. Die Ergebnisse deuten damit darauf hin, dass das Figur-Ideal der Prominenten, das über die Medien transportiert wird, bei jungen Frauen nicht nur mit einem negativen Selbstwertgefühl, sondern tatsächlich auch mit Störungen im Essverhalten einhergehen kann.

Aber damit nicht genug! Sie sind ja nicht nur schlank, unsere Prominenten, sondern auch schön, reich und oftmals gewillt, ein aufregendes Leben zu führen! Celebrity-Magazine sind voll von Dokumentationen ihres ausschweifenden Verhaltens. Sie rauchen. Sie trinken. Sie koksen. Sie betrügen ihre Partner und Partnerinnen. Sie heiraten betrunken ihre Jugendliebe, um sich 58 Stunden später wieder scheiden zu lassen. Erwachsene Fernseh- oder Zeitschriftenkonsumierende amüsieren sich meist schmunzelnd über derartige Exzesse, echauffieren sich über die Eskapaden der Privilegierten oder wissen in der Regel um die Tatsache, dass derartiges Verhalten oft Ausdruck psychischer Probleme ist, die das anstrengende Leben als öffentliche Person meist mit sich bringt.

Jungen Menschen aber, die sich noch in ihrer Selbstfindungsphase befinden, kann das gemeinsame Auftreten von Erfolg und selbstzerstörerischem Verhalten ein Idealbild signalisieren, das Eigenschaften umfasst, die Jugendliche besitzen sollten, um cool zu sein. Ein Accessoire, mit dem man auf jedem Schulhof den eigenen Coolnessfaktor steigern kann, ist die Zigarette im Mundwinkel. Und dass die Medien an diesem Coolnessfaktor mitschrauben, zeigt der nächste Artikel.

### Filmreif rauchen?[124] (Katharina Zimmer)

Haben Sie einen Lieblingsfilm? Gibt es darin eine Figur, die Sie besonders toll finden, mit der Sie sich identifizieren? Vielleicht mögen Sie ihren Stil, ihr Aussehen, ihre Art, und vielleicht wären Sie gerne ein bisschen mehr so wie sie?

Vielen Jugendlichen geht es so. Sie möchten sein wie ihre Stars. Filme können einen großen Einfluss auf ihr Verhalten, ihre Sprache und ihren Kleidungsstil ausüben. Sie formen Einstellungen und beeinflussen, was „cool" ist. Aber übernehmen Kinder und Jugendliche von ihren Stars auch Verhaltensweisen, die ihnen schaden?

Einem Forschungsteam um James Sargent zufolge lautet die Antwort auf diese Frage eindeutig „Ja". In seinen Studien untersuchte es, welche Auswirkungen das Rauchen in Filmen auf das Rauchverhalten von Kindern und Jugendlichen hat. Dazu unterzogen sie über 1 000 Filme ausführlichen Inhaltsanalysen und befragten eine repräsentative Stichprobe amerikanischer Kinder und Jugendlicher im Alter von 10 bis 14 Jahren. Sie fanden, dass die Befragten, die bereits viele Filme mit Rauchszenen gesehen hatten, mit deutlich größerer Wahrscheinlichkeit regelmäßig zum Glimmstängel griffen als die Teilnehmenden, die nur wenige solcher Filme gesehen hatten.

Bemerkenswerterweise fand das Forschungsteam auch heraus, dass der Einfluss der gesehenen Tabakszenen gerade bei Jugendlichen am stärksten war, bei denen Experten und Expertinnen das Risiko, mit dem Rauchen anzufangen, üblicherweise als gering einschätzen – nämlich bei denjenigen, deren Eltern nicht rauchten. Sie erklären das damit, dass Jugendliche umso eher der glorifizierenden Darstellung des Rauchens auf der Leinwand erliegen, je weniger sie in der Realität mit dem Rauchen und seinen negativen Folgen konfrontiert werden. Eine andere Erklärung wäre jedoch, dass die Kinder von Rauchern und Raucherinnen zwar auch früh zur Zigarette greifen, aber aus anderen Gründen: Sie machen nach, was ihnen zu Hause vorgelebt wird, da braucht es keine Hollywood-Filme mehr, um einen Anstoß zum Rauchen zu geben. Das würde bedeuten, dass sich der negative Einfluss der Filmszenen in erster Linie bei den Kindern und Jugendlichen entfaltet, die in ihrem alltäglichen Leben wenig mit rauchenden Menschen konfrontiert sind.

Dass Rauchszenen in Filmen Jugendliche zum Rauchen animieren, konnte durch weitere Untersuchungen – auch in Deutschland – mehrfach bestätigt werden. Das ist nicht verwunderlich, denn Hollywoodfilme, in denen durchschnittlich jede vierte Person raucht, sind weltweit beliebt und machen 80 Prozent der Filme aus, die auch hierzulande gezeigt werden.

Das Forschungsteam um Sargent ist davon überzeugt, dass das Verbannen von Rauch-szenen aus Filmen viele Jugendliche vor der Nikotinsucht schützen kann. In den USA erreich-ten Anti-Raucher-Kampagnen und Medizin-Verbände nach der Veröffentlichung der Studien bereits, dass die Platzierung von Tabakmarken in Hollywoodfilmen stark reduziert wurde. Sie fordern jedoch mehr: Filme, in denen geraucht wird, sollen erst ab 17 Jahren freigegeben werden.

## Zum Schluss

Die globalisierte Gesellschaft mit ihrer komplexen Vernetzung stellt neue Ansprüche an die Sozialpsychologie – und macht ihren Forschungsgegen-stand dadurch noch interessanter. Nicht nur der direkte Kontakt zu Personen oder Gruppen hat Auswirkungen auf unser Leben. Auch über Medien wie das Internet, Fernsehen oder Zeitschriften können wir beeinflusst werden. Das kann durchaus sehr positive Folgen haben. Beispielsweise erleichtert der Kontakt über das Internet die Freundschaftspflege. So können Plattfor-men wie Facebook zu einer Steigerung des Wohlbefindens führen. Auch lassen sich über das World Wide Web Informationen und Wissen austau-schen, was der Meinungsbildung dienlich sein kann. Die Internetseite www. forschung-erleben.de ist nur ein Beispiel für eine Plattform, die vielen Men-schen den Zugang zu einem bestimmten Bereich, hier der sozialpsychologi-schen Wissenschaft, erleichtern und somit Wissen und Bildung fördern will.

Allerdings hat der Einfluss der Medien auch negative Seiten. So können Menschen allgemein, insbesondere aber Kinder und Jugendliche in ihrer Orientierungsphase, durch das Diktat der Medien hinsichtlich bestimmter Ideale, wie Schönheit und Coolness, irritiert und verunsichert werden. Das kann gefährliche Ausmaße annehmen. Essstörungen, Drogenkonsum und exzessive Lebensformen können unter anderem auf diese Art hervorgerufen oder zumindest begünstigt werden. Wir sollten uns der Macht gesellschaft-licher Trends also stets bewusst sein und uns eingestehen, dass jeder und jede von uns durch die sozialen Einflüsse, die von allen Seiten auf uns ein-wirken, lenkbar ist. Durch dieses Bewusstsein und das Reflektieren unseres Denkens, Fühlens und Handelns können wir ungewollten Einflüssen leich-ter Einhalt gebieten.

# Zu guter Letzt

## Herbert Bless & Dagmar Stahlberg

In diesem Buch haben wir gesehen, wie sehr die soziale Situation unser Denken, Fühlen und Verhalten beeinflussen kann. Schon kleinste, anscheinend unbedeutende Veränderungen der Umstände können dazu führen, dass wir Situationen unterschiedlich wahrnehmen und uns entsprechend unterschiedlich verhalten. Beispielsweise haben wir gesehen, dass schon ein geringes Ausmaß an sozialer Isolation dazu führen kann, dass Personen den Zugang zu ihren Gefühlen verlieren. Wir haben gesehen, wie sich das Wetter auf unsere Gedächtnisleistungen auswirkt oder wie der situative Gedanke an Geld den Wunsch nach Freundschaften reduziert. Die Angst vor Vorträgen ist geringer, wenn wir annehmen, dass andere unsere Aufregung nicht sehen können.

Als Leser oder Leserin mögen Sie sich bei dem einen oder anderen Befund gesagt haben „das mag ja so sein, aber bei mir eher nicht" – oder „bei meinem Bekannten Paul ist das doch immer genau umgekehrt". Solche Beobachtungen widersprechen natürlich nicht den aufgezeigten Befunden. Einzelne soziale und auch andere Situationsfaktoren bestimmen unser Verhalten selten allein und in der Regel auch nicht vollständig; sie wirken also nicht deterministisch. Wie wir im Kapitel zum Hilfeverhalten gesehen haben, steigt die Hilfsbereitschaft, wenn Personen zuvor ein prosoziales Computerspiel gespielt haben – aber nur im Durchschnitt. Es kann durchaus sein, dass sich unter den beteiligten Personen auch welche befanden, bei denen sich das vorausgehende Spiel nicht auswirkte oder einzelne, bei denen es sogar eine gegenteilige Wirkung hatte. Es ist wichtig zu sehen, dass wir bei der Betrachtung der Effekte über alle Personen hinweg vergleichen – ein Vorgehen, das sich auch in anderen Disziplinen wiederfindet. So konnte die medizinische Forschung zeigen, dass der Konsum von Zigaretten krebserregend ist. Dies gilt aber nicht notwendigerweise für jeden Raucher und jede Raucherin – und natürlich gibt es Personen, die trotz eines hohen Zigarettenkonsums 90 Jahre und älter werden. Dennoch würden wir die Aussage, dass Rauchen im statistischen Mittel Krebs verursacht, als untermauert betrachten – und genauso verhält es sich mit den berichteten Studien.

Wir haben versucht, die berichteten Studien so auszuwählen, dass ein breites Spektrum der sozialpsychologischen Forschung abgebildet wird. Die diskutierten Forschungsarbeiten befassen sich mit Glück, Liebe, Attraktivität, Freundschaft, Kommunikation, Lügen, Gruppenprozessen und vielem mehr. Bei aller Vielfalt der Bereiche stand stets im Mittelpunkt, wie sehr Personen von der aktuellen Situation beeinflusst werden. Auf den ersten Blick steht diese sozialpsychologische Perspektive scheinbar im Widerspruch zu der Annahme, dass unser Verhalten von stabilen Persönlichkeitsmerkmalen bestimmt ist – wobei diese Stabilität oft mit einer genetischen Veranlagung oder mit frühkindlichen Sozialisationserfahrungen begründet wird. Wenn wir versuchen das Verhalten von anderen Menschen zu erklären, dann haben wir häufig die Tendenz, den Einfluss solcher Persönlichkeitsfaktoren zu überschätzen („Paul ist nun einmal unzuverlässig") – und den Einfluss der Situation zu unterschätzen („Paul konnte den Termin nicht einhalten, weil überraschenderweise ein wichtiges Treffen mit seinem Chef anberaumt wurde"). Wir haben mit den Studien und Beispielen versucht, die sozialpsychologische Perspektive zu betonen, weil aus unserer Sicht der situative Einfluss oft zu wenig Gewicht erhält – und natürlich auch weil dies „unser" Fach ist, das uns begeistert und in dem unsere Expertise liegt.

Bei aller Betonung der situativen Determinanten unseres Verhaltens sollte aber auch deutlich geworden sein, dass sich das Verhalten von Personen nur dann gut erklären lässt, wenn wir beides heranziehen: Persönlichkeitsfaktoren, die erklären, warum Verhalten über unterschiedliche Situationen hinweg stabil ist, und sozialpsychologische Faktoren, die erklären, warum sich Personen von Situation zu Situation so unterschiedlich verhalten können. In vielen Diskussionen darüber, welche Perspektive nun wichtiger ist, wird vernachlässigt, dass sich Personen häufig nicht zufällig in bestimmten Situationen befinden. Kooperative Personen suchen häufig solche Lebenssituationen auf, in denen sich kooperatives Verhalten leichter umsetzen lässt, während kompetitive Personen sich eher in Situationen begeben, die durch Wettbewerb und Konkurrenz geprägt sind. Will man nun zum Beispiel erklären, warum sich jemand sehr kompetitiv verhält, dann muss man beide Aspekte – die Persönlichkeitsfaktoren und den Einfluss der Situation – beachten. Wir hoffen, dass mit der Lektüre dieses Buches der vielfältige und starke Einfluss der Situation bei der Betrachtung dieses Wechselspiels deutlich geworden ist. Und vielleicht denken Sie jetzt ein wenig mehr als zuvor daran, wie sehr die jeweilige Situation Verhalten mitbestimmt.

# Ein Blick hinter die Kulissen: Wer oder was ist www.forschung-erleben.de?

Rainer Greifeneder

Wissenschaft schafft Wissen. Häufig ist dieses Wissen jedoch denjenigen vorbehalten, die an seiner Schaffung oder Entdeckung beteiligt waren oder sich beruflich mit ähnlichen Themen beschäftigen. Ein Mannheimer Wissenschaftsteam hat sich das Ziel gesetzt, dies für die Sozialpsychologie zu ändern und neue Forschungsergebnisse einer breiten Öffentlichkeit zugänglich zu machen. Aus dieser Idee heraus entstand die Website www.forschung-erleben.de, deren Redaktion seit 2007 einmal in der Woche aktuelle Forschung allgemeinverständlich und wissenswert aufbereitet und über das Internet aus dem wissenschaftlichen Elfenbeinturm hinausträgt. War das Team anfangs nur auf Mitarbeitende der Lehrstühle für Sozialpsychologie an der Universität Mannheim begrenzt, so ist das Projekt über die Jahre schnell gewachsen, weit über Mannheim hinaus. Und während anfangs die Zugriffe und Interessenten primär aus der direkten lokalen Umgebung stammten, erfreut sich www.forschung-erleben.de heute einer hohen Beliebtheit in allen deutschsprachigen Ländern sowie unter Deutschsprachigen weltweit. Doch Forschung erleben ist mehr als ein Wissenschaftsblog: Gerade weil sozialpsychologische Forschung den Menschen einbezieht, war es uns ein Anliegen, nicht nur über Forschung zu berichten, sondern Forschung direkt erlebbar zu machen. Forschung erleben bietet daher neben Wissen auch die Möglichkeit, durch die aktive Teilnahme an sozialpsychologischen Studien auf www.forschung-erleben.de oder an den beteiligten Universitäten vor Ort das Schaffen des Wissens selbst zu erleben und dadurch die psychologische Forschung zu unterstützen. Zum Angebot von www.forschung-erleben.de gehört schließlich eine umfangreiche Linksammlung, die die Verbindung zu anderen Webinhalten herstellt, wie beispielsweise Videos über klassische Experimente der Psychologie. Sind Sie neugierig geworden? Wir freuen uns auf Ihren Besuch auf www.forschung-erleben.de.

Während www.forschung-erleben.de für das Internet konzipiert wurde, soll das vorliegende Buch ein Angebot an all diejenigen sein, die neben oder statt dem Blick auf den Bildschirm auch gerne ein Buch in der Hand halten; nicht als Kopie der Online-Inhalte, sondern in besonderer Auswahl, ergänzt um viele Hintergrundinformationen und zusätzliches Wissen, die es auf den

Online-Seiten nicht gibt. Herausgegeben wird dieses Buch von denjenigen, die Forschung erleben im Kern ausmachen; die kurzen Artikel zu einzelnen Forschungsstudien stammen jedoch von einer Vielzahl an Autorinnen und Autoren, die über die Jahre hinweg bei Forschung erleben mitgearbeitet haben. Alle tragen durch ihr freiwilliges Engagement zum Gelingen von Forschung erleben bei.

Trotz allem Idealismus bedarf es an manchen Stellen finanzieller Unterstützung, die durch die Lehrstühle für Sozialpsychologie sowie die Kommunikationsabteilung der Universität Mannheim geleistet wird. Die Einnahmen aus diesem Buch kommen ebenfalls dem Projekt Forschung erleben zu. Allen danken wir sehr herzlich für die geleistete Unterstützung.

# Literatur

1    Milgram, S. (1963). Behavioral study of obedience. *Journal of Abnormal and Social Psychology, 67*, 371–378.

2    Snyder, M., Tanke, E.D., & Berscheid, E. (1977). Social perception and interpersonal behavior: On the self-fulfilling nature of social stereotypes. *Journal of Personality and Social Psychology, 35*, 656–666.

3    Rosenthal, R., & Jacobson, L. (1968). *Pygmalion in the classroom. Teacher expectation and pupils' intellectual development.* New York, NY: Holt, Rinehart & Winston.

4    Crum, A.J., & Langer, E.J. (2007). Mind-set matters: Exercise and the placebo effect. *Psychological Science, 18*, 165–171.

5    Naumann, L.P., Vazire, S., Rentfrow, P.J., & Gosling, S.D. (2009). Personality judgments based on physical appearance. *Personality and Social Psychology Bulletin, 35*, 1661–1671.

6    Brescoll, V.L., Dawson, E., & Uhlmann, E.L. (2010). Hard won and easily lost: The fragile status of leaders in gender-stereotype-incongruent occupations. *Psychological Science, 21*, 1640–1642.

7    Sczesny, S., & Stahlberg, D. (2002). The influence of gender-stereotyped perfumes on leadership attribution. *European Journal of Social Psychology, 32*, 815–828.

8    Sanford, R.N. (1936). The effects of abstinence from food upon imaginal processes: A preliminary experiment. *Journal of Psychology, 2*, 129–136.

9    Morewedge, C.K., & Norton, M.I. (2009). When dreaming is believing: The (motivated) interpretation of dreams. *Journal of Personality and Social Psychology, 96*, 249–264.

10   Epley, N., & Whitchurch, E. (2008). Mirror, mirror on the wall: Enhancement in self-recognition. *Personality and Social Psychology Bulletin, 34*, 1159–1170.

11   Taylor, S.E., & Brown, J.D. (1988). Illusion and well-being: A social psychological perspective on mental health. *Psychological Bulletin, 103*, 193–210.

12   Langer, E. (1975). The illusion of control. *Journal of Personality and Social Psychology, 32*, 311–328.

13   Fenton-O'Creevy, M., Nicholson, N., Soane, E., & Willman, P. (2003). Trading on illusions: Unrealistic perceptions of control and trading performance. *Journal of Occupational and Organisational Psychology, 76*, 53–68.

14   Boyce, C.J., Brown, G.D.A., & Moore, S.C. (2010). Money and happiness: Rank of income, not income, affects life satisfaction. *Psychological Science, 21*, 471–475.

15   McFerran, B., Dahl, D.W., Fitzsimons, G.J., & Morales, A.C. (2010). I'll have what she's having: Effects of social influence and body type on the food choices of others. *Journal of Consumer Research, 36*, 915–929.

16   Ijzerman, H., & Semin, G. (2009). The thermometer of social relations: Mapping social proximity on temperature. *Psychological Science, 20*, 1214–1220.

17   Jostmann, N.B., Lakens, D., & Schubert, T.W. (2009). Weight as an embodiment of importance. *Psychological Science, 20*, 1169–1174.

18   Schwarz, N., & Clore, G.L. (1983). Mood, misattribution, and judgments of well-being: Informative and directive functions of affective states. *Journal of Personality and Social Psychology, 45*, 513–523.

19    Forgas, J.P., Goldenberg, L., & Unkelbach, C. (2009). Can bad weather improve your memory? An unobtrusive field study of natural mood effects on real-life memory. *Journal of Experimental Social Psychology, 45,* 254–257.

20    Lount, R.B., Jr. (2010). The impact of positive mood on trust in interpersonal and intergroup interactions. *Journal of Personality and Social Psychology, 98,* 420–433.

21    Bless, H., & Fiedler, K. (1995). Affective states and the influence of activated general knowledge. *Personality and Social Psychology Bulletin, 21,* 766–778.

22    Bless, H., & Fiedler, K. (2006). Mood and the regulation of information processing and behavior. In J. Forgas (Ed.), *Affect in social thinking and behavior* (pp. 65–84). New York, NY: Taylor & Francis.

23    Srivastava, S., Tamir, M., McGonigal, K.M., John, O.P., & Gross, J.J. (2009). The social costs of emotional suppression: A prospective study of the transition to college. *Journal of Personality and Social Psychology, 96,* 883–897.

24    Graham, S.M., Huang, J.Y., Clark, M.S., & Helgeson, V.S. (2008). The positives of negative emotions: Willingness to express negative emotions promotes relationships. *Personality and Social Psychology Bulletin, 34,* 394–406.

25    Rimé, B., Páez, D., Basabe, N. and Martínez, F. (2010). Social sharing of emotion, post-traumatic growth, and emotional climate: Follow-up of Spanish citizen's response to the collective trauma of March 11th terrorist attacks in Madrid. *European Journal of Social Psychology, 40,* 1029–1045.

26    Savitsky, K., & Gilovich, T. (2003). The illusion of transparency and the alleviation of speech anxiety. *Journal of Experimental Social Psychology, 39,* 618–625.

27    Zhou, X., Sedikides, C., Wildschut, T., & Gao, D.-G. (2008). Counteracting loneliness: On the restorative function of nostalgia. *Psychological Science, 19,* 1023–1029.

28    Kurtz, J.L. (2008). Looking to the future to appreciate the present. *Psychological Science, 19,* 1238–1241.

29    Gilbert, D.T., Pinel, E.C., Wilson, T.D., Blumberg, S.J., & Wheatley, T.P. (1998). Immune neglect: A source of durability bias in affective forecasting. *Journal of Personality and Social Psychology, 75,* 617–638.

30    Herzog, S.M., & Hertwig, R. (2009). The wisdom of many in one mind: Improving individual judgments with dialectical bootstrapping. *Psychological Science, 20*(2), 231–237.

31    Dijksterhuis, A. (2010). *Das kluge Unbewusste: Denken mit Gefühl und Intuition.* Klett-Cotta: Stuttgart.

32    Berman, M.G., Jonides, J., & Kaplan, S. (2008). The cognitive benefits of interacting with nature. *Psychological Science, 19*(12), 1207–1212.

33    Ybarra, O., Burnstein, E., Winkielman, P., Keller, M.C., Manis, M., Chan, E., Rodriguez, J. (2008). Mental exercising through simple socializing: Social interaction promotes general cognitive functioning. *Personality and Social Psychology Bulletin, 34*(2), 248–259.

34    McCrea, S.M., Liberman, N., Trope, Y., & Sherman, S.J. (2008). Construal Level and Procrastination. *Psychological Science, 19*(12), 1308–1314.

35    Baumeister, R.F., & Leary, M.R. (1995). The need to belong: Desire for interpersonal attachments as a fundamental human motivation. *Psychological Bulletin, 117,* 497–529.

36    Cunningham, M.R. (1986). Measuring the physical in physical attractiveness: Quasi-experiments on the sociobiology of female facial beauty. *Journal of Personality and Social Psychology, 50*(5), 925–935.

37    Kenrick, D.T., Gutierres, S.E., & Goldberg, L.L. (1989). Influence of popular erotica on judgments of strangers and mates. *Journal of Experimental Social Psychology, 25*(2). 159–167.

38   Toma, C.L., Hancock, J.T., & Ellison, N.B. (2008). Separating fact from fiction: an examination of deceptive self-presentation in online dating profiles. *Personality and Social Psychology Bulletin, 34*(8), 1023–1036.

39   Sigall, H., & Landy, D. (1973). Radiating beauty: Effects of having a physically attractive partner on person perception. *Journal of Personality and Social Psychology, 28*(2), 218–224.

40   Montoya, R.M. (2008): I'm hot, so I'd say you're not: The influence of objective physical attractiveness on mate selection. *Personality and Social Psychology Bulletin, 34*(10), 1315–1331.

41   http://www.beziehungen-familienleben.de/ergebnisse/ort-des-kennenlernens.html#c106

42   Perilloux, C., Easton, J.A., & Buss, D.M. (2012). The misperception of sexual interest. *Psychological Science, 23*(2), 146–151.

43   Buss, D.M. & Schmitt, D.P. (1993). Sexual strategies theory: An evolutionary perspective on human mating. *Psychological Review, 100*(2), 204–232.

44   Clark, R.D., & Hatfield, E. (1989). Gender differences in receptivity to sexual offers. *Journal of Psychology & Human Sexuality, 2*(1), 39–55.

45   Todd, P.M., Penke, L., Fasolo, B., Lenton, A.P. (2007). Different cognitive processes underlie human mate choices and mate preferences. *PNAS Proceedings of the National Academy of Sciences of the United States of America, 104*(38), 15011–15016.

46   Finkel, E. & Eastwick, P (2009). Arbitrary social norms influence sex differences in romantic selectivity. *Psychological Science, 20*(10), 1290–1295.

47   Whitchurch, E.R., Wilson, T.D., & Gilbert, D.T. (2011). „He loves me, he loves me not...": Uncertainty can increase romantic attraction. *Psychological Science, 22*(2), 172–175.

48   http://de.statista.com/statistik/daten/studie/818/umfrage/was-gluecklich-macht/

49   http://de.statista.com/statistik/daten/studie/218732/umfrage/gruende-fuer-eine-feste-beziehung/

50   http://de.statista.com/statistik/daten/studie/49/umfrage/glaube-an-die-grosse-liebe/

51   Sternberg, R.J. (1988). *The Triangle of Love: Intimacy, Passion, Commitment.* New York: Basic Books.

52   Ainsworth, M.D.S., Blehar, M.C., Waters, E., & Wall, S. (1978). *Patterns of attachment. A psychological study of the Strange Situation.* Hillsdale: Lawrence Erlbaum Associates.

53   Grossmann, K.E. & Grossmann, K. (1995). Stellungnahme zu den Kommentaren von Elisabeth Beck-Gernsheim: Für eine „soziale Öffnung" der Bindungsforschung, und Helm Stierlin: Bindungsforschung – eine systemische Sicht. *Familiendynamik, 20*(2), 207–210.

54   Feeney, B.C. (2007). The dependency paradox in close relationships: Accepting dependence promotes independence. *Journal of Personality and Social Psychology, 92*(2), 268–285.

55   Leary, M.R., & Baumeister, R.F. (2000). The nature and function of self-esteem: Sociometer theory. In M.P. Zanna (Hrsg.), *Advances in experimental social psychology,* Vol. 32, (S. 1–62). San Diego, CA, US: Academic Press.

56   Assad, K.K., Donnellan, M.B., & Conger, R.D. (2007). Optimism: An enduring resource for romantic relationships. *Journal of Personality and Social Psychology, 93*(2), 285–297.

57   Peterson, D.R. (1983). Conflict. In H. Kelley, et al. (eds.), *Close Relationships,* 360–396. New York: W.H. Freeman.

58   Eagly, A. (1987). *Sex differences in social behavior: A social-role interpretation.* Hillsdale, NJ: Lawrence Erlbaum Associates.

59   Rudman, L.A., & Phelan, J.E. (2007). The interpersonal power of feminism: Is feminsim good for romantic relationships? *Sex Roles, 57,* 787–799.

60    Gottmann, J.M. (1993). The roles of conflict engagement, escalation, and avoidance in marital interaction: A longitudinal view of five types of couples. *Journal of Consulting and Clinical Psychology, 61,* 6–15.

61    Overall, N.C., Fletcher, G.J., Simpson, J.A., & Sibley, C.G. (2009). Regulating partners in intimate relationships: The costs and benefits of different communication strategies. *Journal of Personality and Social Psychology, 96*(3), 620–639.

62    Slotter, E.B., Gardner, W.L., & Finkel, E.J. (2010). Who am I without you? The influence of romantic breakup on the self-concept. *Personality and Social Psychology Bulletin, 36*(2), 147–160.

63    Sbarra, D.A, & Emery, R.E. (2005). The emotional sequelae of nonmarital relationship dissolution: Analysis of change and intraindividual variability over time. *Personal Relationships, 12*(2), 213–232.

64    Eastwick, P.W., Finkel, E.J., Krishnamurti, T., & Loewenstein, G. (2008). Mispredicting distress following romantic breakup: Revealing the time course of the affective forecasting error. *Journal of Experimental Social Psychology, 44*(3), 800–807.

65    Greitemeyer, T. (2009). Stereotypes of singles: Are singles what we think? *European Journal of Social Psychology, 39,* 368–383.

66    Stel, M., van Baaren, R.B., & Vonk, R. (2008). Effects of mimicking: Acting prosocially by being emotionally moved. *European Journal of Social Psychology, 38*(6), 965–976.

67    Batson, C. D, O'Quin, K., Fultz, J., Vanderplas, M., & Isen, A.M. (1983). Influence of self-reported distress and empathy on egoistic versus altruistic motivation to help. *Journal of Personality and Social Psychology, 45*(3), 706–718.

68    Omoto, A.M., & Snyder, M. (1995). Sustained helping without obligation: Motivation, longevitiy of service, and perceived attitude change among AIDS volunteers. *Journal of Personality and Social Psychology, 68*(4), 671–686.

69    Gentile, A.G., Anderson, C.A., Yukawa, S., Ihori, N., Saleem, M., Ming L.K., et al. (2009). The effects of prosocial video games on prosocial behaviors: International evidence from correlational, longitudinal, and experimental studies. *Personality and Social Psychology Bulletin, 35*(6), 752–763.

70    Levine, R.V., Norenzayan, A., & Philbrick, K. (2001).Cross-cultural differences in helping strangers. *Journal of Cross-Cultural Psychology, 32*(5), 543–560.

71    Zhou, X., Vohs, K.D., & Baumeister, R.F. (2009). The symbolic power of money: Reminders of money alter social distress and physical pain. *Psychological Science, 20*(6), 700–706.

72    Vohs, K.D., Mead, N.L., & Goode, M.R. (2006). The psychological consequences of money. *Science, 314*(5802), 1154–1156.

73    Van de Ven, N., Zeelenberg, M., & Pieters, R. (2010). Warding off the evil eye. When the fear of being envied increases prosocial behavior. *Psychological Science, 21*(11), 1671–1677.

74    DeWall, C.N., Baumeister, R.F., Gailliot, M.T., & Maner, J.K. (2008). Depletion makes the heart grow less helpful: Helping as a function of self-regulatory energy and genetic relatedness. *Personality and Social Psychology Bulletin, 34*(12), 1653–1662.

75    Meier, B.P., Moeller, S.K., Riemer-Peltz, M., & Robinson, M.D. (2012). Sweet taste preferences and experiences predict prosocial inferences, personalities, and behaviors. *Journal of Personality and Social Psychology, 102*(1), 163–174.

76    Darley, J.M., & Batson, C.D. (1973). „From Jerusalem to Jericho": A study of situational and dispositional variables in helping behavior. *Journal of Personality and Social Psychology, 27*(1), 100–108.

77    Darley, J.M., & Latané, B. (1968). Bystander intervention in emergencies: Diffusion of responsibility. *Journal of Personality and Social Psychology, 8*(4), 377–383.

78    Latané, B. & Darley, J.M. (1970). *The unresponsive bystander: Why doesn't he help?* New York: Meredith.
79    Brown, S.L., Smith, D.M., Schulz, M., Kabeto, M.K., Ubel, P.A., Poulin, M., Yi, J., Kim, C., & Langa, K. (2009). Caregiving behavior is associated with decreased mortality risk. *Psychological Science 20*(4), 488–494.
80    DePaulo, B.M., Kashy, D.A., Kirkendol, S.E., Wyer, M.M., & Epstein, J.A. (1996). Lying in everyday life. *Journal of Personality and Social Psychology, 70,* 979–995.
81    Zhong, C., Bohns, V.K., & Gino, F. (2010). Good lamps are the best police: Darkness increases dishonesty and self-interested behavior. *Psychological Science, 21,* 311–314.
82    Gino, F., Norton, M.I., & Ariely, D. (2010). The counterfeit self: The deceptive costs of faking it. *Psychological Science, 21, 712*–720.
83    Ennis, E., Vrij, A., & Chance, C. (2008). Individual differences and lying in everyday life. *Journal of Social and Personal Relationships, 25,* 105–118.
84    Back, M.D., Stopfer, J.M., Vazire, S., Gaddis, S., Schmukle, S.C., Egloff, B., & Gosling, S.D. (2010). Facebook profiles reflect actual personality, not self-idealization. *Psychological Science, 21,* 372–374.
85    Forgas, J., & East, R. (2008). On being happy and gullible: Mood effects on skepticism and the detection of deception. *Journal of Experimental Social Psychology, 44,* 1362–1367.
86    Reinhard, M.-A., Sporer, S.L., Scharmach, M., & Marksteiner, T. (2011). Listening, not watching: Situational familiarity and the ability to detect deception. *Journal of Personality and Social Psychology, 101,* 467–484.
87    Bond, C.F., Jr., & DePaulo, B.M. (2006). Accuracy of deception judgments. *Personality and Social Psychology Review, 10,* 214–234.
88    Stel, M., van Dijk, E., & Olivier, E. (2009). You want to know the truth? Then don't mimic! *Psychological Science, 20,* 693–699.
89    Jordan, A.H., Monin, B., Dweck, C.S., Lovett, B.J., John, O.P., & Gross, J.J. (2011). Misery has more company than people think: Underestimating the prevalence of other's negative emotions. *Personality and Social Psychology Bulletin, 37,* 120–135.
90    Zajonc, R.B. (1965). Social facilitation. *Science, 149,* 269–274.
91    Ringelmann, M. (1913). Recherchessur les moteursanimés: Travail de l'homme. *Annales de l'Institut National Agronomique, 12,* 1–40.
92    Latané, B., Williams, K., & Harkins, S. (1979). Many hands make light the work: The causes and consequences of social loafing. *Journal of Personality and Social Psychology, 37,* 822–832.
93    Raghunathan, R., & Corfman, K. (2006). Is happiness shared doubled and sadness shared halved? Social influence on enjoyment of hedonic experiences. *Journal of Marketing Research, 43,* 386–394.
94    Sherif, M. (1935). A study of some social factors in perception. *Archives of Psychology, 187,* 60.
95    Asch, S.E. (1951). Effects of group pressure upon the modification and distortion of judgment. In H. Guetzkow (Ed.), *Groups, leadership, and men* (pp. 177–190). Pittsburgh, PA: Carnegie Press.
96    Asch, S.E. (1956). Studies of independence and conformity: A minority of one against a unanimous majority. *Psychological Monographs, 70* (9, Whole No. 416).
97    Cialdini, R.B., Reno, R.R., & Kallgren, C.A. (1990). A focus theory of normative conduct: Recycling the concept of norms to reduce littering in public places. *Journal of Personality and Social Psychology, 58,* 1015–1026.
98    Nemeth, C., & Chiles, C. (1988). Modeling courage: The role of dissent in fostering independence. *European Journal of Social Psychology, 18,* 275–280.

99   Wiltermuth, S.S., & Heath, C. (2009). Synchrony and cooperation. *Psychological Science, 20*, 1–5.

100  Watson, R.I. (1973). Investigation into deindividuation using a cross-cultural survey technique. *Journal of Personality and Social Psychology, 25*, 342–345.

101  Zimbardo, P.G. (1970). The human choice: Individuation, reason, and order versus deindividuation, impulse, and chaos. In W.J. Arnold & D. Levine (Eds.), *Nebraska Symposium on Motivation 1969* (Vol. 17, pp. 237–307). Lincoln, NE: University of Nebraska Press.

102  Milgram, S. (1963). Behavioral study of obedience. *Journal of Abnormal and Social Psychology, 67*, 371–378.

103  Kipling, W. (2009). Ostracism: A temporal need-threat model. *Advances in Experimental Social Psychology, 41*, 275–314.

104  Twenge, J.M. (2007). Social exclusion decreases prosocial behavior. *Journal of Personality and Social Psychology, 92*, 56–66.

105  Spears, R., Ellemers, N., & Doosje, B. (2009). Strength in numbers or less is more? A matter of opinion and a question of taste. *Personality and Social Psychology Bulletin, 35*, 1099–1111.

106  Mehl, M.R., Vazire, S., Ramírez-Esparza, N., Slatcher, R.B., & Pennebaker, J.W. (2007). Are Women Really More Talkative Than Men? *Science, 317*, 82.

107  A.M. Czopp (2008). When is a compliment not a compliment? Evaluating expressions of positive stereotypes. *Journal of Experimental Social Psychology, 44*, 413–420.

108  Goodman, J.A., Schell, J., Alexander, M.G., & Eidelman, S. (2008).The impact of a derogatory remark on prejudice toward a gay male leader. *Journal of Applied Social Psychology, 38*, 542–555.

109  Ford, T.E., Boxer, C.F., Armstrong, J., & Edel, J.R. (2008). More than „just a joke": The prejudice releasing function of sexist humor. *Personality and Social Psychology Bulletin, 34*, 159–170.

110  Bless, H., Schwarz, N., Bodenhausen, G.V., & Thiel, L. (2001). Personalized versus generalized benefits of stereotype disconfirmation: Trade-offs in the evaluation of atypical exemplars and their social groups. *Journal of Experimental Social Psychology, 37*, 386–397.

111  Weber, R., & Crocker, J. (1983). Cognitive processes in the revision of stereotypic beliefs. *Journal of Personality and Social Psychology, 45*, 961–977.

112  Wegner, D.M. (1994). Ironic processes of mental control. *Psychological Review, 101*, 34–52.

113  Macrae, C.N., Bodenhausen, G.V., Milne, A.B., & Jetten, J. (1994). Out of mind but back in sight: Stereotypes on the rebound. *Journal of Personality and Social Psychology, 67*, 808–817.

114  Binder, J., Brown, R., Zagefka, H., Funke, F., Kessler, T., Mummendey, A., Maquil, A., Demoulin, S., & Leyens, J.-P. (2009). Does contact reduce prejudice or does prejudice reduce contact? A longitudinal test of the contact hypothesis among majority and minority groups in three European countries. *Journal of Personality and Social Psychology, 96*, 843–856.

115  Pettigrew, T.F. (1998). Intergroup contact theory. *Annual Review of Psychology, 49*, 65–85.

116  van Eimeren, B., & Frees, B. (2011). Drei von vier Deutschen im Netz – ein Ende des digitalen Grabens in Sicht? Ergebnisse der ARD/ZDF-Onlinestudie 2011. *Media Perspektiven, 7-8*, 334–349. Online in Internet: URL: http://www.mediaperspektiven.de/uploads/tx_mppublications/0708-2011_Eimeren_Frees.pdf (Stand 05.06.2012).

117  van Eimeren, B., Oehmichen, E., & Schröter, C. (1997). *ARD-Online-Studie 1997: Onlinenutzung in Deutschland. Nutzung und Bewertung der Onlineangebote von*

*Radio- und Fernsehsendern.* Online in Internet: URL: http://www.ard-zdf-online-studie.de/fileadmin/Online97_98/Online97.pdf (Stand 05.06.2012).
118  Eisenblätter, M. (2010). Spiele und soziale Netzwerke fesseln ans Internet. *GfK Panel Services Deutschland.* (2010, 14. September) Online in Internet: URL: http://www.gfk.com/group/press_information/press_releases/0065 39/index.de.html (Stand 05.06.2012).
119  Valkenburg, P.M., & Peter, J. (2009). Social consequences of the internet for adolescents. *Current Directions in Psychological Science, 18,* 1–5.
120  Hölling, H., & Schlack, R. (2007). Essstörungen im Kindes- und Jugendalter. Erste Ergebnisse aus dem Kinder- und Jugendgesundheitssurvey (KiGGS). *Bundesgesundheitsblatt – Gesundheitsforschung – Gesundheitsschutz (50),* 749–799.
121  Statistisches Bundesamt (2010). *Verteilung der Bevölkerung auf Body-Mass-Index-Gruppen in Prozent.* Online in Internet: URL: http://www.gbe-bund.de/oowa921-install/servlet/oowa/aw92/WS0100/_XWD_FORMPROC?TARGET=&PAGE=_XWD_2&OPINDEX=1&HANDLER=XS_ROTATE_ADVANCED&DATACUBE=_XWD_28&D.000=PAGE&D.002=DOWN&D.003=PAGE&D.470=ACROSS (Stand 07.06.2012).
122  Strahan, E.J., Lafrance, A., Wilson, A.E., Ethier, N., Spencer, S.J., & Zanna, M.P. (2008). Victoria's dirty secret: How sociocultural norms influence adolescent girls and women. *Personality and Social Psychology Bulletin, 34,* 288–301.
123  Shorter, L., Brown, S.L., Quinton, S.J., & Hinton, L. (2008). Relationships between body-shape discrepancies with favored celebrities and disordered eating in young women. *Journal of Applied Social Psychology, 38,* 1364–1377.
124  Heatherton, T.F., & Sargent, J.D. (2009). Does watching smoking in movies promote teenage smoking? *Current Directions in Psychological Science, 18,* 63–67.

# Das Herausgeber- und Autorenteam

Christiane Schoel, Dr., geb. 1979, ist wissenschaftliche Mitarbeiterin am Lehrstuhl Sozialpsychologie der Universität Mannheim. In ihrer Forschung beschäftigt sie sich mit unterschiedlichen Themen wie Führung, Spracheinstellungen und Auswirkungen von sozialem Ausschluss. Sie ist Autorin mehrerer nationaler und internationaler Buchkapitel und Zeitschriftenartikel. Bei *Forschung erleben* hat sie die inhaltliche und organisatorische Leitung inne.

Anne Landhäußer, Dipl.-Soz.Wiss., geb. 1982, ist nach ihrem Studium an der Universität Mannheim wissenschaftliche Mitarbeiterin in der Abteilung Sozialpsychologie der Universität Ulm. Im Zuge ihrer Forschungstätigkeit befasst sie sich vor allem mit Flow-Erleben, sozialen Dilemma-Situationen und Fleischkonsum. Sie war Stipendiatin der FAZ und veröffentlichte als freie Journalistin Beiträge in verschiedenen Zeitungen und Magazinen. Bei *Forschung erleben* ist sie eine Redakteurin der ersten Stunde.

Bianca von Wurzbach, Dipl.-Soz.Wiss., geb. 1980, studierte an der Universität Mannheim und der University of Melbourne. Sie ist derzeit wissenschaftliche Mitarbeiterin am Lehrstuhl für Mikrosoziologie und Sozialpsychologie und Doktorandin an der Graduate School of Economic and Social Sciences der Universität Mannheim. Zu ihren Forschungsschwerpunkten gehören der Glaube an eine gerechte Welt, Vertrauen, die motivationale Orientierung bei der Regulation des eigenen Handelns und der Einfluss von stereotypen Erwartungen auf die Leistung. Sie ist Autorin und Redakteurin bei *Forschung erleben*.

Katharina Zimmer, Dipl.-Psych., geb. 1985, studierte an der Universität Mannheim. Derzeit ist sie wissenschaftliche Mitarbeiterin und Doktorandin am Lehrstuhl für Mikrosoziologie und Sozialpsychologie. In ihrer Forschung interessiert sie sich unter anderem für den Einfluss von Religiosität auf Denk- und Urteilsprozesse sowie die Auswirkungen von Unsicherheit auf das Streben nach Macht. Bei *Forschung erleben* ist sie Autorin und Bildredakteurin.

Jana Janssen, Dr., geb. 1982, promovierte im Fach Psychologie an der Universität Mannheim und arbeitet zurzeit in Schweden. In ihrer Forschung beschäftigt sie sich mit den Themen Unsicherheit, Vertrauen, soziale Gerechtigkeit und Personalauswahl. Sie ist Autorin und Redakteurin bei *Forschung erleben* und veröffentlicht regelmäßig Kurzversionen der *Forschung erleben* Artikel bei Wissenschaft im Dialog (www.wissenschaft-im-dialog.de).

Ulrike Rangel, Dr., geb. 1980, ist nach ihrer Promotion am Lehrstuhl Mikrosoziologie und Sozialpsychologie in Mannheim derzeit beim Landesinstitut für Schulentwicklung in Stuttgart tätig. Dort arbeitet sie im Bereich Schulentwicklung und empirische Bildungsforschung. Gemeinsam mit Rainer Greifeneder hat sie *Forschung erleben* gegründet. Ein Teil ihrer Artikel sind bei Psychologie heute erschienen.

Rainer Greifeneder, Prof. Dr., geb. 1977, leitet nach Forschungsaufenthalten in den USA und den Niederlanden die Abteilung für Sozialpsychologie an der Universität Basel, Schweiz. Im Fokus seiner Forschungs- und Lehrtätigkeit stehen die Nutzung von Gefühlen in Urteilen und Entscheidungen sowie die Konsequenzen von sozialem Ausschluss. Er ist Autor vieler internationaler wissenschaftlicher Beiträge. Zusammen mit Ulrike Rangel hat er *Forschung erleben* initiiert und gestaltet; ein Teil seiner *Forschung Erleben*-Artikel wird regelmäßig in *Psychologie heute* veröffentlicht.

Herbert Bless, Prof. Dr., geb. 1959, ist Inhaber des Lehrstuhls Mikrosoziologie und Sozialpsychologie an der Universität Mannheim. Seine Forschungsinteressen konzentrieren sich darauf, wie Personen ihre subjektive Wirklichkeit konstruieren. Hierbei steht insbesondere das Wechselspiel von Denken und Fühlen im Mittelpunkt. Er ist Autor und Herausgeber mehrerer Bücher sowie zahlreicher Publikationen in internationalen Fachzeitschriften zu einem breiten Spektrum sozialpsychologischer Themen.

Dagmar Stahlberg, Prof. Dr., geb. 1956, ist Inhaberin des Lehrstuhls Sozialpsychologie an der Universität Mannheim. In ihren Forschungsarbeiten befasst sie sich mit den Effekten von Stereotypen, den Determinanten von Urteils- und Entscheidungsprozessen sowie mit evolutionärer Psychologie und angewandter Sozialpsychologie. Frau Stahlberg ist Autorin und Herausgeberin mehrerer Bücher sowie zahlreicher Publikationen in nationalen und internationalen Fachzeitschriften.

Jennifer Eck, Dipl.-Psych., geb. 1987, ist derzeit Doktorandin an der Graduate School of Economic and Social Sciences der Universität Mannheim. Darüber hinaus ist sie als wissenschaftliche Mitarbeiterin in einem Forschungsprojekt von Prof. Dr. Rainer Greifeneder und Dr. Christiane Schoel zum Thema sozialer Ausschluss tätig. Neben den Folgen von sozialem Ausschluss interessiert sie sich in ihrer Forschung für unterschiedliche Themen wie Lügenerkennung und Spracheinstellungen. Bei *Forschung erleben* ist sie Autorin und Redakteurin.

Janin Roessel, Dipl.-Psych., geb. 1986, ist derzeit wissenschaftliche Mitarbeiterin am Lehrstuhl Sozialpsychologie und Doktorandin an der Graduate School of Economic and Social Sciences der Universität Mannheim. In ihrer Forschung beschäftigt sie sich insbesondere mit Stereotypen und den Auswirkungen unterschiedlicher Sprachvarietäten (wie Akzenten oder geschlechtergerechter Sprache). Bei *Forschung Erleben* ist sie Autorin und Redakteurin.